Maria Kron

Kindliche Entwicklung und die Erfahrung von Behinderung

Eine Analyse der Fremdwahrnehmung von Behinderung und ihre psychische Verarbeitung bei Kindergartenkindern

AFRA Verlag Frankfurt und Griedel

CIP-Kurztitelaufnahme der Deutschen Bibliothek

Kron, Maria:
Kindliche Entwicklung und die Erfahrung von Behinderung : e. Analyse d. Fremdwahrnehmung von Behinderung u. ihre psych. Verarbeitung bei Kindergartenkindern / Maria Kron. - Frankfurt am Main : AFRA-Verl., 1988
Zugl.: Frankfurt (Main), Univ., Diss., 1987
ISBN 3-923217-25-0

D.30

2. Auflage 1994
AFRA Verlag Frankfurt und Griedel
Umschlaggestaltung P. Jung, Griedel

ISBN 3-923217-25-0

Inhaltsverzeichnis

Einleitung ... 7

1 **Der Stellenwert psychischer Auseinandersetzung mit Behinderung im Rahmen integrativer Erziehung** ... 11

1.1 Integration als Antwort auf die Segregation ... 11

1.2 Erwartungen an die gemeinsame Erziehung behinderter und nichtbehinderter Kinder im Elementarbereich unter besonderer Berücksichtigung der Zielvorstellungen für die Entwicklung der nichtbehinderten Kinder ... 13

1.3 Psychische Prozesse als innerer Vollzug nicht ausgrenzender Beziehungen - Allgemeine Fragestellung - ... 16

2 **Bisherige Ergebnisse und Erklärungsansätze** ... 19

2.1 Themenrelevante Forschungsbereiche - ein Überblick ... 19

2.2 Untersuchungen im Bereich der Einstellungsforschung ... 21

2.3 Untersuchungen zur (psychischen) Situation von Geschwistern behinderter Kinder ... 26

2.4 Erfahrungsberichte und Untersuchungen zu integrativer Praxis ... 30

2.5 Wissenschaftliche Erklärungsansätze zu Fremdwahrnehmen, Erleben und Verarbeiten von Behinderungen ... 37

3 **Theoretische Grundlagen - Explikation des wissenschaftlichen Ansatzes** ... 43

3.1 Zur Verwendung des Begriffs 'Behinderung' ... 43

3.2 Wissenschaftstheoretische Basis ... 47

3.3 Grundannahmen der psychischen Entwicklung ... 50

3.4 Spezifizierung der Fragestellung ... 56

4 Anlage der Untersuchung 59

4.1 Der forschungsmethodische Rahmen: Qualitative Sozialforschung 59

4.2 Zur Erhebung des empirischen Materials: Teilnehmende Beobachtung 60

4.3 Die Beteiligten 63

4.4 Umfang und zeitlicher Ablauf der Untersuchung 65

4.5 Datenaufbereitung und -auswertung 67

5 Ebenen des Zugangs von Kindern zu behinderten Kindern 71

5.1 Die Bedeutung der Bezeichnung 'behindert' für die Kinder 71

5.2 Die Aufmerksamkeit der Kinder auf der Ebene der ersten Wahrnehmung 75

5.3 Überblick über die Modi der Auseinandersetzungen mit den Besonderheiten behinderter Kinder 78

6 Kinder erleben behinderte Kinder - das Spannungsverhältnis von bekannten und neuen Erfahrungen 81

6.1 Behinderung als Variation vertrauter Ereignisse 81

6.2 Behinderung als Verschiedenheit und Widerspruch zur bisherigen Erfahrungswelt 84

6.3 Zusammenfassung 88

7 Kinder erleben behinderte Kinder - die Reaktivierung eigener psychischer Anteile 91

7.1 Repräsentation der Positionssuche in der Ablösephase von den primären Bezugspersonen 92

7.2 Repräsentation von Versorgungs- und Zuwendungsbedürftigkeit in einer Situation emotionalen Mangels 95

7.3 Repräsentation von Versorgungs- und Zuwendungsbedürftigkeit in der Ambivalenz bezüglich des eigenen Wachstums 101

7.4 Repräsentation von Bedrohung der (körperlichen) Unversehrtheit 103
7.5 Repräsentation von Schwäche und Stärke unter der Dominanz sozial-normativer Anforderungen 105
7.6 Stütze in der Suche nach Geschlechtsidentität 110
7.7 (Stellvertretendes) Objekt/Delegationsobjekt aggressiver Wünsche 115
7.8 Repräsentation des Bedürfnisses nach Rückzug auf sich selbst 118
7.9 Zusammenfassung 119

8 Einflußgrößen in der Auseinandersetzung mit der Behinderung anderer Kinder 123
8.1 Einflüsse vor dem und außerhalb des Kindergartens 123
8.2 Gruppenprozesse 124
8.3 Die besondere Rolle der erwachsenen Bezugspersonen 125
8.4 Anmerkungen zu sonstigen Einflußgrößen des Kindergartens 128

9 Schlußfolgerungen 131
9.1 Replik 131
9.2 Entwicklungschancen in der gemeinsamen Sozialisation behinderter und nichtbehinderter Kinder 132
9.3 Kinder beziehen sich im Vollzug ihrer Entwicklung auf andere, behinderte Kinder - zwei Beispiele - 140
9.3.1 Konrad 140
9.3.2 Nicole 151
9.4 Psychische Prozesse mit Folgewirkungen? 163

Anmerkungen 165

Literaturverzeichnis 173

Einleitung

Die vorliegende Arbeit befaßt sich mit einem Gesichtspunkt der integrativen Erziehung: Erfahrungen aus der wissenschaftlichen Begleitung eines Modellprojektes zur gemeinsamen Erziehung behinderter und nichtbehinderter Kinder im Kindergarten werden unter dem Aspekt ausgewertet, welche psychischen Prozesse bei Kindern in Gang gesetzt werden können, wenn sie in einem gemeinsamen Sozialisationsraum erzogen werden. Im Vordergrund stehen hier die nichtbehinderten Kinder. Ihre Situation wurde bisher nur in wenigen Erfahrungsberichten und wissenschaftlichen Analysen eingehender diskutiert; vor der Fachöffentlichkeit hatte sich die Integration zunächst vor allem hinsichtlich der Auswirkungen auf die behinderten Kinder auszuweisen. Denn - welche Gründe auch immer die Zweifel nähr(t)en -, die meisten Einwände gegen die gemeinsame Erziehung wurden im Namen der behinderten Kinder vorgetragen: Ihre notwendige Förderung könne nur in spezialisierten Einrichtungen gewährleistet werden. Diejenigen, die tatsächlich das Wohl der behinderten Kinder im Auge haben, beziehen sich dabei vor allem auf ein Postulat, das nach Ende der nationalsozialistischen Herrschaft zu recht den Auf- und Ausbau der Elementareinrichtungen für die bis dahin Ausgesonderten begründete und anleitete: Behinderte Kinder *sind* bildungsfähig und haben Anspruch auf spezifische Förderung. War dies lange Zeit nur in besonderen Einrichtungen durchsetzbar, so wird die Gleichung: 'einzig wirksame = separierte Förderung' jedoch noch weiterhin in breiten Kreisen aufrecht erhalten, obwohl heute auch neue, vielfältigere Möglichkeiten realisiert werden könn(t)en.

Eine Folge dieser Situation auf theoretischer Ebene ist die schon erwähnte Tatsache, daß inzwischen zahlreiche Entwicklungen von behinderten Kindern in integrativen Einrichtungen begleitet und ausgewertet wurden, daß aber Entsprechendes von nichtbehinderten Kindern nur in wenigen Berichten vorliegt. Über die psychische Situation der nichtbehinderten Kinder im Rahmen der integrativen Erziehung soll die folgende Analyse mehr Aufschluß liefern.

In Reflexion bisheriger Untersuchungsergebnisse und Erklärungsansätze, die sich auf das Verhältnis Nichtbehinderte - Behinderte beziehen, wird zunächst versucht, Hinweise zu finden, wie (nichtbehinderte) Kinder die Situation anderer, behinderter Kinder verarbeiten. Trotz großer Lücken dort, was die Kenntnisse über solche Prozesse bei drei- bis sechsjährigen Kindern betrifft, wird dabei schon die Komplexität der psychischen Abläufe und des sozialen Umfeldes sichtbar, das mit ihr in Wechselwirkung steht.

Mit der Explikation des wissenschaftlichen Ansatzes der vorliegenden Arbeit wird diese Einsicht vertieft. Die Ausführungen der zugrunde gelegten Annahmen psychischer Entwicklung verdeutlichen, in welcher elementaren Dynamik der kindlichen Psyche die Begegnung und Auseinandersetzung mit anderen, also auch mit behinderten Altersgefährten eingebettet ist. In dem Versuch, bei dieser Darstellung psychoanalytische und kognitionstheoretische Annahmen zu verknüpfen, sollen die Dimensionen vor Augen geführt werden, die in solchen Abläufen zu erwarten sind.

Dieser theoretische Ansatz impliziert forschungsmethodische Grundentscheidungen: Die folgende Untersuchung orientiert sich an den Kriterien der qualitativen (interpretativen) Sozialforschung. Dabei soll durch die kontinuierliche Darstellung empirischen Materials - beobachtete Situationen aus dem Kindergartenalltag - die Transparenz der wissenschaftlichen Analyse gewährleistet werden.

Zunächst wird herausgearbeitet, was Kinder unter 'behindert' verstehen und was ihnen bei anderen Kindern an konkreten Besonderheiten auffällt.

Die weitere Auseinandersetzung der Kinder mit der Situation behinderter Gruppenmitglieder erweist sich zum einen als der Umgang mit dem Spannungsverhältnis zwischen alten und neuen Erfahrungen, erzeugt durch Erlebnisse mit anderen, die der bisherigen Vorstellungswelt des Kindes nicht entsprechen.

Die zweite Dimension dieser Auseinandersetzungen - so zeigt sich - wird konstruiert durch die Reaktivierung früherer psychischer Erlebnisse. Es wird dargelegt, wie sich der je konkrete Inhalt der Auseinandersetzung mit einem anderen, behinderten Kind entlang der Thematik zurückliegender, aber (latent) noch wirksamer Knotenpunkte der eigenen Entwicklung strukturiert.

Einflußgrößen, die aus dem sozialen Umfeld des Kindes in diese Prozesse hineinwirken, werden erläutert.

Die Analyse des Querschnitts konkreter Szenen aus der gemeinsamen Sozialisation behinderter und nichtbehinderter Kinder mündet in einer Konzeption (gelungener) psychischer Verarbeitung der Situation anderer, behinderter Kinder, d. h. der (gelungenen) psychischen Verarbeitung all jener Momente, die hier von Bedeutung werden können. Inwieweit dieses Erklärungsmuster einen tragfähigen Rahmen bildet, in dem die Entwicklung eines Kindes in einer integrativen Gruppe verstanden und gegebenenfalls in einer bestimmten Richtung unterstützt werden kann, soll exemplarisch an zwei Fallbeispielen deutlich werden. Als Längsschnittstudien erfassen sie die zuvor isoliert analysierten Aspekte in ihrer Wechselwirkung und Dynamik, wobei die stattgefundenen Prozesse auf die theoretische Konzeption der psychischen Verarbeitung (der Fremdwahrnehmung) von Behinderungen von Kindern bezogen werden.

Es wird hierin, so hoffe ich, zum Ausdruck kommen, was die gegenseitigen Impulse sind, die sich behinderte und nichtbehinderte Kinder in einer gemeinsamen Sozialisation geben können.

1 Der Stellenwert psychischer Auseinandersetzung mit Behinderung im Rahmen integrativer Erziehung

1.1 Integration als Antwort auf die Segregation

Im Bereich institutionalisierter Erziehung und Bildung ist in der Bundesrepublik Deutschland die Segregation Behinderter und Nichtbehinderter selbstverständlich geworden. Begründet mit dem Gedanken, daß behinderte Kinder einer besonderen Förderung bedürfen, wurde das Sonderbetreuungswesen ausgebaut und immer stärker differenziert. An der gesellschaftlichen Stellung Behinderter hat sich dadurch in den letzten vier Jahrzehnten nichts Grundsätzliches geändert. Separiert im Erziehungs- und Bildungsbereich, stoßen sie im Anschluß daran auf einen gesellschaftlichen Arbeitsprozeß, der ihnen mit seinen Leistungs- und Verwertungskriterien die Eingliederung verwehrt. Ausnahmen bestätigen die Regel. Ein kleiner Teil durfte und darf seine 'Chance' als meist kostengünstige Arbeitskraft wahrnehmen, bei allgemeinem Arbeitskräftemangel vergrößerte sich auch zeitweise diese Gruppe. Der Ausnahmecharakter, der behinderten Menschen in höheren Positionen immer noch zukommt, sagt alles über die gesellschaftliche Normalität.[1]

Gegen diese herrschende Praxis verschafften sich in den letzten zehn bis fünfzehn Jahren in der Bundesrepublik zunehmend andere Stimmen Gehör. Neu ist diese Position nicht. Zumindest für spezifische, vor allem schulische Bereiche, ist die Diskussion um die (Wieder-)Eingliederung der Ausgesonderten so alt wie die Sondereinrichtungen selbst (vgl. Aab, Pfeifer, Reiser u. Rockemer, 1974, S. 42). Stark beeinflußt durch Erfahrungen gemeinsamer Erziehung, wie sie beispielsweise in skandinavischen Ländern, in Italien und teilweise in den USA praktiziert wird[2], plädier(t)en Betroffene und Interessierte aber nun verstärkt für die Integration der getrennt ausgebauten Bereiche - bisher eben fast ausschließlich bezogen auf die Erziehungs- und Bildungseinrichtungen.

Die durchaus verschiedenen weltanschaulichen Begründungszusammenhänge haben einen gemeinsamen Nenner: Der Verlust gemeinsamer Sozialisationsbereiche behinderter und nichtbehinderter Kinder und seine negativen Konsequenzen werden so eingeschätzt, daß sie auch durch einen eventuellen Gewinn separierter und hochspezialisierter Förderung nicht zu rechtfertigen sind; Förderung der Kinder, auch spezialisierte Förderung behinderter Kinder, und ihre gemeinsame Erziehung schließen sich nicht gegenseitig aus.

In der hiesigen Entwicklung des Integrationsgedankens hat sich als Besonderheit ergeben, daß die Praxis gemeinsamer Erziehung der wissenschaftlichen Diskussion über sie vorauseilte. Während in der Erziehungswissenschaft noch theoretische Fragen der Realisierung diskutiert wurden - hier vorrangig der Einbezug bisheriger Sonderschüler in allgemeine Schulen (vgl. Eberwein, 1984) -, gründeten sich schon einzelne integrative Einrichtungen. Bereits 1970 entstand als private, integrative Schule in München die Montessori-Grund- und Sonderschule, von Hellbrügge initiiert. Vor allem aber waren auf der Ebene der Elementarerziehung schon verschiedene Einrichtungen mit durchaus unterschiedlichen Konzeptionen zur gemeinsamen Betreuung behinderter und nichtbehinderter Kinder übergegangen (vgl. Lipski, 1985). 'Pioniere' waren hier z. B. auch das von Hellbrügge initiierte Montessori-Kinderhaus (Aktion Sonnenschein) in München, das Kinderhaus Friedenau in Berlin, der Kindergarten der Evangelischen Französisch-reformierten Gemeinde in Frankfurt am Main.

Das Deutsche Jugendinstitut (vgl. Hessisches Fortbildungswerk für soziale Fachkräfte, 1983) gab nach einer breit angelegten Erhebung 1981 die Zahl der ganz oder zeitweise integrativ arbeitenden Kindergärten bzw. -tagesstätten in der Bundesrepublik Deutschland und West-Berlin mit etwa 60 an, bis 1985 wuchs ihre Zahl auf 120 (vgl. Dittrich, 1986). Regelkindergärten, die ein einzelnes behindertes Kind betreuen, waren in diesen Erhebungen nicht berücksichtigt.

Unterstützend - wenn auch (noch) nicht repräsentativ für die Entscheidungsträger auf politischer Ebene - erwies sich ein Beschluß der Jugendministerkonferenz bzgl. der Integration in Kindergärten und -tagesstätten. Die Jugendministerkonferenz "begrüßt die vorhandenen Ansätze zur gemeinsamen Förderung und Erziehung in ihrer Vielgestaltigkeit" (Jugendministerkonferenz, 1985, S. 1).

Angesichts der gesellschaftspolitischen und pädagogischen Faszination, die besonders seit den achtziger Jahren von dem Begriff der Integration ausgeht, wurden jedoch auch von seiten ihrer Befürworter Bedenken laut.

"'Integration' ist keine Zauberformel, unter der sich eine über Jahrhunderte bestehende dogmatische, rigide und inhumane gesellschaftliche Praxis behinderten, psychisch kranken und vor allem verhältnismäßig auffallenden Menschen gegenüber verlieren und quasi von heute auf morgen in eine soziale, humane und von Solidarität den Benachteiligten gegenüber getragene Einstellung und Haltung unsererseits verwandeln würde." (Feuser, 1986, S. 26)

Lotz (1983, S. 362) redet wider "die neue deutsche Welle" und warnt vor "ideologischer Überfrachtung" einer pädagogisch sinnvollen Arbeit im Elementarbereich.

"Der Begriff (Integration; M. K.) ist gut geeignet, die Richtung eines pädagogischen Konzeptes vorzugeben, dabei die gesellschaftliche Aufwertung des Schlagwortes einzuheimsen, ohne daß dabei überprüfbare Ergebnisse der pädagogischen Arbeit vorgewiesen werden müssen." (ebd.)

Zumindest in der Frage der Prüfung ist allerdings inzwischen einiges klarer geworden. Vom heutigen Stand integrativ arbeitender Kindergärten aus wird insgesamt von positiven Erfahrungen gesprochen. Diese sind in vielen inzwischen vorliegenden Praxisberichten und Berichten wissenschaftlicher Begleitungen festgehalten.[3] Die Rahmenbedingungen integrativer Arbeit, die pädagogischen Konzeptionen, die Realität der pädagogischen Arbeit, die Einbindung der Kinder in die Gruppen und vieles andere mehr sind hier dokumentiert und analysiert.

Wo einzelne Entwicklungsschritte und -verläufe von Kindern näher dargestellt werden, liegt in den meisten Fällen der Schwerpunkt deutlich bei denen der behinderten Kinder. Dies ist verständlich, da integrativ arbeitende Einrichtungen besonders hinsichtlich der Förderung behinderter Kinder unter einem starken öffentlichen Legitimationsdruck stehen (schließlich wurde für deren bisherigen Unterbringung in Sondereinrichtungen ihre 'besondere Förderungsbedürftigkeit' angeführt, s. o.). Dennoch, das Postulat aller existierenden Integrationsbemühungen ist die Herstellung breiterer Entwicklungsmöglichkeiten für behinderte wie nichtbehinderte Kinder. Ich werde daher im folgenden besonderes Augenmerk auf die Annahmen und Ziele lenken, die für nichtbehinderte Kinder formuliert werden, deren Umsetzung aber - zumindest in den Darstellungen der Einrichtungen für die Öffentlichkeit - eher an zweiter Stelle stehen.

1.2 Erwartungen an die gemeinsame Erziehung behinderter und nichtbehinderter Kinder im Elementarbereich unter besonderer Berücksichtigung der Zielvorstellungen für die Entwicklung der nicht-behinderten Kinder

Die Empfehlungen des Deutschen Bildungsrats von 1973 'Zur pädagogischen Förderung behinderter und von Behinderung bedrohter Kinder' gaben der öffentlichen Diskussion um Integration einen wichtigen Anstoß. Mag die Bedeutung dieser Empfehlungen z. T. auch überschätzt werden (vgl. Feuser u. Wehrmann, 1985, S. 26 - 27), so war doch die Stellungnahme dieser bildungspolitisch relevanten Institution *für* eine weitgehende gemeinsame Erziehung behinderter und nichtbehinderter Kinder eine wichtige Argumentationshilfe für Integrationsinitiativen. Die Empfehlungen galten wesentlich dem schulischen Bereich, bezogen jedoch auch die Elementarerziehung ein:

"Schon im Kindergarten und in den Einrichtungen, die mit Zentren für pädagogische Frühförderung verbunden sind, sollten behinderte Kinder, soweit es möglich ist, teilweise oder auch vollständig mit nichtbehinderten Kindern gemeinsam gefördert werden." (Deutscher Bildungsrat, 1973, S. 68)

Ein flexibles System pädagogischer Fördermaßnahmen wurde empfohlen, das gemeinsame soziale Lernprozesse Behinderter und Nichtbehinderter ermöglichen soll (vgl. ebd., S. 25). In diesen Empfehlungen zeigt sich bereits eine Umorientierung hinsichtlich der Gestaltung sozialen Lernens: 'normale', d. h. nicht künstlich getrennte Lebenswelten werden als günstige Förderbedingungen für behinderte wie nichtbehinderte Kinder angesehen.

Die Bedeutung sozialen Lernens in einer gemeinsamen Lebensrealität wird von allen integrativ arbeitenden Kindergärten und -tagesstätten (bzw. von den darin eingebundenen Personengruppen) betont.

- Speziell auf behinderte Kinder bezogen verstehen die Beteiligten darunter u. a., daß die behinderten Kinder nicht unter einer Glasglocke leben sollen, sondern lernen, sich durchzusetzen; sie sollen in möglichst normaler Umwelt aufwachsen, um sich später in dieser Umwelt zurechtzufinden (vgl. Ministerium für Soziales, Gesundheit u. Umwelt Rheinland-Pfalz, 1984).

Sie sollen "Hilfe zur Selbsthilfe" (Häfner, 1983, S. 2) erfahren.

Behinderte Kinder sollen lernen, "Hilfen annehmen zu können und sich in einer Welt für Nichtbehinderte und nicht in einem Schonraum zu bewegen." (Evangelische Französisch-reformierte Gemeinde Frankfurt, 1982, S. 45)

- Für die nichtbehinderten bzw. für alle Kinder werden folgende Zielvorstellungen formuliert:

Nichtbehinderte Kinder "sollen darauf aufmerksam gemacht werden, daß es behinderte Kinder gibt." (Jugendamt der Landeshauptstadt Düsseldorf, 1979, o. S.)

"Die nichtbehinderten Kinder sollen lernen, sich mit dem Problem des Behindertseins auseinanderzusetzen." (Kinderhaus Friedenau, 1978, S. 3)

In diesen Aussagen wird die Auffassung deutlich, daß eine Realität, in der Behinderung nicht ausgeklammert ist, schon an sich eine wichtige und notwendige Erfahrung für (nichtbehinderte) Kinder darstellt.

- Hoffnungen richten sich auf die Auseinandersetzungen mit diesen Realitäten:

Der Kindergarten soll eine Chance bieten, daß behinderte und nichtbehinderte Kinder durch gemeinsames Spielen lernen, einander zu verstehen und miteinander umzugehen (vgl. Kinderhaus Friedenau, 1981, S. 12).

Nichtbehinderte Kinder sollen behinderte Kinder "als gleichberechtigte Partner erfahren und lernen, mit ihnen wie mit anderen Kindern umzugehen, ihnen zu helfen, ohne sie herabzusetzen." (Pädagogischer Ausschuß der Bundesvereinigung Lebenshilfe für geistig Behinderte, 1986, S. 5)

- Der Aspekt der Hilfe wird von den initiativ gewordenen Gruppen unterschiedlich betont.

Manche erwarten, daß ihre Kinder lernen, Rücksicht zu nehmen und besorgter und hilfreicher werden (vgl. Jugendamt der Landeshauptstadt Düsseldorf, 1979).

Andere sehen vorrangig Möglichkeiten zur Verstärkung des kooperativen Elements zwischen den Kindern (vgl. Hundertmarck, 1981). Hilfen zu geben soll für (nichtbehinderte) Kinder selbstverständlich werden (vgl. Evangelische Französisch-reformierte Gemeinde Frankfurt, 1982). Häufig wird dies explizit von bedingungsloser Hilfe und Rücksichtnahme abgegrenzt. Kinder sollen auch erkennen können, "wann ich helfen muß und was mein behinderter Spielpartner selbständig tun kann." (Häfner, 1983, S. 2)

Der Kernpunkt dieser Perspektiven gemeinsamer Erziehung ist hier, daß Kinder lernen, die Situation anderer, behinderter Kinder zu verstehen und darin adäquate Umgangsweisen zu finden, ohne den anderen zu diskriminieren.

- Daß das Erleben und Verstehen anderer Kinder in Wechselwirkung mit der eigenen Identitätsentwicklung steht, wird dort, wo es zur Sprache kommt, generell positiv gesehen:

Nichtbehinderte Kinder sollen erfahren,

"daß hinter dem Andersaussehen, Andersbewegen, Anderssprechen Kinder stehen, die wie sie selbst ernst zu nehmen sind. Sie erfahren, daß es möglich ist, zu Krankheit, Behinderung, Verlust und Beschränkung positiv zu stehen." (Kindertagesstätte der Spastikerhilfe Bremen, o. J., S. 2)

Eltern hoffen,

"daß ihr Kind lernt, mit unterschiedlichen Kindern umzugehen und sich selbst auch in unterschiedlichen Positionen zu erleben." (Ministerium für Soziales, Gesundheit und Umwelt Rheinland-Pfalz, 1984, S. 34)

- Vielfach werden von solchen Prozessen Auswirkungen erwartet, die weit über den Rahmen der Kindergruppe und des Kindergartenalters hinausreichen.

Auf die gemeinsame Erziehung richtet sich z. B. die Hoffnung,

"daß sich keine Vorurteile bilden, wenn nichtbehinderte und geistig behinderte Kinder miteinander aufwachsen." (Pädagogischer Ausschuß der Lebenshilfe für geistig Behinderte, 1986, S. 5)

Ein wechselseitiger Lernvorgang wird angestrebt,

"durch den übersteigerte Selbstwertgefühle ebenso korrigiert werden wie Unwertgefühle - zugunsten einer vorurteilsfreien und angstfreien Kommunikation. Der Abbau von Überlegenheits- bzw. Unterlegenheitsgefühlen mit all ihren katastrophalen Folgen für die psychische Entwicklung von Behinderten und Nichtbehinderten ist demnach das Hauptziel." (Evangelische Französisch-reformierte Gemeinde Frankfurt, 1982, S. 14)

Befriedigende Effekte wären

"z. B. wenn wir feststellen könnten, daß in der gemeinsamen Erziehung die nichtbehinderten Kinder ihre heute so große Abhängigkeit von Normal- und Angepaßtsein und vom Leisten müssen aufgeben könnten. Wenn sie nicht nur toleranter gegen Andersartigkeit bei anderen sondern auch gegen ihr eigenes Anderssein werden könnten." (Jugendamt der Landeshauptstadt Düsseldorf, 1979, o. S.)

1.3 Psychische Prozesse als innerer Vollzug nicht ausgrenzender Beziehungen

- Allgemeine Fragestellung -

Besonders aus den letztgenannten Erwartungen geht hervor, daß bei den Kindern tiefgreifende psychische Prozesse in Gang kommen müssen, wenn sich die pädagogischen Zielvorstellungen realisieren sollen. Dies ist sicherlich keine Eigenheit integrativer Erziehung. Tendenziell ähnliche (psychische) Auseinandersetzungen werden überall dort stattfinden, wo verschiedene Kinder zusammenkommen, erst recht dann, wenn die Erzieher auf Akzeptanz der Kinder untereinander hinwirken. Trotzdem - es gilt besonders für die integrative Erziehung, da hier das Spektrum der Verschiedenheiten breiter ist als in einer Gruppe mit nur behinderten oder nur nichtbehinderten Kindern. Hier werden viele Kinder z. B. damit konfrontiert, daß es andere Kinder gibt,

- die in gleichem Alter sind, aber nicht annähernd das können, was sie schon selbst bewältigen,
- die in ihrer körperlichen Entwicklung von ihnen sehr verschieden sind,
- deren Aktionen und Reaktionen oft erst einmal unverständlich sind,
- die eine besondere Aufmerksamkeit, Zuwendung und Pflege der Bezugspersonen erfahren usw.

Es ist also zu fragen, was bei Kindern ausgelöst werden kann, welche Bearbeitungsstrategien sie entwickeln, wenn sie auf solche, eben beschriebenen Situationen treffen.

Überzogen wäre es allerdings, diesen Vorgängen die alles entscheidende Rolle für Integration zuzuschreiben. Ich gehe davon aus, daß die psychischen Prozesse bei den Kindern für das Gelingen von Integration im Kindergarten oder gar im gesamtgesellschaftlichen Rahmen nur *ein,* wenn auch ein wesentlicher Bestandteil sind. Ihre Bedeutung ergibt sich im Wechselspiel von Faktoren innerhalb eines komplexen Zusammenhangs. Dieser, sowie der Stellenwert psychischer Prozesse im Rahmen integrativer Erziehung, läßt sich folgendermaßen charakterisieren[4]: 'Integration' - zunächst nur als Gegenpol zur gängigen Praxis gefaßt - verstehe ich bisher als Nicht-Aussonderung bzw. als (Wieder-)Herstellung einer gemeinsamen erzieherischen Praxis mit und für alle(n) Kinder(n). Im Realisierungsprozeß dieser Einheit können vier Ebenen unterschieden werden:

1. Die innerpsychische Ebene. Hier geht es um die subjektive Akzeptanz des anderen. Ich verstehe darunter nicht die Duldung des anderen (dulden kann man ggf. auch negativ bewertete Personen), sondern die Fähigkeit, dem anderen in seiner Besonderheit eine grundlegend positive Wertschätzung seiner Person entgegenzubringen.

2. Die interpersonelle Ebene. Sie stellt die handlungsbezogene Dimension integrativer Prozesse dar und bildet die in gemeinsamen Tätigkeiten, aber evtl. auch in ausgrenzendem Verhalten praktisch wirksam werdenden oder nicht vorhandenen integrativen Elemente der Beziehung zwischen verschiedenen Individuen ab.

3. Die institutionelle Ebene. Sie beinhaltet "den in Erziehungskonzepten gefaßten und durch Einrichtungen repräsentierten Sachauftrag der Erziehung" (Klein, Kreie, Kron u. Reiser, 1987, S. 40) und bildet darin die administrative Grundlage der Integration (oder der Aussonderung).

4. Die gesellschaftliche Ebene. Sie ist wesentlich durch ihre starke normative Kraft wirksam. Für Integration heißt dies speziell, daß die immer noch dominierenden gesellschaftlichen Normvorstellungen bezüglich Behinderten auf deren Aussonderung zielen. Dagegen kann sich erst allmählich und gegen viele Widerstände die Vorstellung Geltung verschaffen, daß deren Nicht-Aussonderung das starre gesellschaftliche Gefüge zum Vorteil der darin eingebundenen und einzubindenden Individuen verändert.

Alle Ebenen stehen zueinander in einem dynamischen Verhältnis, aus dem heraus die Funktion psychischer Prozesse verständlich wird:

Die Vorgänge auf psychischer Ebene beeinflussen die Prozesse auf allen anderen insofern, als dort die Möglichkeiten und Zwänge von *Personen* ausgefüllt und ausgeführt werden, die in den jeweiligen Bereichen auch Veränderungen herbeiführen können. Ohne deren (subjektive) Akzeptanz behinderter Menschen werden Veränderung in Richtung Integration nicht oder nur halbherzig stattfinden bzw. müssen dann letztlich wirkungslos bleiben, wenn sie die anderen beteiligten Personen(gruppen) nicht erreichen.

Umgekehrt sind die Vorgänge auf psychischer Ebene durch Faktoren der anderen Bereiche mitbedingt: Die interpersonelle Ebene ist ihre Grundvoraussetzung; die Möglichkeit, miteinander etwas zu tun zu haben, ergibt erst die Notwendigkeit einer psychischen Auseinandersetzung mit der anderen Person. Die je real stattfindenden Interaktionen setzen den nächsten Punkt der psychischen Bearbeitung. Und umgekehrt wirkt die psychische (Nicht-)Bewältigung stattgefundener Interaktionen auf die weiteren interpersonellen Beziehungen.

Wo auf institutioneller Ebene ein Kontakt zwischen Behinderten und Nichtbehinderten durch ihre Erziehung in getrennten Einrichtungen unterbunden oder erschwert wird, werden psychische Verarbeitungsprozesse behindert. Wo sie dennoch unter diesen Umständen in Gang kommen, ist die Auseinandersetzung u. a. gerade auch von der durch die Segregation vorgespiegelten 'Unnatürlichkeit' oder 'Nicht-Normalität' von Behinderung geprägt. Dadurch wird die psychische Bearbeitung von Behinderung als *einer* Art Lebenswirklichkeit neben anderen erschwert. Das gleiche gilt ganz generell, wenn auch auf gesellschaftlicher Ebene die Normvorgaben des Systems behinderten Menschen das Siegel des 'Andersartigen', Auszusondernden aufdrücken. Dies, wie insgesamt die gesellschaftlich gesetzten Wertungen individueller Verschiedenheiten, geht auch in das Selbsterleben und die Selbstdefinition der Kinder ein und strukturiert von daher schon zum Teil die psychischen Vorgänge.

Aus diesem Zusammenhang heraus erklärt sich, daß eine psychische Auseinandersetzung mit Behinderung von allen anderen Ebenen abhängig ist und nur dann integrative Folgewirkungen auf interpersoneller, institutioneller und gesellschaftlicher Ebene zeigen kann, wenn dort ebenfalls die verfestigten Strukturen in Bewegung kommen.

2 Bisherige Ergebnisse und Erklärungsansätze

2.1 Themenrelevante Forschungsbereiche - ein Überblick

Die Frage, wie Kinder Behinderungen anderer Kinder wahrnehmen und verarbeiten, hat bisher wenig wissenschaftliche Beachtung erfahren. Der Grund dafür liegt m. E. vor allem in der gesellschaftlichen Situation wie der der Bundesrepublik, in der die Segregation Behinderter in fast allen Lebensbereichen noch selbstverständlich ist. Wo behinderte Kinder isoliert von nichtbehinderten betreut und erzogen werden, ist die Frage der Auseinandersetzung von Kindern mit der Situation behinderter Gruppenmitglieder kaum allgemein relevant. Erst wo behinderte und nichtbehinderte Kinder Einrichtungen des Elementarbereichs und Schule gemeinsam besuchen, kann sich ein Bedürfnis nach Klärung dieser Frage entwickeln und über Einzelfälle hinaus auf breiterer Ebene praktisch bedeutsam werden.

Wissenschaftliche Aussagen zu Auswirkungen gemeinsamer Erziehung behinderter und nichtbehinderter Kinder sind andererseits aber auch dann erst möglich, wenn integrative Erziehung den Charakter eines randständigen Exotikums verliert. Und eben dies bahnt sich in der Bundesrepublik erst in den letzten Jahren an.

- Was in der Literatur vorliegt - speziell bzgl. Kindern im Kindergartenalter - sind Berichte und Auswertungen von Erfahrungen aus der Arbeit (teil)-integrativer Einrichtungen, Überlegungen zur pädagogischen Arbeit, Fallbeispiele zur Entwicklung einzelner behinderter Kinder im Rahmen gemeinsamer Erziehung sowie Untersuchungen zu strukturellen Aspekten dieses Bereichs. Auch wenn die Aufklärung von Prozessen psychischer Verarbeitung von Behinderung nicht das Thema dieser Berichte und Untersuchungen ist, geben sie vielfach wertvolle Hinweise dafür. Wo dies der Fall ist, werde ich mich darauf beziehen.

- Im weiteren sind für die Thematik dieser Arbeit Ergebnisse aus der Einstellungsforschung zu berücksichtigen. Zwar werden in diesen Untersuchungen kaum psychische Verarbeitungsprozesse analysiert, doch sind die erhobenen Einstellungen ja *Resultate* dieser individuellen Prozesse und lassen als solche mögliche Rückschlüsse zu.

- Im Bereich wissenschaftlicher Forschung über die Lage von Familien behinderter Kinder wurde punktuell auch die psychische Situation der nichtbehinderten Geschwister erfaßt und analysiert. Soweit es sich hierbei um jüngere Kinder handelt, können auch solche Ergebnisse relevante Aufschlüsse für meine Arbeit liefern. Allerdings ist zu berücksichtigen, daß hier in starkem Maße die zusätzliche Problematik ins Spiel kommt, die bereits in der Geschwisterkonstellation selbst enthalten ist.

Bei Sichtung dieser Forschungsbereiche stellt sich heraus, daß trotz der Fülle der Untersuchungen nur relativ wenige Ergebnisse herangezogen werden können. Der Grund liegt in den Untersuchungszielen und angewandten -methoden. Sie erbringen in der Mehrzahl Ergebnisse, die vor allem den aktuellen, nach außen hin sichtbaren oder verbalisierten Niederschlag psychischer Prozesse wiedergeben, nicht die innere Auseinandersetzung selbst anvisieren.

Zum zweiten wurden Kinder - wenn überhaupt - erst in fortgeschrittenem Schulalter befragt, getestet, gelegentlich beobachtet. Hier ergibt sich die Einschränkung für die Rekonstruktion zugrundeliegender psychischer Prozesse durch die Bedeutung des Entwicklungsunterschieds von beispielsweise fünf- und elfjährigen Kindern. Da den individuellen Wertvorstellungen und Normen ein wesentliches Gewicht in der Verarbeitung erfahrener Behinderung zukommt, beruhen die Verarbeitungsprozesse bei den beispielhaft genannten Altersgruppen auf sehr unterschiedlicher Basis.

Nach allen entwicklungspsychologischen Kenntnissen werden die grundlegenden kulturellen Normen in der Regel im wesentlichen schon im ersten Lebensjahrzehnt internalisiert. Das individuelle Wertesystem ist damit in seiner Basisstruktur ausgebildet und schon relativ stabil. Ausgehend von der psychoanalytischen Annahme, daß sich in Folge ödipaler Konflikte das Über-Ich bildet, stehen jüngere, etwa dreijährige Kinder am Beginn des hier entscheidenden Sozialisationszeitraums, während man bei sechs bis acht Jahre älteren Kindern davon ausgehen kann, daß sie meist die wesentlichen Schritte bereits hinter sich haben. (Auf dem Weg dahin ergeben sich natürlich auch bei Kindergartenkindern unterschiedlichen Alters schon bedeutsame Entwicklungsabstände, die berücksichtigt werden müssen.)

Zudem entfalten in der schulischen Situation bestimmte Kriterien wie z. B. Leistung eine verstärkte praktische Gültigkeit für die Kinder, was nicht ohne Auswirkung auf das eigene Selbstkonzept sowie auf die Verarbeitung der Besonderheit anderer bleiben kann.

Bestimmte psychische Prozesse mögen in ihrer Grundproblematik ähnlich sein (beispielsweise kann ein zehnjähriges ebenso wie ein vierjähriges Kind einen Mangel an emotionaler Zuwendung empfinden und im Gegenzug ein behindertes Kind seiner Gruppe als bevorzugt erleben). Mir erscheinen jedoch die o. g. Unterschiede als zu groß, um mich ohne weiteres auch auf Ergebnisse bzgl. älteren Kindern bzw. aus der schulischen Situation stützen zu können. Enthalten sie Aspekte, die weniger von der Werteproblematik oder von besonderen schulischen Gesichtspunkten überlagert sind, werde ich mich im weiteren auf sie beziehen.

2.2 Untersuchungen im Bereich der Einstellungsforschung

Einstellungen bzw. Vorurteile werden im Zusammenhang mit psychischen Verarbeitungsprozessen relevant, da sie als deren Produkte oder, dynamisch betrachtet, als Momentausschnitte solcher Prozesse aufgefaßt werden können.

Eine "*Einstellung ist ein Gefüge wechselseitig aufeinander bezogener Bewertungen eines Objekts oder einer Klasse von Objekten, wobei diese Bewertungen in der kognitiven, der affektiven und der verhaltensbezogenen Dimension organisiert sind.*" *(Ehrlich, 1979, S. 13)*

Diese Einstellungsdefinition ist in der Fachterminologie nur eine unter zahlreichen, drückt jedoch die gängigste Sichtweise innerhalb dieses Forschungsbereiches aus; sie soll deshalb für die Absicht dieses Kapitels genügen.[5] Besonders im Zusammenhang mit Behinderung wird auch der Begriff des *Vorurteils* verwandt. Damit soll zumeist diejenige spezifische Einstellung gekennzeichnet werden, die eine negative Wertung bzgl. des Einstellungsobjektes impliziert. Von Bracken (^{2}1981, S. 37) spricht von Vorurteilen gegenüber Personen(gruppen), "wenn das Urteil ungünstiger ist als die Realität", "eine Anti-Normalität des sozialen Bildes" beinhaltet (ebd.) und einen "Mangel an persönlichem Wohlwollen" einschließt (ebd., S. 43).

Untersuchungen zu diesem Thema zielen in der Regel auf die die Einstellungen beeinflussenden Faktoren. Auf sie soll - soweit sie auch in bezug auf Verarbeitungsprozesse bei jüngeren Kindern zu bedenken sind - im folgenden eingegangen werden.[6]

Ein erster der Untersuchungsgesichtspunkte ist die *Altersabhängigkeit* der Einstellungen gegenüber Behinderten. Während allgemein die Ergebnisse darauf hindeuten, daß zwischen Einstellungen von Kindern im Schulalter und Erwachsenen in der Regel keine prinzipiellen Unterschiede auszumachen sind (vgl. Cloerkes, ^{3}1985, S. 243), gibt es in bezug auf jüngere Kinder nur dürftige Aussagen.

Ein Punkt aus Untersuchungen von Personengruppen verschiedenen Alters scheint mir jedoch generell von Bedeutung zu sein: Untersuchungen, die Einstellungen gegenüber Behinderten auf das Lebensalter der Befragten bezogen, erbrachten insgesamt widersprüchliche Ergebnisse. Entgegen vielen Annahmen über wachsende Tendenzen zu negativen Einstellungen bei steigendem Alter wurden bei älteren Personen im Vergleich zu jüngeren sowohl mehr positive wie mehr negative Wertungen verschiedener Behinderungen festgestellt (vgl. Cloerkes [3]1985, S. 194 - 203). Dies deutet m. E. darauf hin, daß lediglich das Faktum des Alters ein sehr inhaltsleeres Bezugskriterium darstellt. Die je bestimmten Erfahrungen, die bis zu diesem Alter gemacht wurden, sind von ausschlaggebender Bedeutung.

Eine der wenigen einschlägigen Untersuchungen bei Vorschulkindern führte Weinberg (1978) durch. Sie wies nach, daß Dreijährige - konfrontiert mit dem Photo eines Rollstuhlkindes - noch keine negativen Reaktionen zeigten. Vier- und fünfjährige Kinder äußerten sich in überwiegender Zahl negativ. Vermutungen, "daß Vorurteile im Alter bis zu sechs Jahren noch kaum vorhanden sind" (v. Bracken, [2]1981, S. 351), können durch solche Ergebnisse zumindest nicht bestätigt werden.

Billings (1963) erhob bei Schülern der ersten, dritten und sechsten Klasse deren Einschätzung einer körperbehinderten Person. In allen Altersstufen fand sie bereits eine ungünstige Wertung des Behinderten im Vergleich zum Nichtbehinderten. Während jedoch Schüler der dritten und sechsten Klasse annähernd gleich urteilten, zeigten sich zu denen der ersten Klasse große Einstellungsunterschiede. Dies deutet darauf hin, daß bis in das Schulalter hinein der spezifisch *inhaltliche* Aspekt der Bezugnahme relativ instabil ist.

Ähnliche Folgerungen zieht Ehrlich (1979) nach einer Durchsicht amerikanischer Einstellungsuntersuchungen mit Zwei- bis Sechzehnjährigen.[7] Er entnimmt den Ergebnissen, daß sich

"die Periode zwischen dem 3. und 4. Lebensjahr als Zeit der raschen Einstellungsentwicklung darstellt. Es ist jedoch anzunehmen, daß Einstellungen erst einige Zeit später Stabilität erlangen." (ebd., S. 138)

Wo spezifische Einstellungen gegenüber Behinderten zu dem *Geschlecht* der befragten nichtbehinderten Kinder in Beziehung gesetzt wurden, ergaben sich mehr oder weniger deutliche Unterschiede. Weibliche Befragte waren fast immer günstiger gegenüber Behinderten eingestellt. Zwar bestand die Untersuchungspopulation in den meisten Fällen aus Schulkindern; einzelne Erhebungen wie die von Szuhay (1961), der auch Kindergartenkinder (ohne nähere Altersangabe) erfaßte, erbrachten jedoch ähnliche Ergebnisse.

Aufschlußreich bzgl. Verarbeitungsprozessen bei jüngeren Kindern sind auch Untersuchungen, die Einstellungen von Kindern gegenüber Behinderten mit der *Art und Schwere der Beeinträchtigung* in Zusammenhang bringen. Jenseits verschiedenster Definitionen des Schweregrades einer Behinderung ergibt sich aus zahlreichen Untersuchungen, daß die Visibilität einer Behinderung von größter Bedeutung ist.

Münzing (1972), die Einstellung und Verhalten gegenüber körperbehinderten Kindern bei Sieben- bis Vierzehnjährigen erfaßte, kam zu dem Ergebnis, daß die

Ablehnung eines körperbehinderten Kindes größer war, je sichtbarer die Behinderung. Dieses Ergebnis kann stellvertretend für die Tendenz vieler Befunde stehen (vgl. Cloerkes, [3]1985, S. 177 - 179). Es muß jedoch auch hier berücksichtigt werden, daß Kinder - wenn überhaupt - erst im Schulalter in solche Untersuchungen miteinbezogen wurden.

Im Bereich der Einstellungsforschung kommt in spezifischer Weise auch die *Beziehung* zwischen einer Person und dem sogenannten 'Einstellungsobjekt' in das Blickfeld. Ausgehend z. B. von Homans' Interaktionsthese (vgl. Homans, [3]1968) oder Heiders Gleichgewichtstheorie (vgl. Heider, 1977) wurde die Hypothese formuliert, daß häufiger Kontakt mit Behinderten die Einstellungen ihnen gegenüber positiv beeinflußt. Diese Annahme wurde in etlichen Untersuchungen überprüft. Einige, darunter die bereits erwähnte Arbeit von Szuhay (1961), erbrachten eine Bestätigung der genannten Hypothese. Demgegenüber stehen aber auch Ergebnisse, die einen *allgemein* günstigen Einfluß von Kontakt zu Behinderten auf die Einstellung ihnen gegenüber zweifelhaft erscheinen lassen. Goodman, Gottlieb und Harrison (1972) fanden z. B. bei Sechs- bis Zwölfjährigen, daß nichtbehinderte Kinder andere, lernbehinderte Schüler bei soziometrischen Wahlen in ähnlichem Ausmaß ablehnten, gleich ob diese mit ihnen in dieselbe Klasse gingen oder eine andere Schule besuchten. Durch eine vorhergehende Untersuchung (Gottlieb, 1971) kann dies dahingehend ergänzt werden, daß bei Spielkontakten die Einstellungen weniger ungünstig waren als bei schulischen Kontakten.

Von Bracken ([2]1981), der u.a. auch Vorurteile bei Schulkindern gegenüber behinderten Kindern erfaßte, konnte ebenfalls die Hypothese nicht bestätigen, daß das Zusammensein mit Behinderten quasi automatisch eine günstigere Einstellung ihnen gegenüber bewirkt. "Für Kinder gilt ganz besonders, daß Kontakt allein kein Mittel ist, um Vorurteile zu reduzieren" (ebd., S. 325). Trotz der Tatsache, daß in diese Untersuchungen keine Kindergartenkinder aufgenommen wurden, erscheinen mir solche Hinweise sehr bedenkenswert. Sie verlangen zumindest, daß auch für Kinder diesen Alters reflektiert wird, was von älteren peergroups bekannt ist.

In weiteren empirischen Untersuchungen wurde die Einstellung gegenüber Behinderten mit sogenannten *Persönlichkeitsmerkmalen* wie Konformität, Angst, Intelligenz usw. in Zusammenhang gebracht. Es ließen sich hier jedoch selten generelle Tendenzen nachweisen.[8] Vorschulkinder blieben ohnehin gänzlich aus solchen Untersuchungen ausgeklammert. Letzteres gilt auch für Forschungen, die divergierende Einstellungen gegenüber Behinderten auf *historisch oder kulturell bedingte Determinanten* bezogen und einen deutlichen Zusammenhang nachweisen konnten. Der Einfluß intra-kultureller Spezifika wie Schichtzugehörigkeit oder sozio-ökonomischer Status wurde entsprechend überprüft, allerdings mit widersprüchlichen Ergebnissen verschiedener Untersuchungen (vgl. Cloerkes, [3]1985, S. 208). Insgesamt läßt sich hier keine eindeutige Richtung des Einflusses von z. B. Schichtzugehörigkeit auf die Einstellung gegenüber Behinderten ausmachen.

Ich habe die letztgenannten Ergebnisse erwähnt, da gesellschaftsspezifische Faktoren auch auf Einstellungen jüngerer Kinder wirken, sobald sie in den Aufbau des individuellen Wertesystems aufgenommen werden. Die empirischen Nachweise selbst, *daß* kulturell verschiedene Einstellungen gegenüber Behinderten existieren, geben allerdings sehr wenig Aufschluß über die Genese, erst recht die subjektspezifische Genese dieser Einstellungen.

Zusammenfassend lassen sich aus den Ergebnissen der Einstellungsforschung einige Schlußfolgerungen für Verarbeitungsprozesse bzgl. Behinderung ziehen:

- Überwiegend wird mit o. g. Forschungsresultaten eine zwar nicht sehr überraschende, aber dennoch immer wieder erschreckende Tatsache belegt: Die Einstellung gegenüber und Wertung von Behinderung ist in den allermeisten Fällen mit einem negativen Vorzeichen versehen. Dies bedeutet, daß Besonderheiten behinderter Menschen von anderen so wahrgenommen und (auch) individuell bearbeitet werden, daß meistens deren Ablehnung der dominierende Gesichtspunkt ist. *Welche* individuellen Verarbeitungsprozesse dem zugrunde liegen, darüber können die genannten empirischen Untersuchungen nicht aufklären. Einige Hinweise auch für Kinder im Kindergartenalter sind ihnen jedoch zu entnehmen:

Kinder nähern sich den Einstellungen Erwachsener an. Ablehnung, mehr oder weniger stark ausgeprägt, dominiert auch bei ihnen. Selbst von Kindern im mittleren und späteren Kindergartenalter gibt es zwar wenige, aber ähnliche Ergebnisse. Bei jüngeren Kindern hingegen wurden keine generell unterschiedlichen Reaktionen auf behinderte und nichtbehinderte Kinder beobachtet, sofern dies überhaupt einmal in Untersuchungen berücksichtigt wurde. Wie oben dargestellt, kommt hinzu, daß sich die Einstellungen (ihre Qualität) gegenüber behinderten Kindern bis in das Schulalter hinein als relativ instabil erwiesen haben. Beide Aspekte zusammengenommen bestätigen, daß die entscheidenden Prozesse der Verarbeitung von Behinderung im Kindergarten- bzw. jüngeren Schulalter stattfinden. Sie belegen die Bedeutsamkeit der ersten Erfahrungen mit anderen, nichtbehinderten Kindern.

Die Instabilität der jeweiligen Einstellungen gegenüber behinderten Kindern in diesem Zeitraum deutet m. E. noch auf einen zweiten Gesichtspunkt hin. Wenn man davon ausgeht, daß Kinder in diesem Zeitraum auch beginnen, gesellschaftliche Wertvorstellungen einzubeziehen, diese aber (zumindest für solche Zeitspannen) als relativ konstant vorausgesetzt werden können, müssen individuenspezifische Verarbeitungsmomente größtes Gewicht haben. Die subjektive Auseinandersetzung in diesem Alter muß stark von wechselhaften und/oder widersprüchlichen individuellen Aspekten geprägt sein, gerade in einem Alter, wo gesellschaftliche Normvorstellungen für Kinder an Bedeutung gewinnen.

- Die Visibilität einer Behinderung scheint von großem Einfluß auf die Einstellung gegenüber behinderten Kindern zu sein. Zwei mögliche Erklärungen bieten sich m. E. an: Das nach außen hin Sichtbare ist vielfach das erste (und oft auch einzige), das andere von behinderten Menschen wahrnehmen. Möglicherweise haben aber auch ästhetische Idealvorstellungen ein besonderes Gewicht bei der Bildung von Einstellungen. Festzuhalten bleibt, daß die Sichtbarkeit einer Behinderung (auch) bei Kindern in ihrer psychischen Auseinandersetzung mit den Besonderheiten anderer eine große Rolle spielt. Äußerliche Besonderheiten anderer scheinen die ersten oder dominierenden Aspekte zu sein, mit denen sich eigene psychische Inhalte verknüpfen und zu einer inneren Auseinandersetzung führen.

- Aufschlußreich sind auch die Ergebnisse bzgl. der Bedeutung des (frühen) Kontaktes mit behinderten Kindern. Die Tatsache, daß Kontakt an sich zu keiner einheitlichen Tendenz in der Haltung gegenüber Behinderten führt, hat in der Einstellungsforschung selbst zu der Erkenntnis geführt, daß spezifische 'Kontaktvariablen' wesentlich sind:

"*Nicht die Häufigkeit des Kontaktes ist entscheidend, sondern seine Intensität. Nicht jeder intensive und enge Kontakt ist aber der Entwicklung positiver Einstellungen förderlich; wichtige Nebenbedingungen sind seine emotionale Fundierung und seine Freiwilligkeit.*" *(Cloerkes, [3]1985, S. 219)*

Ob es sich bei den genannten Gesichtspunkten um "Nebenbedingungen" handelt, sei dahingestellt. Wesentlich erscheint mir, daß auf die Bedeutung der emotionalen Qualitäten der Beziehung zwischen behinderten und nichtbehinderten Kindern verwiesen wird, die sich auf freiwilliger Basis in intensivem Kontakt entwickeln. Dies kann als Beleg dafür gewertet werden, daß psychischen Verarbeitungsprozessen in konkreten Beziehungen zwischen behinderten und nichtbehinderten Kindern sowie den emotionalen Anteilen in diesen Prozessen auch ausschlaggebende Bedeutung zukommt, wenn es um die Entwicklung einer generellen Haltung gegenüber Behinderten geht.

2.3 Untersuchungen zur (psychischen) Situation von Geschwistern behinderter Kinder[9]

Die psychischen Prozesse, die bei Kindern in Erfahrung von Behinderung ihrer Geschwister in Gang kommen, werden sich mit Beziehungsaspekten verschränken, die in der Geschwisterkonstellation überhaupt liegen. S. Freud sieht die Geschwisterbeziehungen als Folgeaspekt der libidinösen Bindung des Kindes an seine Eltern. Aus dieser Bindung heraus läßt sich das Verhältnis der Geschwister zueinander als eines von Konkurrenten um die elterliche Liebe kennzeichnen (vgl. S. Freud, 1973, S. 254 - 261). Adler (vgl. 1931, S. 117 - 124) betonte vor allem, daß die jeweilige Position des Kindes in der Geschwisterreihe einen bedeutsamen Entwicklungsfaktor darstellt (die daraus von Adler abgeleitete Charaktertypologie kann m. E. allerdings bezweifelt werden). Ergebnisse klinisch-psychologischer Forschungen (vgl. Dechène, 1967) unterstreichen die Relevanz der Geschwisterposition. Die Rolle des Alters und des Geschlechts des Geschwisters sind als modifizierende Entwicklungsmomente empirisch belegt (vgl. Dechène, 1967), die Rolle der Geschwisterschaftsgröße wurde schon früh nachgewiesen (Busemann, 1930).

Neben den Geschwisterkonstellationen beeinflußt ein weiterer Faktor stark die psychische Verarbeitung der Behinderung eines Geschwisters: der Bezug der Eltern zu ihren behinderten und nichtbehinderten Kindern. Nach Analyse zahlreicher Untersuchungen, die diesen Aspekt mitberücksichtigen, folgert Rußbild (1985, S. 11):

"*Wesentlich für die Bewältigung der Geschwisterprobleme scheint die Einstellung der Eltern zu ihrem behinderten Kind zu sein. Ihr Verhalten liefert innerhalb der Familie die Modelle für die Lösung emotionaler Konflikte.*"

Auch wenn die bisher genannten Faktoren[10] sehr verschieden sind, zeigen sich in den Resultaten ihrer Erforschung doch einige übergreifende Ähnlichkeiten, wenn man sie auf (implizite) Aussagen über psychische Verarbeitungsstrategien hin überprüft:

In einer Untersuchung von Geschwistern 50 dysmeler Kinder fanden z. B. Mühling und Schenk (1967), daß deren Beziehung zu dem behinderten Kind stark von *ambivalenten* Gefühlen, verbunden mit emotionaler Labilität, geprägt war. Sie führen dies auf die Hilfsbedürftigkeit der stark eingeschränkten Geschwister zurück. Auch Hackenberg (1983), die in ihre Untersuchung u. a. siebenjährige Kinder aufnahm, kommt zu ähnlichen Ergebnissen. Sie findet bei den Geschwistern behinderter Kinder im Vergleich zur Normierungspopulation "vermehrt Anzeichen emotionaler Labilität" (ebd., S. 191). Meijer (1971) spricht aufgrund seiner Ergebnisse von einem Zustand ständiger psychischer Anspannung der nichtbehinderten Geschwister, den er als Pflicht- und Schuldgefühle aufgrund internalisierter Elternwünsche interpretiert. Hackenberg (1983) dagegen verweist darauf, daß ihre Feststellung einer größeren emotionalen Labilität auch auf einen "offeneren Umgang mit eigenen Ängsten und Schwierigkeiten hinweisen könnte" (ebd., S. 191).

Im gleichzeitigen Vorhandensein positiver und negativer Gefühle[11] gegenüber dem behinderten Geschwisterteil scheinen jedoch - zumindest soweit es nach außen hin erkenntlich ist - die positiven Emotionen zu überwiegen. Barsch (1968) fand über eine Befragung von Eltern, daß mehr als drei Viertel von 177 Kindern eine deutlich positiv geprägte Beziehung zu dem behinderten Geschwisterteil hatten. Dem entsprechen die Ergebnisse von Rußbild (1985), der in seiner Untersuchung, die auch achtjährige Kinder einschloß, eine "überwiegend positive emotionale Beziehung" (ebd., S. 128) von Kindern zu ihrem körperbehinderten Geschwister feststellte. Die Ergebnisse von Hackenberg (1983) weisen in ähnliche Richtung; sie fand in ihrer Untersuchungsgruppe eine deutlich positive Sichtweise des behinderten Kindes. An anderer Stelle bezeichnet sie dies sogar als "ausgeprägte Idealisierung des behinderten Kindes" (dies., 1985, S. 12).

In diesem Zusammenhang sind die Ergebnisse einer älteren Untersuchung von Morgenstern (1964) interessant. Er wies eine Korrelation zwischen erlebtem mütterlichen Verhalten und negativen Gefühlen nach: Die Heftigkeit negativer Reaktionen von Kindern gegenüber ihrem behinderten Geschwister war abhängig von dem *Unterschied* im Verhalten der Mutter gegenüber den beiden Kindern. In einigen anderen Untersuchungen wurde dieses Moment, das für eine Konkurrenzsituation in dem Bedürfnis nach Zuwendung spricht, weiter belegt. Berggreen (1971) fand diese Problematik gehäuft bei nur geringem Altersabstand der Geschwister.

Was den weiteren Bezug zur Umwelt angeht, so zeigte sich in o. g. Untersuchung Hackenbergs (1983) eine überdurchschnittliche Tendenz zum *eher aggressionsarmen Umgang in sozialen Konfliktsituationen* bei Geschwistern behinderter Kinder. Sie stellten aggressive Selbstverteidigung zugunsten der Bemühung um eine Konfliktlösung zurück, außerdem kamen Bagatellisierungstendenzen bzgl. sozialer Konflikte deutlich zum Vorschein. Hackenberg selbst sieht zwei Interpretationsmöglichkeiten für diese Strategien: Sie können Ausdruck einer aufgeschlossenen, wohlwollenden Einstellung den Mitmenschen gegenüber sein, Ausdruck sozialer Reife, aber sie können auch im Sinne einer neurotischen Überangepaßtheit verstanden werden und eine geringe Durchsetzungsfähigkeit ausdrücken (vgl. Hackenberg, 1983, S. 192 und dies., 1985, S. 10).

In einigen früheren Untersuchungen jedoch wurde mehr Verständnis, größere Toleranz und Vorurteilsfreiheit, auch die Fähigkeit, Mitleid zu empfinden, vor allem als Zeichen einer reiferen Persönlichkeit gewertet (vgl. Grossman, 1972).

Andere Ergebnisse, die die Beziehung der nichtbehinderten Kinder zu ihrer Umwelt widerspiegeln, sind in ihrem Gesamtbild recht uneinheitlich. Während Holt (1972) bei Geschwistern geistig behinderter Kinder auf extreme *Zurückgezogenheit* stieß, fand Hackenberg (1983) bei Geschwistern geistig- und mehrfach behinderter Kinder alle Anzeichen besonders *geselliger Orientierung.* Zum gleichen Ergebnis kam Rußbild (1985), der Geschwister körperbehinderter Kinder untersuchte und sie danach als überdurchschnittlich gesellig, hilfsbereit und extrovertiert einstuft.

Einer solchen offenen, sozialen Orientierung entgegenstehende Ergebnisse finden sich in weiteren älteren Untersuchungen wie z. B. der schon erwähnten von Morgenstern (1964), der Geschwister behinderter Kinder mit Cerebralparese als ängstlicher, feindlicher eingestellt und furchtsamer als die Kontrollgruppe fand.

Hackenberg (1985) wertete ihre Ergebnisse auch hinsichtlich *selbstreflektorischer Momente* aus. Sie hält fest, daß Geschwister behinderter Kinder

"in der Mehrzahl sich selbst gegenüber recht kritisch eingestellt sind - sie geben kleine Schwächen und Fehler, auch eigene Unsicherheiten und Ängste offen zu." (ebd., S. 9)

Die Untersuchungen *zusammenfassend* kann festgehalten werden:

- Die Vielfalt und teilweisen Widersprüche der Ergebnisse machen darauf aufmerksam, daß die objektiven Gegebenheiten nur einen Teil des Empfindens und Verhaltens gegenüber dem behinderten Geschwister bestimmen. Verschiedene Autoren verweisen selbst darauf, daß das Entscheidende in der Interpretation, d. h. in dem subjektiven Erleben der Situation liegt (vgl. Hackenberg, 1983, S. 24; vgl. Rußbild, 1985, S. 9). Davon ausgehend, lassen sich aus den bisherigen Ergebnissen einige wichtige Hinweise ableiten:

- Der Bezug eines Kindes auf das behinderte Geschwister ist vom erlebten Verhalten der Eltern, von ihren Ansprüchen an das nichtbehinderte Kind, von erlebten Unterschieden der Zuwendung für beide Kinder abhängig.

Bei aller Eigenart, die diese Momente aufgrund der Geschwister- bzw. Familienkonstellation besitzen, lassen sich Parallelen zur Situation eines Kindes in einer integrativen Kindergruppe ziehen. Die Bedeutung der erwachsenen Bezugsperson dort ist in vielem der der Eltern ähnlich, wenn auch ihre sozialisatorische Wirksamkeit gegenüber der primären Einflußnahme der Eltern weit zurücksteht.

- Rußbild (1985, S. 18) verweist darauf, daß Geschwister behinderter Kinder "im Spannungsfeld gesellschaftlicher Vorurteile und der Solidarität zum behinderten

Familienmitglied" stehen. Eine ähnliche Situation kann sich m. E. für ein Kind in einer integrativen Gruppe ergeben. Solidarität zur peer-group kann - wie die zur Familie - einen Pol der Erlebensbasis ausmachen; gleichzeitig können auch schon von Kindergartenkindern die gesellschaftliche Bewertungen und Umgangsweisen bzgl. Behinderung als gegenläufig erfahren werden. Beide Aspekte werden in der Beziehung zu einem behinderten Kind der Gruppe wirksam sein.

- Diese Spannungsfelder - der Bezug auf elterliche Zuwendung und Ansprüche sowie der Bezug auf Gruppe und allgemeinere gesellschaftliche Normen - können Grundlage der in verschiedenen Untersuchungen festgestellten ambivalenten Gefühle gegenüber dem behinderten Kind sein. Dabei läßt sich eine Gemeinsamkeit beider Momente festhalten: sie können nur dann als konfliktreich erlebt werden, also auch eine ambivalente Gefühlslage hervorrufen, wenn das nichtbehinderte Kind seine *eigene* Situation auf sie bezieht. Damit meine ich, daß es sowohl elterliche Ansprüche gelten läßt wie z. B. die, daß das behinderte Kind viel Zuwendung braucht, daß es aber auch auf Befriedigung eigener Zuwendungsbedürfnisse zielt; oder daß sich das Kind einem anderen, behinderten Kind als Gruppenmitglied verbunden fühlt, sich darin aber auch als eines erlebt, das den gängigen gesellschaftlichen Wertvorstellungen nicht unbedingt entspricht. Verarbeitung erfahrener Behinderung bei anderen Kindern ist daher - so läßt sich m. E. aus den vorliegenden Ergebnissen schließen - immer abhängig von der Erfahrung eigener Bedürfnisse oder Interessen in diesem Prozeß.

- Ergebnisse, die aggressionsarme Konfliktlösungsversuche, mehr Vorurteilsfreiheit, Hilfsbereitschaft u. ä. beinhalten, zusammengefaßt in Kennzeichnungen wie 'soziale Orientierung' oder 'soziale Reife', sind z. T. von den Untersuchern selbst auch in Richtung mangelnder Durchsetzungsfähigkeit reflektiert worden. Solche Ergebnisse weisen ebenfalls auf die Notwendigkeit hin, die eigene Bedürftigkeit eines Kindes in seiner Beziehung zu einem nichtbehinderten Kind als wesentliches Moment zu veranschlagen. Gerade die Unsicherheit, ob Geschwister behinderter Kinder überdurchschnittlich sozial gereift oder weniger durchsetzungsfähig sind, deckt das Problem auf, daß im Eingehen auf Besonderheiten anderer ein fließender Übergang zum Zurückstellen eigener Bedürfnisse und Interessen enthalten sein kann.

- Aufgrund von Belegen für größere Offenheit im Eingeständnis eigener Schwächen kann man vermuten, daß in der unmittelbaren Erfahrung anderer, behinderter Kinder die gängigen Maßstäbe von Leistung, Stärke, Perfektion usw. relativiert werden. Dies würde bedeuten, daß die Erfahrung eines behinderten Kindes (Geschwisters) auch so verarbeitet werden kann, daß die Entdeckung eigener Schwächen weniger Angst erzeugt.

2.4 Erfahrungsberichte und Untersuchungen zu integrativer Praxis[12]

Aufgrund der allmählich steigenden Zahl von Gruppen, in denen behinderte und nichtbehinderte Kindergartenkinder gemeinsam betreut werden, können wir seit etwa fünf Jahren in breiterem Umfang auf Erfahrungsberichte von Bezugspersonen in diesen Gruppen zurückgreifen.

Systematische Studien existieren nur im Einzelfall, wie bereits erwähnt, meist solche über behinderte Kinder. Gelegenheitsbeobachtungen sind die Regel. Seit wenigen Jahren liegen auch Ergebnisse einiger wissenschaftlicher Begleituntersuchungen vor, die sich auf breit angelegte, z. T. systematische Beobachtungen stützen. Daß nur verhältnismäßig wenige Forschungsergebnisse zur Integration behinderter Kinder im Elementarbereich vorliegen, ist keine Besonderheit für den Untersuchungsstand in der Bundesrepublik Deutschland. Turnbull und Blacher-Dixon (1981) weisen darauf hin, daß ein solcher Mangel auch in der englischsprachigen Literatur existiert.

Im folgenden wird als erstes skizziert, was sich aus den hiesigen veröffentlichten Erfahrungsberichten als Gemeinsamkeiten herausfiltern läßt.

Bemerkenswert sind zunächst Berichte, wonach im Kontakt der Kinder untereinander die Besonderheit eines behinderten Kindes nicht im Vordergrund steht (vgl. Deutsches Jugendinstitut, 1980, S. 6; vgl. Kniel, A. u. C. Kniel, 1984, S. 98). Dies kann nicht dahingehend verallgemeinert werden, daß es für jeden Einzelfall gilt oder daß die Besonderheiten behinderter Kinder keine Rolle spielen. Denn neben den Mitteilungen, daß sich Kinder auf andere, behinderte ebenso beziehen wie auf nichtbehinderte Gruppenmitglieder, wird - wenn auch weit seltener - z. B. von spezifischen Zugangsschwierigkeiten berichtet:

"Viele Kinder kannten Ulrike (ein spastisch gelähmtes Mädchen) schon vom Sehen, hielten aber zunächst große Distanz zu ihr ... Diese Distanz äußerte sich darin, daß sie den körperlichen Kontakt zu Ulrike sorgfältig vermieden, sich abwartend verhielten und sie nur sehr eingehend beobachteten." (Der Senator für Schulwesen, Jugend und Sport Berlin, o. J., S. 15 u. 18; vgl. auch Deutsches Jugendinstitut, 1984, S. 29)

Aber nur in Ausnahmefällen scheinen behinderte Kinder deutlich und häufiger als andere abgelehnt zu werden (vgl. Kniel, A. u. C. Kniel, 1984, S. 115).

Aus den meisten Erfahrungsberichten geht hervor, daß das Erleben behinderter Kinder mehr oder weniger großes Interesse an der konkreten Besonderheit dieser Kinder auslöst, vor allem dann, wenn sie neu in die Gruppe kommen:

"Während der ersten Wochen des Zusammenseins beachteten die nichtbehinderten Kinder die behinderten ... scheinbar überhaupt nicht. Aufgrund von Beobachtungen konnten wir jedoch feststellen, daß die Kinder sehr genau bestimmte Eigenheiten beobachteten." (Kindertagesstätte der Spastikerhilfe Bremen e. V., o. J., S. 58)

"Anfangs zeigten die nichtbehinderten Kinder großes Interesse an den Behinderungen der anderen Kinder und wollten unbedingt erfahren, wie und warum diese Kinder behindert sind." (Deutsches Jugendinstitut, 1984, S. 30)

Die Erzieher/innen in den Gruppen erleben, daß behinderte Kinder nachgeahmt werden, daß andere deren Situation in Rollenspielen übernehmen, ihre Hilfsmittel wie Rollstuhl, besondere Toilettenvorrichtung u. ä. ausprobieren (vgl. Kindertagesstätte der Spastikerhilfe Bremen e. V., o. J., S. 58; vgl. Deutsches Jugendinstitut 1980, S. 6; vgl. dass., 1984, S. 30). Vielfach bemerkten die Autoren dabei eine Verschiedenheit des Interesses je nach Alter der Kinder.

"Drei- bis Vierjährige begegnen den Behinderungen mehr in der Emotionalität durch Mittun, z. B. Hinterherkrabbeln. Vier- bis Fünfjährige stellen erste Fragen, verarbeiten die Andersartigkeit im Rollenspiel ... Fünf- bis Sechsjährige stellen aufgrund ihrer Abstraktionsfähigkeit differenziertere Fragen, z. B. 'Warum kann Daniela nicht laufen?" (Deutsches Jugendinstitut, 1980, S. 6)

"Sind die Kinder jünger, akzeptieren sie Unterschiede geradezu selbstverständlich ... In den älteren Jahrgangsgruppen wächst mit der Entfaltung der Erkenntnismöglichkeit auch das Bewußtsein über die Behinderung ... Da die nichtbehinderten Kinder die behinderten jetzt bewußt und damit »neu« wahrnehmen, führt dies in der Auseinandersetzung zu Konfliktsituationen." (Kinderhaus Friedenau e. V., 1981, S. 14 - 15)

Gelegentlich werden Besonderheiten hinsichtlich der Behinderungsart erwähnt: Vor allem bei geistig behinderten Kindern scheint es anderen öfter schwer zu fallen, sich deren Verhalten verständlich zu machen (vgl. Deutsches Jugendinstitut, 1984, S. 29).

Insgesamt wird jedoch häufiger von der Erfahrung berichtet, daß es den Kindern vielfach gut gelingt, die Bedürfnisse und Fähigkeiten auch der Behinderten zu erkennen.

"Kreativ erproben sie (nichtbehinderte Kinder), wie verbale und nonverbale Kontakte aufgenommen, Möglichkeiten für gemeinsames Spiel und Handeln gefunden, Defizite, die den Mitvollzug erschweren, überbrückt werden können." (Deutscher Caritasverband, 1984, S. 28)

Über die je konkreten Situationen hinaus sind zahlreichen Erfahrungsberichten Hinweise auf allgemeinere Entwicklungen von Einstellungen und Beziehungen bei Kindergartenkindern zu entnehmen. In übergreifendem Sinn wird fast immer von positiven Entwicklungen im sozialen Verhalten gesprochen. Darunter werden verschiedene Aspekte beschrieben, die Saurbier (1982, S. 50) bezüglich der nichtbehinderten Kinder so zusammenfaßt:

"- Zuwachs an Rücksichtnahme, Geduld und Fürsorge

- Übung an Zuwendung, Anerkennung und Hilfe

- Gewinnung von Verständnis für das behinderte Kind, insbesondere dieses Kind nicht als krank anzusehen."

Demnach scheint in integrativen Gruppen im allgemeinen realisiert zu sein, was bei den Zielvorstellungen der Beteiligten hinsichtlich der gemeinsamen Erziehung behinderter und nichtbehinderter Kinder (vgl. Kap. 1.2) an erster Stelle stand.

Ergebnisse einzelner wissenschaftlicher Untersuchungen geben, meist durch eine breite Beobachtungsbasis fundiert, weitere Hinweise über die psychischen Verarbeitungsprozesse bei Kindern, auch wenn diese selbst nicht Untersuchungsgegenstand waren.

- Von 1979 - 1980 wurde die integrativ arbeitende Kindertagesstätte Adalbertstraße in Berlin zur Überprüfung der dort gemachten Erfahrungen wissenschaftlich begleitet. Inhalt dieser Arbeit war wesentlich die Erfassung und Beschreibung der pädagogischen und therapeutischen Arbeit sowie ihrer Rahmenbedingungen und Dokumentationen von Entwicklungsverläufen behinderter Kinder. Was den Bezug der Kinder auf Behinderung betrifft, wird hier vermerkt, daß besonders die älteren nichtbehinderten Kinder die Möglichkeit haben,

"schon frühzeitig auf sozialer und emotionaler Ebene einen breiteren Erfahrungshintergrund zu entwickeln und adäquates Reagieren zu lernen. Sie werden nicht zuletzt durch die Anwesenheit der Behinderten mit einem größeren Verhaltensspektrum konfrontiert." (Der Senator für Schulwesen, Jugend und Sport Berlin, 1982, S. 147)

Außerdem wird festgestellt, daß im Vergleich mit anderen Kindertagesstätten der Umgang der Kinder miteinander aggressionsfreier, die Bandbreite sozialer, kooperativer Verhaltensweisen größer war (vgl. ebd.). Vorurteile bezüglich "abweichenden" Verhaltens anderer Kinder wurden kaum beobachtet (vgl. ebd., S. 148).

- In der ebenfalls 1979 begonnenen, umfassenden wissenschaftlichen Begleitung integrativer Gruppen in dem Kindergarten der Evangelischen Französisch-reformierten Gemeinde Frankfurt wurden u. a. auch die unmittelbaren Beziehungen der Kinder untereinander näher analysiert. In teilnehmender Beobachtung und mittels Videoaufzeichnungen (vgl. Reiser, 1984a, S. 36) wurden die Formen des Einbezugs und Einbezogenseins der Kinder festgehalten und auf Basis eines von der Projektgruppe entwickelten Modells von Stufen der Integration ausgewertet (vgl. Evangelische Französisch-reformierte Gemeinde Frankfurt, 1983, S. 124 - 127).

Die Ergebnisse der Untersuchung, soweit sie die Teilnahme der Kinder betreffen, beziehen sich wesentlich auf die behinderten Mitglieder der Gruppe. Das

Ausmaß ihrer Teilnahme erstreckte sich von 'nebenbei dabei sein können, ohne zu stören' bis zu 'regelmäßigen gemeinsamen Tätigkeiten' (vgl. Reiser, 1984a, S. 16).

Von den nichtbehinderten Kindern ist in diesem Zusammenhang zu erfahren:

"Sie (die behinderten Kinder; M. K.) werden von den nichtbehinderten Kindern nicht nur geduldet, sondern - auch durch die behutsamen Interventionen der Erzieherinnen - häufig in ihre Aktivitäten einbezogen." (ebd.);

und bezüglich der innerpsychischen Auswirkungen dieser Abläufe wird vermerkt:

"Die Berichterstatter legen besonderes Gewicht auf die Einschätzung der beteiligten Erwachsenen, d. h. der Erzieherinnen, der Eltern und der Beobachter, die in diesem Sinne sämtlich als Experten und Betroffene gelten können. Nach einhelliger Auffassung dieser Personen sind mit den empirisch verifizierbaren Abläufen und Kontakten innerpsychische Auswirkungen in Richtung auf Akzeptanz von Behinderung verbunden." (ebd., S. 17)

Den beobachteten und empirisch belegten Prozessen wird damit "eine integrative Kraft auf die Persönlichkeitsbildung aller Betroffenen" (ebd.) zugeschrieben.

- 1979 - 1984 führte das Deutsche Jugendinstitut umfassende Untersuchungen in der Bundesrepublik Deutschland und West-Berlin zur Situation behinderter Kinder und ihrer Familien durch. Die Möglichkeiten gemeinsamer Erziehung behinderter und nichtbehinderter Kinder wurden darin besonders berücksichtigt. Schwerpunkte waren die Erfassung von Organisationsstrukturen, pädagogischen Konzeptionen und Realisierungsvarianten integrativer Erziehung im Elementarbereich. Die Untersuchung von Gruppenprozessen wurde v. a. als Makroanalyse durchgeführt (Rahmenbedingungen, Tagesabläufe, Zielvorstellungen der Erzieher/innen), psychische Prozesse der Kinder sind nicht unmittelbar Thema. Allerdings wird einiges Bedeutungsvolles über die sichtbaren Reaktionen der Kinder berichtet, z. B.

* daß behinderte Kinder häufig über die Kontaktaufnahme mit einzelnen Kindern oder mit kleinen Kindergruppen in die Gesamtgruppe hineinwachsen (vgl. Deutsches Jugendinstitut, 1985c, S. 143);
* daß Kinder in Nachahmung behinderter Kinder Einfühlung und Verstehen lernen und meist eine Erweiterung ihres Handlungsspielraumes erfahren (vgl. ebd., S. 148 - 152);
* daß gelegentlich aus der Konkurrenz um die Zuwendung der Erzieher/innen Konflikte zwischen behinderten und nichtbehinderten Kindern entstehen; oder Konflikte entzünden sich gelegentlich dort, wo Kinder die Verhaltensweisen eines behinderten Kindes nicht verstehen können und eigene Bedürfnisse durchsetzen wollen (vgl. ebd., S. 153 - 158);

* daß aber Ablehnung aufgrund einer Behinderung des anderen nur selten ein Konfliktanlaß ist (vgl. ebd., S. 158).

- Seit 1981 wurde unter Beteiligung einer wissenschaftlichen Begleitung eine Konzeption integrativer Erziehung für das Kindertagesheim der Dietrich-Bonhoeffer-Gemeinde in Bremen entwickelt. Im Vordergrund steht hier die Ausweitung der Handlungskompetenzen aller, die mit den Kindern arbeiten. Die einzelnen Beziehungen der Kinder untereinander sind von daher in dieser Untersuchung nur von nachgeordnetem Interesse. In den bisherigen Veröffentlichungen aus dem genannten Projekt (der Endbericht steht noch aus) wird jedoch auch festgestellt, daß auf Basis qualifizierter integrativer Praxis

"- *die integrative Erziehungspraxis im KTH (Kindertagesheim; M. K.) möglich ist, ohne daß behinderte Kinder nach Art und Schweregrad einer vorliegenden Behinderung ausgeschlossen werden,*

- *befürchtete negative Anpassungsprozesse behinderter an nichtbehinderte Kinder und nichtbehinderter an behinderte Kinder nicht eintreten, d. h. integrative Erziehung nicht in eine 'Gleichmacherei' mündet, sondern jedem Kind entsprechend seiner entwicklungsmäßigen Ausgangsposition eine optimale Persönlichkeitentwicklung ermöglicht, ohne daß die soziale Interaktion, Kooperation und Kommunikation einen Bruch erfährt oder negiert wird..." (Feuser, 1985, S. 148)*

Des weiteren wird konstatiert, daß alle Kinder in gleicher Weise in den kognitiven und psychomotorisch-pragmatischen Bereichen gegenüber der segregiert erfolgenden Erziehung entwicklungsmäßige Vorteile haben (vgl. ebd., S. 148 - 149).

- Die Frage, wie Kinder die bei anderen wahrgenommene Behinderung verarbeiten, wurde im Rahmen des hessischen Modellversuchs zur gemeinsamen Erziehung (1982 - 1985) von der wissenschaftlichen Begleitung zu Interaktionsprozessen in integrativen Kindergartengruppen mit behinderten und nichtbehinderten Kindern weitergehend thematisiert. Im Zentrum dieser Untersuchung stehen Entwicklungsverläufe behinderter und nichtbehinderter Kinder, eine Dokumentation von Erscheinungsweisen der Interaktionen mit ihren Interpretationen hinsichtlich der Bedeutung für die Kinder, Struktur und Dynamik der Gruppen sowie die Rolle der Erzieher/innen. Daraus werden Schlußfolgerungen abgeleitet hinsichtlich integrativer Prozesse auf psychischer Ebene, auf der Ebene der Gruppe, auf der institutionellen und gesellschaftlichen Ebene (vgl. Klein, Kreie, Kron u. Reiser, 1987).[13]

Ausgehend von den sichtbaren Interaktionen der Kinder (oder Nicht-Interaktionen) wird festgestellt, daß sich deren Gehalt nicht eindimensional von der Erscheinungsebene herleiten läßt. Den Interaktionen können sehr unterschiedliche Bedeutungen zukommen, die sich erst in Rückkopplung mit den Entwicklungsverläufen dieser Kinder bzw. mit den spezifischen Gruppenprozessen erschließen (vgl. ebd., S. 142 - 143).

Von den Entwicklungen der Kinder her formuliert bedeutet dies, daß im Rahmen ihrer Beziehungen untereinander nicht *eine* Entwicklung als *die* positive, d. h. als diejenige mit integrativer Kraft, zu definieren ist. Die Projektgruppe betont, daß sich die Einschätzung von Entwicklungsschritten der Kinder an deren individueller Situation auszurichten hat. Welche Bedeutung z. B. darin liegt, wenn ein Kind beginnt, einem behinderten Altersgefährten Hilfe zu geben oder zu verweigern, wird in Abhängigkeit von der bisherigen Entwicklung des Kindes und seiner Beziehungen gesehen.

Damit ist ein weiterer wichtiger Aspekt angesprochen, der in dem Untersuchungsbericht belegt wird: "Die Entwicklungsprozesse der Kinder und Gruppen geben deutliche Hinweise, wie sehr Integration von den individuellen Möglichkeiten der jeweiligen Beteiligten abhängig ist." (ebd., S. 294). Anhand von Situations- und Entwicklungsbeispielen wird in diesem Zusammenhang dargelegt, daß die mögliche Beziehungsgestaltung durch ein Kind von dem Prozeß seiner Identitätsfindung abhängt (vgl. ebd., S. 294 - 303).

Zusammenfassend ergeben die Erfahrungsberichte aus der integrativen Arbeit im Kindergarten sowie die Ergebnisse wissenschaftlicher Untersuchungen in diesem Bereich die aufschlußreichsten Hinweise über die psychische Relevanz von Behinderung für nichtbehinderte Kinder:

- Beobachtungen, daß die Behinderungen anderer Kinder nicht generell im Vordergrund stehen und daß zu diesen Kindern sowohl enger Kontakt wie auch deutliche Distanz existieren kann, belegen zumindest eines: Zwischen behinderten und nichtbehinderten Kindern sind die verschiedensten Formen der Beziehungsgestaltung möglich. Diese Aussage mag auf den ersten Blick trivial erscheinen. Sie kann nur deswegen nicht als Banalität abgetan werden, weil dies häufig dort bestritten wird, wo die separierte Erziehung beider Gruppen als die bessere Alternative proklamiert wird.

- Kinder zeigen alle Anzeichen des Interesses oder der weitergehenden Auseinandersetzung an bzw. mit den Besonderheiten anderer Kinder. Dies geschieht z. B. in Fragen, Nachahmungen, Rollenspielen. Von welcher subjektiven Basis her Kinder sich so auf die Behinderungen anderer beziehen, bleibt jedoch noch weitgehend ungeklärt. Einige Situationsvariablen werden in verschiedenen Veröffentlichungen jedoch hervorgehoben:

- Im Bezug nichtbehinderter Kinder auf behinderte gibt es altersabhängige Unterschiede. Die Altersangaben für verschiedene Phasen des Interesses an Behinderung differieren teilweise. Dies verweist nur darauf, daß es hier keine allgemeingültige Gesetzmäßigkeit gibt, sondern individuelle Entwicklungsfaktoren ausschlaggebend sind.

- In dem Bezug der Kinder aufeinander gibt es Unterschiede, die mit der jeweiligen Art der Behinderung des anderen Kindes in Zusammenhang stehen. Es zeigt sich im allgemeinen jedoch keine generelle Tendenz der Beziehungen bezüglich bestimmter Behinderungsarten. Dies läßt den Schluß zu, daß die individuell unterschiedliche Bedeutungsgebung vorrangig vor objektiven Unterschieden der verschiedenen Beziehungspartner wirksam ist. Eine Ausnahme gibt es in diesem Zusammenhang: geistige Behinderungen von Kindern scheinen allgemein für die anderen Kinder am wenigsten faßbar zu sein.

- Gelegentlich entstehen dadurch Konflikte, daß Kinder besondere Bedürfnisse oder Reaktionen behinderter Kinder nicht nachvollziehen können oder um die Zuwendung der Erzieher/innen konkurrieren.

- In der Regel können Kinder jedoch die Bedürfnisse anderer, behinderter Kinder gut erkennen und darauf eingehen. Dies könnte bedeuten, daß emotionale Ähnlichkeiten neben allen Verschiedenheiten ein Motor der Beziehungen ist.

- Wo nichtbehinderte Kinder mit behinderten gemeinsam erzogen werden, existiert eine breitere Basis für die Persönlichkeitsbildung - ein Moment, dessen Auswirkungen von den beteiligten Erwachsenen einstimmig als positiv eingeschätzt werden. Nach den bisherigen Erfahrungen werden Kinder dadurch flexibler in ihren sozialen Verhaltensweisen. Hier überwiegen solche, die in Richtung Hilfsbereitschaft, Akzeptanz und Einbezug behinderter Kinder gehen (oder zumindest sind solche Verhaltensweisen so auffällig bzw. häufig, daß die Berichterstatter darin einen wesentlichen Pluspunkt der integrativen Erziehung sehen).

Dagegen gibt es bisher keine Belege für die Entstehung oder Bestätigung von Vorurteilen gegenüber behinderten Kindern während der Zeit des gemeinsamen Kindergartenbesuchs.

Die veröffentlichten Situationsbeispiele und Entwicklungsverläufe können ebenfalls belegen, daß der Bezug der Kinder aufeinander - und unter dem Thema dieser Arbeit betrachtet: der Bezug der nichtbehinderten Kinder auf die behinderten - wesentlich nach dem subjektiven Erleben, nach der subjektiven Interpretation der Situationen ausgestaltet wird. Das heißt, die psychische Situation eines Kindes ist entscheidend (auch) für seinen Bezug auf ein anderes, behindertes Kind.

2.5 Wissenschaftliche Erklärungsansätze zu Fremdwahrnehmen, Erleben und Verarbeiten von Behinderungen

Die in den Kap. 2.2 - 2.4 dargestellten Untersuchungsergebnisse werden, wie auch andere Phänomene im Umkreis des Themas 'Behinderung', auf unterschiedlicher theoretischer Basis zu erklären versucht. Im Rahmen meiner Arbeit interessieren die bisher entwickelten Konzeptionen speziell hinsichtlich ihrer Aussagekraft bezüglich individueller Prozesse bei Kindern im Alter von etwa drei bis sechs Jahren.

Unter diesem Gesichtspunkt können zunächst *soziologische und sozialpsychologische Ansätze* nur eingeschränkten Erklärungswert beanspruchen. Ausgehend von gesellschaftlichen Wertvorstellungen und Normen können diese Theorien den individuellen Bezug auf Behinderung nur dort erfassen, wo sich die gesellschaftlichen Erwartungen auch in den subjektiven Wertestrukturen abbilden. Drei Beispiele sollen dies verdeutlichen:

Jantzen (1974) sieht die Angst vor Behinderung als Teil kapitalistisch bedingten falschen Bewußtseins. Nach seinem Ansatz fußt die Definition von Behinderung auf der gesellschaftlichen Wertung der Arbeitskraft, erweitert um die Geschäftsfähigkeit, um gesellschaftliche ästhetische Kriterien usw. (vgl. auch Anm. 17, Kap. 3). In diesem Sinne wird z. B. Angst, die angesichts behinderter Menschen auftritt, als Angst vor der Vernichtung der eigenen Arbeitskraft erklärt (vgl. Jantzen, 1974, S. 168).

Nach Goffman (1975, S. 11) ist Behinderung ein Stigma, d. h. eine "Eigenschaft, ... die zutiefst diskreditierend ist". Diese Eigenschaft "ist an sich weder kreditierend noch diskreditierend" (ebd.), sondern definiert sich in der sozialen Beziehung. Ein stigmatisiertes Individuum ist demnach eines, dessen Identität nicht den sozialen Erwartungen entspricht. Sie bilden den Ausgangspunkt für die Wahrnehmung von und den Umgang mit Behinderten. Zum Prozeß der personalen Übernahme dieser Erwartungen führt Goffman (1975, S. 9 - 10) aus:

"*Die Gesellschaft schafft die Mittel zur Kategorisierung von Personen und den kompletten Satz von Attributen, die man für die Mitglieder jeder dieser Kategorien als gewöhnlich und natürlich empfindet. Die sozialen Einrichtungen etablieren die Personenkategorien, die man dort vermutlich antreffen wird. ... Wir stützen uns auf diese Antizipationen, die wir haben, indem wir sie in normative Erwartungen umwandeln, in rechtmäßig gestellte Anforderungen.*"

Cloerkes (1984) geht davon aus, daß der Bezug auf Behinderte eine Funktion widersprüchlicher Handlungsanweisungen und Normen ist. Sie führen zu Formen sozialer Reaktionen, die vordergründig akzeptabel sind und von Unsicherheiten entlasten, letztlich aber die Ablehnung behinderter Menschen bewirken (vgl. ebd., S. 25). Der Installationsprozeß der gesellschaftlich bedingten Normvorstellungen in das subjektive Wertesystem beginnt schon in der Kindheit; in Märchen und Kindergeschichten werden körperliche, geistige oder seelische 'Abweichungen' mit 'böse' oder 'schlecht' verknüpft (vgl. ebd., S. 29). Weil aus moralisch-rechtlichen Gründen dies behinderten Menschen nicht offiziell angelastet werden darf (da ihrerseits keine *aktive* Normabweichung vorliegt), entstehen aus dieser Spannung heraus bestimmte Beziehungen zu behinderten Personen: originäre-, offiziell erwünschte-, überformte Reaktionen auf sie, ambivalente Bezüge, Scheinakzeptanz, Unsicherheit, Schuldgefühle und -zuschreibungen, Angst (vgl. ebd., S. 30 - 36).

Ungeachtet der Verschiedenheit der Modelle geht aus den kurz dargestellten Auszügen eine Gemeinsamkeit hervor: Inhalt und Struktur von Beziehungen, darin das Erleben des behinderten Beziehungspartners, werden auf gesellschaftliche Normen und Erwartungen zurückgeführt. Unterstellt ist also, daß die gesellschaftlichen Vorstellungen zumindest grundlegend zu einem individuellen Wertesystem ausgebildet worden *sind.* (Auch Cloerkes (1984), der auf einige Aspekte des Entstehungsprozesses eingeht, erklärt die subjektiven psychischen Prozesse und bestimmten Verhaltensweisen als Resultat individuell schon *übernommener* gesellschaftlicher Bewertungen.)

Diese Annahmen können für Kinder im Kindergartenalter nicht ohne weiteres gelten. Natürlich werden Kinder in der Zeit zwischen ca. drei und sechs Jahren nach und nach gesellschaftliche Normvorstellungen übernehmen. Natürlich werden sie z. B. über die Eltern Bewertungen von Behinderung erleben, auch bevor sie deren gesellschaftliche Grundlagen real erfahren haben. Dennoch: Gerade unter dem Aspekt der *sich entwickelnden* Normvorstellungen bei Kindern diesen Alters können die Basisannahmen der beispielhaft genannten Konzeptionen nicht als Erklärungs*grundlage* herangezogen werden. Diese Modelle werden allerdings berücksichtigt werden müssen, wo es um die familiären, institutionellen, gesellschaftlichen Wertvorstellungen als Bedingung der *Ausbildung* individueller Normensysteme geht.

Aus dem Bereich psychologischer Theorien, die auf unmittelbar individueller Ebene ansetzen, werden vielfach *kognitive Konsistenz-Theorien* zur Erklärung von Wahrnehmung von und Reaktionen auf behinderte(n) Menschen herangezogen (vgl. Cloerkes, ^{3}1985). Sie basieren im wesentlichen auf Heiders 'Gleichgewichtstheorie' oder Festingers 'Theorie der kognitiven Dissonanz'.

Nach Heider (1977) zielt das Individuum in der Beziehung zu einer anderen Person auf einen Gleichgewichtszustand. Dessen Herstellung wird durch Ähnlichkeit und Vertrautheit gefördert, während 'Fremdartigkeit' (wofür Behinderung ein Beispiel wäre) ein interaktionsstörendes Ungleichgewicht verursacht; das Individuum reagiert darauf negativ.

Festiger (1978) geht davon aus, daß die kognitiven Elemente eines Individuums (Kenntnisse, Meinungen etc.) in irrelevanter, konsonanter oder dissonanter Beziehung stehen können. Kognitive Dissonanzen, mit unangenehmen Empfindungen verbunden, versucht das Individuum über Verhaltens- oder Einstellungsänderungen zu reduzieren. In diesem Sinne wäre z. B. die Vermeidung von Kontakt zu behinderten Menschen als eine Umgehensweise zu verstehen, die darauf ausgerichtet ist, Dissonanzen zu entgehen.

Innerhalb beider Theorien wäre es m. E. prinzipiell denkbar, den Aspekt kindlicher Entwicklung einzugliedern. Angesichts der Eindimensionalität beider Theorien kann dies jedoch an deren Erklärungswert wenig ändern. Die exclusive Ausrichtung auf den kognitiven Aspekt als prägendes Moment von Beziehungen (auch bei Festinger kommen z. B. emotionale Zustände lediglich als Folgewirkungen kognitiver Unausgewogenheit vor) ignoriert emotionale und soziale Prozesse als mindest ebenso bedeutsame Ausgangspunkte interpersoneller Wahrnehmungs- und Verhaltensstrukturierung. Psychische Verarbeitung von Neuem oder 'Fremdartigem' wird stattdessen auf die Herstellung kognitiver Gleichgewichte bzw. Konkordanzen beschränkt. Ein weiterer Gesichtspunkt mindert den Erklärungswert dieser Konzeptionen: Ihr leerer Formalismus - Personen und Faktoren bzw. kognitive Elemente stehen in (un)gleichgewichtiger oder (un)passender Beziehung - kann differenzierte und subtile Prozesse nur in der groben Reduktion auf die inhaltslose Kennzeichnung von Relationen überhaupt erfassen. Gibt man sich nicht mit dieser mechanistischen Betrachtungsweise zufrieden, können Prozesse der Wahrnehmung und Verarbeitung von Behinderung nur aus ihren Inhalten heraus erklärt werden, auch dort, wo es um ihre kognitiven Elemente bzw. um deren Widersprüche geht.

Eine weitere bedeutsame theoretische Richtung, die beansprucht, das Erleben von Behinderung zu erfassen, findet sich in *Konzeptionen,* die von *der Relevanz der Körperlichkeit für den Menschen* ausgehen.

Nach dem Ansatz des 'body-concept' bzw. 'body-image' (wesentlich zurückgehend auf Schilder, 1923) machen physische Erscheinung, physisches Empfinden, Vorstellungen und Gefühle bezüglich des eigenen Körpers einen wesentlichen Teil des Selbstkonzeptes eines jeden Menschen aus (vgl. Paulus, 1982). Grund dafür ist die Bedeutung der frühen Körpererfahrung für die Entwicklung der Persönlichkeit.

"Die frühe Körpererfahrung ist nämlich ein grundlegendes, generelles und damit im Nachhinein auch schwer zu veränderndes Postulat innerhalb des Selbstkonzepts einer Person." (Leyendecker, 1985, S. 4)[14]

Seine konkrete Ausgestaltung wird nicht als kognitives Abbild objektiver Wahrnehmung verstanden, sondern erhält seinen Inhalt im Zuge individueller psychodynamischer Prozesse. In dieser Auffassung wird betont, daß gerade unter der außerordentlichen gesellschaftlichen Wertschätzung von Schönheit und körperlicher Integrität eine Abweichung von den entsprechenden Standards von großer Bedeutung für das 'body-image' des einzelnen ist (vgl. Cloerkes, [3]1985, S. 27-28; vgl. Gutezeit, Marake und Wagner, 1986). Wahrnehmungen von und Beziehungen zu behinderten Menschen werden nach diesem Modell in hohem Maße von dem Selbstbild bezüglich der eigenen Körperlichkeit geprägt. Je nach dem Gewicht, das dieses im eigenen Selbstverständnis - positiv oder negativ - einnimmt, werden Diskrepanzen zwischen dem Ideal körperlicher Integrität und der tatsächlichen (physischen) Erscheinung einer Person als mehr oder weniger zentral erfahren, rufen positive oder negative Reaktionen hervor.

In Nähe zu diesem Ansatz wurden Konzeptionen entwickelt, die u. a. betonen, daß in der Begegnung mit einem (physisch) behinderten Menschen Angst vor Beschädigung der eigenen körperlichen Integrität aktualisiert wird.

"Als Reaktion auf diese Gefährdung seiner physischen Integrität mobilisiert der Nichtbehinderte die ihm zur Verfügung stehenden Abwehrmechanismen, im wesentlichen Vermeidungshaltungen und Rationalisierungen." (Cloerkes, [3]1985, S. 29)

Im Unterschied zu den vorhergehend beschriebenen kognitiven Konzeptionen kann in diesen Ansätzen das Erleben von Behinderung auf breiterer Basis beschrieben werden. Jansen (1972) z. B. sieht in den Beziehungen zu Menschen mit körperlichen Einschränkungen eine affektive, eine aktionsgerichtete und eine kognitive Komponente. Der affektiven Komponente weist er dabei die dominierende Rolle zu. Auch der Aspekt der Entwicklung, hier auf die Vorstellung über den eigenen Körper bezogen, könnte in dieser Konzeption aufgehoben sein. Was jedoch die Reichweite dieses Ansatzes begrenzt, ist die isolierte Betrachtung physischer Merkmale als Ausgangspunkt des je spezifischen Bezugs auf behinderte Menschen. Nicht aufgenommen werden andere situative Aspekte. Die Rahmenbedingungen der Begegnung, die Persönlichkeit des behinderten Kindes, die Bedeutung seiner physischen Beeinträchtigung z. B. in einem bestimmten Spiel, die Befindlichkeit des nichtbehinderten Kindes selbst etc. können auf sein Erleben des anderen, behinderten Kindes nicht ohne Einfluß bleiben. Wie das 'body-image' bzw. die imaginierte Gefährdung der eigenen körperlichen Integrität den psychischen wie handlungsmäßigen Bezug auf ein behindertes Kind prägen, wird deshalb nur als ein, allerdings sehr bedeutsamer Gesichtspunkt zu berücksichtigen sein.

Für die Bestimmung individueller Prozesse, die durch das Erleben behinderter Menschen ausgelöst werden, soll zuletzt auf *psychoanalytische Erklärungsansätze* eingegangen werden. Sie gehen im wesentlichen von der Angst als der Kernproblematik in der Begegnung mit Behinderten aus. Dieser liegen nach psychoanalytischer Annahme unbewußte Regungen gegen Behinderung bzw. behinderte Personen zugrunde.

Meng z. B. (1938) führt deren Ursprung - speziell bezüglich körperlicher Behinderungen - zurück auf

- den magischen Glauben, Behinderung sei eine Strafe für böses Tun,
- den Glauben, daß der Behinderte sich dagegen mit Rachsucht und Aggression auflehne, also gefährlich sei,
- die Projektion aggressiver und destruktiver Wünsche auf den Behinderten, der darüber ebenfalls als gefährlich imaginiert wird.

Unter besonderer Betonung des letzten Aspektes kennzeichnet A. Milani-Comparetti (1985) den Inhalt der (unbewußten) Vorstellung über Behinderung als das 'Übel', das 'Böse'. Die unbewußten Regungen, die eine starke Ablehnung behinderter Menschen enthalten, können angesichts ihrer negativen Bewertung unter sozialen Kriterien bzw. unter den Maßstäben des Über-Ichs von dem Individuum selbst nicht angenommen werden. Schuldangst ist die Folge.

Von einigen Psychoanalytikern (vgl. Chevigny und Braverman, 1950) wurde auch die Annahme eingebracht, daß angesichts körperlicher Mißbildungen, Einschränkungen oder Verlust eines Körpergliedes besonders Kastrationsängste aktualisiert werden. Als Abwehrmechanismen auf die Angst hin treten Verdrängung, Verleugnung, Projektion etc. in Kraft. Aggressionen, die sich gegen den Behinderten richten, können aufgrund ihrer negativen Sanktionierung in Mitleid transferiert werden.

Milani-Comparetti (1985) betrachtet diese Prozesse als "aus der Angst entstehende Negationshaltung, die als omnipotenter Verteidigungsmechanismus eingesetzt wird". Er setzt dagegen, daß das Individuum auch zu einer Realitätshaltung finden kann. Damit ist gemeint, daß in Verarbeitung der erlebten Behinderung auch das Bewußtsein erreicht werden kann, daß 'das Übel' akzeptiert werden, das Kind z. B. in seinem So-Sein angenommen werden kann (vgl. ebd.).

Diese stark verkürzte Darstellung einiger psychoanalytischer Ansätze mag an dieser Stelle genügen.[15] Es fällt auf, daß viele der vorliegenden psychoanalytischen Konzeptionen bezüglich der Verarbeitung von Behinderung nicht auf die spezifischen Prozesse bei (jüngeren) Kindern eingehen. Allerdings stehen sie im Gesamtzusammenhang einer Theorie, in der der Gesichtspunkt individueller Entwicklung einen zentralen Stellenwert einnimmt.

Im Vorgriff auf folgende Kapitel verweise ich an dieser Stelle darauf, daß ich mich bei der weiteren Analyse auf die Grundannahmen von psychischer Entwicklung und Interaktionen in psychoanalytischem Verständnis stützen werde (ergänzt durch andere Aspekte). Gerade im eben dargestellten Überblick über die existierenden Erklärungsansätze zu Wahrnehmung, Erleben und Verarbeitung von Behinderung scheint mir die Produktivität der psychoanalytischen Konzeption evident zu sein:

- Vom Individuum ausgehend, können dessen Wahrnehmung und Verarbeitung von Behinderung unmittelbar als psychodynamische Prozesse festgehalten werden.

- In der psychoanalytischen Konzeption der psychischen Entwicklung sind die Verarbeitungsstrategien von Kindern im Kindergartenalter aufgehoben.

- Von der Bedeutung sozialer Beziehungen ausgehend, in denen sich die individuelle Entwicklung mit den je spezifischen psychodynamischen Prozessen nur entfalten kann, können die Wechselwirkungen von intra-individuellen und interpersonellen Abläufen beschrieben werden.

- Wichtige Aspekte der dargestellten anderen Erklärungsansätze können in diesem Modell berücksichtigt werden: Gesellschaftliche Erwartungen und Normen sind als Konstituenten des individuellen Wertesystems in dieser Konzeption aufgehoben, soweit sie je nach Entwicklungsstand des Kindes ihre Wirksamkeit entfalten. Insofern werden gesellschaftliche Erwartungen auch in der Analyse der Beziehung zwischen den Kindern als interaktionistische Komponente berücksichtigt. Kognitive Aspekte sind in die psychoanalytische Konzeption einzugliedern. Ihre Relevanz erhalten sie als inhaltlich zu bestimmendes Entwicklungs- und Beziehungsmoment. Das Selbstkonzept - bezogen auf die eigene Körperlichkeit - kann als *ein* integraler Bestandteil in der Erfahrung von Behinderungen anderer Kinder Berücksichtigung finden, ohne andere bedeutsame situative Aspekte zu vernachlässigen.

3 Theoretische Grundlagen - Explikation des wissenschaftlichen Ansatzes

3.1 Zur Verwendung des Begriffs 'Behinderung'

Der Begriff 'Behinderung' blieb in seiner bisherigen Verwendung (Kap. 1 und Kap. 2) für verschiedenste Auslegungen offen. Er enthielt die Auffassungen derjenigen, auf die im Zusammenhang mit diesem Begriff Bezug genommen wurde - die Auffassungen von Eltern, Erziehern, Wissenschaftlern, Institutionen usw. Im folgenden soll es nicht darum gehen, die Diskussion um den Begriff 'Behinderung' weiterzuführen; es soll vielmehr die Grundlage seiner Verwendung im Rahmen dieser Arbeit - in Absetzung von anderen Definitionen - deutlich werden.

Zu 'Behinderung' als wesentlicher Kategorie eines pädagogischen Teilbereichs gibt es je nach wissenschaftstheoretischer Basis unterschiedliche Definitionen. (Sozial-)politische Auslegungen erweitern zudem die vorhandenen begrifflichen Fassungen von 'Behinderung'.

In *sozialrechtlichem* Sinne wird Behinderung wesentlich von den Folgen her definiert (SchwBG): Folgen für die Berufs- und Erwerbsfähigkeit, Folgen für die selbständige Lebensführung. Schon vor allen Auswirkungen dieser Definition auf die praktische Lebenslage der Betroffenen zeichnet sich diese Begriffsbestimmung durch einen ausgesprochen eindimensionalen Charakter aus. Stellvertretend für eine häufig geäußerte Kritik steht die Auffassung, daß dieser Behinderungsbegriff

"der Relativität und Relationalität von Behinderungen und ihren Auswirkungen, damit der Vielfältigkeit und Kompliziertheit des Phänomens, nicht gerecht wird." (Hohmeier, 1982, S. 9)

Nach dem Bundessozialhilfegesetz haben behinderte Personen Anspruch auf öffentliche Unterstützung, wenn ihre Fähigkeit zur Teilnahme am gesellschaftlichen Leben der Gemeinschaft beeinträchtigt zu werden droht oder bereits beeinträchtigt ist; dies gilt unter der Voraussetzung, daß die Betroffenen "nicht nur vorübergehend körperlich, geistig oder seelisch wesentlich behindert sind" (BSHG § 39, 1). Zwar ist hier Behinderung über den Bezugspunkt "Fähigkeit zur Teilnahme am öffentlichen Leben" breiter gefaßt, bleibt darin jedoch, auch mit den nachfolgenden Einschränkungen, für unterschiedlichste (auch willkürliche) Auslegungen offen.

Der *wissenschaftlichen* Fassung des Begriffs 'Behinderung' liegen unterschiedliche theoretische Standorte zugrunde. Ausgehend von den Zentralbegriffen Heilpädagogik, Sonderpädagogik und Pädagogik der Behinderten sowie in Anlehnung an das Paradigmakonzept[16] von Kuhn (1967) hält Bleidick (1985b) hier drei grundlegende theoretische Ausrichtungen fest:

* den personenorientierten Begriff von Behinderung, eingebettet in ein medizinisches Modell von Heilpädagogik.
* Behinderung als Systemfolge, wie sie in dem systemsoziologischen Modell von Institutionendifferenzierung begriffen wird.
* Behinderung nach dem interaktions- und gesellschaftstheoretischen Modell.

- Nach der personenorientierten Begriffsbestimmung, angelehnt an das Muster medizinischer Kategoriebildung, wird Behinderung als individuelle Kategorie gefaßt. Sie wird

"als ein persönliches, weitgehend unabänderliches Schicksal hingenommen. Der Defekt ist kausalätiologisch in der Person lokalisiert." (Bleidick, 1985, S. 254)

Jantzen (1973, S. 153) sieht in dieser Zuschreibung angeblich irreversibler individueller Eigenschaften eine "Ontologisierung der Behinderung"; Gerspach (1981, S. 12) spricht von "Hypostasierung".

Inzwischen, so konstatiert Bleidick (vgl. 1985a, S. VII), sind individuelle Schuldzuweisungen hinter eine Sichtweise des Behindertseins zurückgetreten, die dessen gesellschaftliche Vermittlung betonen.

Sie mögen in der Tat zurückgetreten sein. Verschwunden sind sie nicht. In der gleichen Veröffentlichung z. B. definiert Bach (vgl. 1985, S. 7) 'Behinderung' als Diskrepanz zwischen Verhaltenserwartungen, -dispositionen und -bedingungen. In seiner näheren Kennzeichnung faßt er das zweite Definitionselement als individuelle Dispositionen, die umfänglich, schwer - d. h. stark von den Regelgegebenheiten (!) abweichend -, und längerfristig sind (vgl. ebd., S. 8).

Eine gesellschaftlich vermittelte Charakterisierung ('von den Regelgegebenheiten abweichend') wird von ihm damit unmittelbar in ein individuelles Moment ('Disposition') transformiert.

- In der systemtheoretischen Erklärungsweise wird Behinderung auf die Zweckrationalität eines Systems zurückgeführt, die z. B. durch organisationssoziologische und bürokratische Zwangsgegebenheiten durchgesetzt wird. Behinderung kann demnach z. B. durch das Schulsystem produziert werden, das bestimmte Schüler den Sonderschulen zuführt, deren 'Klientel' dadurch als besonders, als behindert gekennzeichnet ist. Bleidick (vgl. 1985b, S. 257) verweist darauf, daß außerdem Organisationen und ihre Teile ein Eigenleben führen können, das zudem den Gesamtzweck "in bürokratischer Herrschaft und in funktionslosem Parkinsonismus pervertiert" (ebd.), "daß soziale Zwecklösungen der Gesellschaft ... verloren gehen und sich in systemeigene verselbständigen" (ebd., S. 259).

In der Konzeption der Systemtheorie erscheint die (Produktion von) Behinderung als systemlogisch, daher innerhalb eines Systems als unabänderliche Notwendigkeit. Systemimmanente Widersprüche werden nicht aufgegriffen. Gerspach (1981) verweist darauf, daß ein Interesse an Veränderungen nach den Annahmen der Systemtheorie als irrational verworfen werden muß.

"Wenn es nur darum geht, eine systemnotwendige Handlungsfähigkeit aufrechtzuerhalten, scheint ein kritisches Hinterfragen der Systembedingungen selbst nicht mehr legitim zu sein." (ebd., S. 13)

Eher scheint es m. E. allerdings so zu sein, daß kritisches Hinterfragen nicht verurteilt wird; jedoch, innerhalb dieser Theorie gedacht, steht die Antwort bereits in dem Sinne fest, daß die alles bedingende Systemlogik eine Veränderung in Produktion von und Umgang mit Behinderung durch Mitglieder des Systems nicht möglich macht - oder daß tatsächlich stattfindende Veränderungen nur begriffslos als Eigendynamik des Systems (d. h. systembedingte Systemveränderungen) erklärt werden können.

- In der gesellschaftstheoretisch-interaktionistischen Fassung des Behinderungsbegriffs geht es um den

"Zuschreibungsprozeß sozialer Erwartungshaltungen. Sie (die Behinderung, M.K.) ist durch Vorurteile, Normen und Wertmaßstäbe an die Interaktion zwischen Definierer und Definiertem gebunden, sprachlich und symbolisch vermittelt. Die Devianz des behinderten Individuums ist damit in das Medium sozialer Interaktionen verlagert." (Bleidick, 1985b, S. 262)

Behinderung wird in diesen Konzeptionen ursächlich mit den polit-ökonomischen Verhältnissen der Gesellschaft in Verbindung gebracht. Den sozialen Definitionsvorgang siedelt Bleidick auf drei Ebenen an: in der ICH-DU-Beziehung, auf Gruppenebene und im gesellschaftlichen Bezugssystem. Insofern fallen darunter sowohl interaktionistisch-soziologische wie gesellschaftstheoretisch-politologische Modelle der Erklärung von Behinderung. Beispielhaft sei hier die Stigma-Theorie Goffmans genannt bzw. der materialistische Ansatz Jantzens.

Goffman (1975, S. 13) faßt Behinderung als Stigma, d. h. ein Individuum "ist in unerwünschter Weise anders, als wir es antizipiert hatten."

Jantzen (1973; 1974; 1976; 1985) sieht als Kernpunkt der gesellschaftlichen Definition von Behinderung die Abweichung des Individuums von den geltenden Leistungsnormen, Normen, die sich unter kapitalistischen Produktionsverhältnissen wesentlich aus dem Verwertungsmaßstab der Arbeitskraft herleiten.[17]

Die Leistung dieser Theorieausrichtungen ist es, sich von Auffassungen abzusetzen, die Behinderung als individuelle und darin objektive Eigenschaft oder als reines und notwendiges Systemprodukt beschreiben. Ihre Begrenztheit ergab sich bisher durch die spezifische Weise, wie in ihr das Subjekt reflektiert wurde; es wurde lediglich in seiner sozialen bzw. gesellschaftlichen Bestimmtheit diskutiert, ohne seine kreativen Eigenanteile einzubeziehen. Hier sucht Jantzen (vgl. 1985, S. 325 - 330) inzwischen eine Vermittlung. Der Zusammenhang von biologischen, sozialen und psychischen Momenten ist nach seiner Auffassung jedoch weiterhin monistisch erklärbar, indem sie als "Widerspiegelung in den Wechselwirkungen der materiell organisierten Welt" aufgefaßt werden (vgl. ebd., S. 327 - 328).

Eine andere Betrachtung legen Heese und Solarová an. Sie beziehen sich auf die unterschiedlichen Funktionen der verschiedenen Begriffsbestimmungen. Heese und Solarová (1985, S. 759) führen aus:

"*Behinderung ist nicht objektiv definierbar. Das Behinderungsmodell, das ein Mediziner entwerfen kann, muß notwendigerweise anders aussehen, als etwa dasjenige, das ein Versicherungsfachmann im Kopf haben mag. Beim Arzt mögen Schädigung und therapeutischer Zugriff genauere Berücksichtigung erheischen, beim Versicherungsfachmann dürfte eher die Invalidität mit Ursachen und Folgen einen bevorzugten Platz einnehmen. Psychologen, Soziologen und natürlich auch Pädagogen werden spezifische Modelle entwerfen, die sich von den jeweils anderen unterscheiden.*"

Eine Behinderung im erziehungswissenschaftlichen Sinne läge nach Meinung der Autoren nur dann vor, "wenn eine Behinderung der Erziehbarkeit nachweisbar sei." (ebd., S. 763) Auch diese Bestimmung wird als relative begriffen, da abhängig von der jeweiligen raum-zeitlichen Einbettung des Phänomens (vgl. ebd., S. 760).[18]

Besonders wichtig erscheint es mir, daß Heese und Solarová *Konkretheit* als konstituierendes Merkmal betrachten, mit dem das Phänomen der Behinderung überhaupt nur zu erfassen ist:

"*Eine Behinderung ist zunächst immer konkret zu denken. Wer von Behinderten spricht, sollte sich stets die in ganz konkreter Weise behinderten, d. h. tauben (oder lernbehinderten usw.) Menschen vorstellen können. Geht ihm diese Konkretion verloren, läuft er Gefahr, in substanzarmes Gerede zu verfallen." (ebd., S. 759)*[19]

In diesem Sinne werde ich im folgenden "Behinderung" als pragmatische Kurzbezeichnung[20] für Besonderheiten verwenden, die immer dort näher zu erläutern sind, wo es um bestimmte Kinder geht. Welcher Aspekt des Phänomens bedeutsam ist, wird sich jenseits verschiedener Definitionen des Behinderungsbegriffs in dem spezifischen Zusammenhang erweisen, in dem sich die Besonderheiten des Kindes Geltung verschaffen.

Zur konkreten Beschreibung sind allerdings die gängigen Klassifizierungen nach Art der Behinderung bzw. nach Symptombildern oder nach (vermuteten) Ursachen untauglich. Ähnliches gilt für die durchaus üblichen Einteilungen in einfach- und mehrfach-, leicht-, schwer-, schwerstbehindert usw. Für solche Kategoriebildung ist eine in jeder Hinsicht (qualitativ und quantitativ) objektiv fixierbare Behinderung unterstellt, die zudem ein invariantes Merkmal des Individuums bildet. Da dies nicht der Realität entspricht, liefern solche Einteilungen eher pseudoobjektive Klassifikationen als Aufschlüsse über die Sache.[21]

Natürlich gibt es objektivierbare Faktoren wie z. B. eine organische Beeinträchtigung; selbstverständlich kann z. B. die Sehkraft auch quantifiziert werden. Nur:

"Das Ausmaß der organischen Beeinträchtigung ist nicht identisch mit der Betroffenheit eines Kindes als Gesamtperson, ist nicht identisch mit den psychischen und sozialen Problemen ... Wer kann oder will sich für kompetent erklären, darüber zu entscheiden, was gewichtiger wäre: Bewegungsbeeinträchtigung oder Wahrnehmungsstörungen oder Beziehungsprobleme?" (Klein, Kreie, Kron und Reiser, 1987, S. 344)

Mehr Aufschluß über Art und Ausmaß einer Behinderung, vor allem wenn es um diese Frage im Zusammenhang von (Gruppen-)Beziehungen geht, ergibt sich über eine Beschreibung der Aktivitäten und Teilnahmemöglichkeiten eines Kindes, der evtl. darin enthaltenen Schwierigkeiten für das Kind selbst, für andere Kinder oder für die Erzieher/innen (vgl. ebd.).

Im Vorgriff ist noch zu bemerken, daß in den Kindergärten, in denen die dieser Arbeit zugrundeliegenden Beobachtungen stattfanden, meist diejenigen Kinder als behindert bezeichnet wurden, die nach dem Bundessozialhilfegesetz Eingliederungshilfe erhielten bzw. für deren Kindergartenbesuch höhere finanzielle Aufwendungen geleistet wurden. Diese Verwendung des Begriffs bleibt jedoch für die folgende Abhandlung ohne Bedeutung.

3.2 Wissenschaftstheoretische Basis

Schon das Nebeneinander der eben dargestellten Definitionsansätze bringt zur Anschauung, daß auch meine wissenschaftlichen Annahmen nicht als selbstverständlich ausgegeben werden können. Weder die dieser Arbeit zugrundeliegenden Untersuchungen noch meine Interpretation der Dinge geschah und geschieht voraussetzungslos. Ich kann jedoch meine Prämissen transparent machen, um es zu ermögliche, die in dieser Arbeit entwickelten Gedanken nachzuvollziehen. Darin liegt m. E. die Wissenschaftlichkeit eines Verfahrens, das sich auf soziale Phänomene bezieht.

Wo es wesentlich um Kenntnisse über psychische Vorgänge geht, kann die wissenschaftliche Objektivität nicht in der Transformation subjektiver Prozesse in formalisierte, allgemeingültige Abläufe bestehen, nicht im Testen, Messen und mathematischem Auswerten. Dies würde heißen, die Subjektivität in dem zu Erkennenden zu verleugnen, indem sie - theoretisch - zu einem geschichtslosen Mechanismus pervertiert würde.

Rationalität kann nur im Offenlegen der wissenschaftlichen und wertbestimmten Voraussetzungen angestrebt werden, so daß es möglich ist, die Angemessenheit des Vorgehens von diesem und von anderen wissenschaftlichen Standpunkten aus zu beurteilen. Der darin enthaltene Gedanke, die eigene Subjektivität, den eigenen Erfahrungshorizont als Wesenselement wissenschaftlichen Arbeitens ernst zu nehmen, hat bereits Dilthey (vgl. [2]1957, S. 317 - 338) als Notwendigkeit der Geisteswissenschaften formuliert: Sie müssen ihren Gegenstand erst aus dem Physischen, dem bloßen Ausdruck des zugrundeliegenden Sinns gewinnen; die Lebensäußerungen sind zu entschlüsseln in dem Bemühen, einen Lebenszusammenhang im Gegebenen aufzufinden.

Die Rolle des eigenen Erfahrungszusammenhangs ist von daher evident. Fremdes wird verstehbar, weil wir Eigenes in Fremdes hineinversetzen (vgl. ebd.). Damit will ich nicht einer reflexionslosen Hermeneutik - selbstzufrieden in der eigenen Subjektivität - das Wort reden. In der wissenschaftstheoretischen Diskussion wurde zur Genüge auf die Gefahren hingewiesen, die die Berufung auf das subjektive Moment der Wissenschaft in sich birgt:

- Das Engagement des Verstehenssubjekts - notwendiger Ausgangspunkt jedweder Interpretation - schließt womöglich die prinzipielle Einengung des Verstehbaren ein (vgl. Apel, 1971, S. 32).

- Der eigene Erfahrungszusammenhang, d. h. die Verstehensgrundlage, ist nicht nur subjektiv, sondern steht in Wechselwirkung mit (gesellschaftlich) Überliefertem. 'Verstehen' kann betrachtet werden als "das Ineinanderspiel der Bewegung der Überlieferung und der Bewegung des Interpreten." (Gadamer, [4]1975, S. 277). Als solches unterliegt es selbst ständigen Veränderungen. Habermas (vgl. [3]1973a, S. 289) weist in kritischer Reflexion Gadamers darauf hin, daß auch die Gewißheit der eigenen, sich verändernden Verstehensgrundlage die Gefahr nicht ausschließt, daß durch die Hervorhebung des subjektiven Moments des Verstehensprozesses die historische und gesellschaftliche Bedingtheit der Wissenschaft bzw. Wissenschaftssprache, also ihre Abhängigkeit von objektiven Voraussetzungen, verdeckt wird.

- Bei allem bleibt die Tatsache bestehen, daß der "hermeneutische Abstand der Individuen untereinander" (ebd., S. 260) nie aufzulösen ist, d. h. daß ein Individuum in seinen Äußerungen nie in seiner ganzen Totalität nachvollzogen werden kann.

Zu dem verstehenden Zugang zu den Lebensäußerungen der Individuen gibt es trotz aller Problematik m. E. keine Alternative. Habermas ([3]1985, S. 159) begründet dies damit, daß der Objektbereich der Sozialwissenschaften, d. h. "alles, was unter die Beschreibung 'Bestandteil einer Lebenswelt' fällt", den "Eigensinn einer symbolisch vorstrukturierten Wirklichkeit" besitzt, erzeugt durch die Subjekte in eben diesem Lebenszusammenhang. Zu verstehen, um es anderen verständlich zu machen, verlangt daher, den spezifischen Lebenszusammenhang derer miteinzubeziehen, die zum Gegenstand der wissenschaftlichen Reflexion werden. Giddens (1984, S. 178) fordert von einer hermeneutischen Analyse

"Respekt vor der Authentizität der vermittelten Bedeutungsrahmen: das ist der notwendige Weg, um andere Lebensformen zu verstehen, d. h. Beschreibungen von ihnen hervorzubringen, die denen potentiell zur Verfügung stehen, die nicht direkt daran teilgenommen haben." (Hervorhebung ebd.)

Wie können auf Basis des dargestellten Wissenschaftsverständnisses psychische Prozesse analysiert werden? Ich beziehe mich in dieser Frage auf Lorenzers (1974, 1977) Reflexion der Psychoanalyse als kritisch-hermeneutischem Verfahren sowie auf Gerspach (1981, 1987), der im Rahmen seiner Konzeption einer kritischen Heilpädagogik erkenntnistheoretische und psychoanalytische Aspekte zu vermitteln sucht.

Habermas (1973a, S. 211) verweist darauf:

"Unter hermeneutischem Gesichtspunkt eignet sich der Erlebnisausdruck, der dem Lebenszusammenhang intimer verhaftet bleibt und darum einen geringeren Grad der Objektivierung erreicht als irgendeine andere Symbolik, für Andeutungen über den Stellenwert, den das Subjekt jeweils selbst im Kontext seiner Handlungen und Dialoge einnimmt oder einzunehmen prätendiert."

Hier sieht Gerspach (1981, S. 15) "durch den Prozeß der Reflexion dieses Kontextes ... eine Anlehnung an das Verstehen in der Psychoanalyse." Und an anderer Stelle (1987, S. 157) führt er aus:

"Die Analogie mit der psychoanalytischen Wahrheitsfindung liegt für eine sinnverstehende Wissenschaft auf der Hand: Es geht um die plausible Wiederherstellung eines immanenten, aber nicht sofort sichtbaren Bedeutungszusammenhangs."

Psychoanalyse als methodisches Prinzip ist für ihn wie für Lorenzer eine Möglichkeit, um das Verhalten in seiner lebensgeschichtlich-individuellen Eigenart zu identifizieren (vgl. Lorenzer, 1974, 1977, S. 112f; vgl. Gerspach, 1981, S. 16). Von der Annahme ausgehend, daß

"alle Grundfiguren menschlichen Erlebens, alle Grundelemente von Denken und Handeln ... in den jeweilig individuell-konkreten lebensgeschichtlichen Bildungsprozessen hergestellt werden (müssen)" (Lorenzer, 1977, S. 117),

schließt die Identifikation des je Individuellen das Verständnis seiner gesellschaftlichen bzw. sozialen Bedingtheit ein. Denn oben genannte Bildungsprozesse "sind der Niederschlag dessen, was sich zwischen dem Kind und seinen Beziehungspersonen wirklich abspielt." (ebd.)

Mit dem Begriff des 'szenischen Verstehens' kennzeichnet Lorenzer die Analyse, die eben diese 'lebensgeschichtlich-individuellen Eigenarten' auf ihren *Sinn* hinterfragt, indem sie als Ausdruck einer Beziehungssituation gesehen werden. Das Verstehen wendet sich

"der Interaktion der Subjekte mit ihrer Mitwelt und Umwelt zu. 'Sinn' interessiert dieses Verstehen nicht als ein von den Subjekten abgelöstes Objektives; die Vorgänge des Subjektes erfaßt es einzig mit dem Blick auf die Verwirklichung des Subjektes in seiner Mitwelt- und Umwelt-Beziehung. Es erfaßt sie einzig in der Verwirklichung des Subjektes in seinem Beziehungsfeld." (Lorenzer, 1973, S. 141 - 142, Hervorhebung ebd.)

Das Eingehen auf diese Form des Verstehensprozesses macht nähere Ausführungen zur subjektiven Strukturbildung erforderlich. Sie fallen zusammen mit den Ausführungen des dieser Arbeit zugrundeliegenden Verständnisses psychischer Entwicklung.

3.3 Grundannahmen der psychischen Entwicklung

Nach psychoanalytischem Verständnis ist die Entwicklung eines Kindes kein selbstbezogenes Fortschreiten, sondern vollzieht sich in personalen Beziehungsprozessen. Umgekehrt erhalten die interpersonellen Bezüge ihren je spezifischen Charakter aus dem Zusammenspiel der darin eingebundenen Individuen. Beides ist nicht zu denken ohne die bestimmte Gesellschaft, die die sozialisatorische Basis dieser Prozesse darstellt und als solche die Bandbreite und möglichen Inhalte der Beziehungen absteckt.

Um individuelles Erleben und seine Verarbeitung im Rahmen der Entwicklung eines Kindes nachzuvollziehen, gehe ich zunächst von der psychoanalytischen Interaktionstheorie Lorenzers aus.[22] Ohne diese im einzelnen und umfassend darstellen zu wollen,[23] seien die für diese Arbeit wichtigen Gedanken skizziert:

- Nach Lorenzer (^{2}1984, S. 134) sind je spezifische Erlebniskomplexe eines Individuums immer zugleich Resultate von Sozialisationsprozessen, d. h. "Produkte der Produktion von Subjektivität". Diese Erlebniskomplexe können als je 'bestimmte Interaktionsformen' gekennzeichnet werden (vgl. ders., 1974, S. 233 - 234); sie bilden sich über das psychische und physische Erleben sinnlich-unmittelbarer Interaktionen,[24] deren historischer Ausgangspunkt in der Mutter-Kind-Dyade liegt. Die grundlegenden Erlebniskomplexe - basale Interaktionsformen - sind also Resultat des Interagierens zwischen Mutter und Kind.[25] Sie sind am genetischen Anfang der Individuation im Zeitpunkt ihrer Entstehung identisch mit dem real ablaufenden Interaktionsgeschehen. Sie persistieren zu "sozialen Grundformeln *im* Individuum" (ders., ^{2}1984, S. 135; Hervorhebung ebd.) und werden als solche zu Modellen späteren Agierens. Darin lösen sich diese Interaktionsformen in späteren Situationen von dem unmittelbaren Geschehen, sind mit ihm nicht mehr identisch, sondern geben den realen Handlungen ihren subjektiven Erlebnisgehalt. So sind die Interaktionsformen "Niederschläge vergehender und vergangener Erfahrungen, sie sind zugleich aber auch Entwürfe kommender Interaktionen" (ebd., S. 136; vgl. auch ders., 1981, S. 86)

Realitätserfahrungen *und* Realitätserwartungen fallen so in der Interaktionsform in eins. Sie strukturieren die psychische Entwicklung des Kindes und bilden somit einen Baustein seiner (künftigen) Handlungskompetenz.

- Mit der Einführung von Sprache wird das sinnlich-organismische Regelsystem der Beziehungspraxis von Mutter und Kind von dem Sprachsystem erfaßt. Das heißt, die Erlebnisniederschläge werden an Sprachsymbole gekoppelt - Interaktionsformen werden zu 'symbolischen Interaktionsformen'. Mit diesem Begriff faßt Lorenzer (vgl. 1981, S. 93) die Einheit von Interaktionsfigur und Sprachfigur. Damit wird das reflexive Moment im Verlauf des kindlichen Bildungsprozesses aufgenommen: Bewußtsein entsteht dann, wenn das Kind über die sinnlich-organismische Interaktion hinaus sein Erleben an Sprache (und das heißt nicht nur Sprechen, sondern auch Denken) binden, also aus der Unmittelbarkeit seiner Empfindungen auch heraustreten und sie für sich kommunizierbar machen kann (vgl. ebd., S. 161). Das Kind wird fähig zu reflektierendem Agieren. In den Interaktionsformen als "innere(n) Entwürfen" (Trescher, 1978, S. 121) hat das Kind die Möglichkeit der (bewußten) Organisation seines gegenwärtigen und zukünftigen Handelns.

Individuelle, sinnlich begründete Praxis wird so zu sprachsymbolisch vermittelter Praxis (vgl. Lorenzer, [2]1984, S. 138), wobei das sinnlich-organismische Regulationssystem nun neben der Reglementierung sprachlich vermittelter Handlungsnormen steht. Führt die Verschiedenheit beider Systeme zur unerträglichen intraindividuellen Spannung, werden die Interaktionsformen in das sprachlos-unbewußte Primärsystem verbannt.

"*Desymbolisierte, und das heißt ins Unbewußte verdrängte Erlebniskomplexe und desymbolisierte, und das heißt zeichenhaft-unsinnliche Worthülsen resultieren aus solchen Bruchstellen.*" *(ebd.)*

Symbolische und desymbolisierte Interaktionsformen sind also die individuelle Konkretisierung der Sozialisation des Kindes. Dabei sind die aus der Sprache 'exkommunizierten', d. h. nicht (mehr) reflektierbaren, unbewußten Interaktionsformen Resultat eines individuellen Verdrängungsprozesses, individuelle Konfliktlösungsstrategie. Wo es um kollektiv zurückgewiesene Handlungsmuster geht, sind sie auch immer Niederschlag gesellschaftlicher Normierung, sind den gesellschaftlichen Verdrängungsprozessen konform.

- Die beschriebene psychische Strukturbildung des Kindes basiert auf den interpersonellen Prozessen der Mutter-Kind-Dyade. Diese Beziehung kann als dialektischer Prozeß zwischen Versagung und Versöhnung verstanden werden; er bildet die Verlaufsform des dynamischen Verhältnisses von Gleichheit und Ungleichheit in der Mutter-Kind-Beziehung (vgl. Lorenzer, 1974, 1981). Gelungene interpersonelle *Einigungen* finden darin nicht als Aufgabe von Bedürfnissen statt, sondern als Akzeptanz der subjektiven Verschiedenheiten. Nur in solchen gelungenen Einigungen formen sich 'symbolische Interaktionsformen', während sich inkonsistente Interaktionen als 'desymbolisierte Interaktionsformen' niederschlagen. Beide gehören zur 'normalen' Ausstattung des Individuums.[26]

- In solchen Prozessen liegt die sozialisatorisch entscheidende Qualität der frühen Mutter-Kind-Beziehung. Im Laufe der kindlichen Entwicklung werden weitere, familiäre und außerfamiliäre Beziehungen bedeutsam, in denen sich die Persönlichkeit des Kindes ausbildet. Dies heißt auch, daß sich der mütterliche Einfluß relativiert, daß die Eigenständigkeit des Kindes wachsen kann (vgl. Lorenzer, 1981, S. 154).

- Was heißt dies alles für die Zeit der Kindheit, auf die in dieser Arbeit Bezug genommen wird? Aufgrund ihrer bisherigen Sozialisation sind die subjektiven Strukturen von Kindergartenkindern - in welcher Ausformung auch immer - bereits grundlegend entwickelt, aber nicht im Sinne eines ein für allemal fixierten Musters. Nach dem umfassenden Begriff der symbolischen Interaktionsform macht gerade die Veränderung der subjektiven Strukturen in den und durch die aktuelle(n) Beziehungen ihren spezifischen Charakter als konstitutives Element der Persönlichkeitsentwicklung aus (vgl. Trescher, 1978, S. 176). Das Kind fühlt und handelt vor dem Hintergrund seiner individuellen Biographie, überträgt Vor- und Parallelerfahrungen in die aktuellen Beziehungen. Im Wechselspiel mit dem jeweiligen Interaktionspartner, d. h. im Ge- oder Mißlingen von Einigung mit ihm, können sich aber auch neue bzw. modifizierte Grundmuster künftiger Beziehungen formen.

Eine besondere Bedeutung kommt dabei den desymbolisierten Interaktionsformen zu. Indem über Versagungen und unversöhnliche Momente (früh-)kindlicher Situationen bestimmte Erlebniskomplexe in das Unbewußte verwiesen werden (s. o.), ist darin auf spezifische Weise die Grundlage eines späteren Verhaltens angelegt. In bestimmten Situationen können schmerzhafte, frühere Erlebnisse, unbewältigte Widersprüche wieder aktualisiert werden. Das Kind kann versuchen, sich die entgangene Befriedigung (ersatzweise) in der neuen Beziehung zu verschaffen (vgl. Lorenzer, 1981, S. 113).

Leber (1983a, S. 24), der in diesem Zusammenhang von "Reproduktion früherer Erfahrungen" spricht, führt aus, daß es sich *"zum einen um ein Festhalten an ganz frühen Erlebnissen oder um den Rückgang auf sie (handelt) und zum anderen um die vergebliche Wiederholung jener Situationen, von denen das Subjekt überwältigt wurde und die es in die emotionale Entwicklung nicht einzubeziehen vermochte."*

- In welcher Form auch immer bringen Kinder im Sinne des bisher Ausgeführten also "ihre bereits gelebte Geschichte in der Kindertagesstätte zur Darstellung." (Ettl, 1983, S. 35) Frühere Erlebnisfigurationen können mit neuen Beziehungspartnern wiederholt, nach der ursprünglichen Wunschvorstellung modifiziert, in anderer Richtung weiterentwickelt werden. Trescher (1985) spricht hier - vom Standpunkt der Organisation der Persönlichkeitsstruktur aus, die sich in solchen Prozessen vollzieht -, vom "grundsätzlich szenischen Charakter individueller Struktur." (ebd., S. 131)

Ich komme hier auf den Begriff des 'Szenischen Verstehens' zurück. Ursprünglich wurde es von Lorenzer (1973) als Verfahren begründet, über das dem Psychoanalytiker in der Reflexion seiner eigenen Gefühlsbeteiligung die Neuinszenierung vergangener unbewältigter Situationen des Analysanden mit dem Analytiker verstehbar wird (vgl. auch Trescher, 1985, S. 134 - 144). Nach der bisherigen Skizzierung kindlicher Entwicklung ist - so hoffe ich - deutlich geworden, daß dies in weiterem Sinne auch auf das Verständnis von Beziehungen zwischen Kindern transformierbar ist (vgl. Haug-Zapp, 1985):

Kinder können in aktuellen Szenen frühere Erfahrungen inszenieren. Darin werden andere Kinder oder die Erzieher in diesem Sinne einbezogen, werden so (unbewußt) zum Kristallisationspunkt der Bearbeitung vergangener Erfahrungen. Die Besonderheit des Beziehungspartners wird damit in den je konkreten Zusammenhang zu bisherigen Erlebniskomplexen gestellt. Dies bedeutet also auch, daß ein Kind eine bei einem anderen wahrgenommene Behinderung eben im Zusammenhang zur eigenen Sozialisation erfährt und bearbeitet. Das Erleben anderer, behinderter Kinder wird, ebenso wie das Erleben anderer Situationen, ein Moment seiner fortschreitenden Entwicklung.

Für die meisten nichtbehinderten Kinder in einer integrativen Kindergartengruppe ist Behinderung eine Erfahrung, mit der sie erstmals massiv innerhalb dieser Gruppe konfrontiert werden. Ihr bisheriges Weltbild, hier insbesondere ihre bisherigen Vorstellungen über Kind-Sein und Wachsen, über sich selbst und andere (Kinder), werden sich in Relation zu dieser neuen Erfahrung erweitern bzw. verändern. Wie dies geschieht, wird von dem jeweiligen Entwicklungsstand des Kindes abhängen und kann nur an den einzelnen Beispielen konkretisiert werden.

Bezüglich der kognitiven Entwicklung beziehe ich mich wesentlich auf Piaget (1969a/1969b/1972b/1974a/1976/ 1978).[27] Sein Modell der Entwicklung kann in zwei Dimensionen gesehen werden: als stadienbezogene und als stadienneutrale Theorie (vgl. Muuss, ²1980, S. 91). Ohne die Postulate des stadienbezogenen Konstrukts zu teilen (insbesondere das der notwendigen Aufeinanderfolge der Stufen senso-motorischer, präoperationaler, konkret-operationaler und formal-operationaler Intelligenz),[28] sehe ich in Piagets System aufeinanderbezogener Entwicklungskonzepte fruchtbare Aspekte für die Thematik dieser Arbeit. Als Beispiel hierfür sei die kognitive Auseinandersetzung des Kindes mit der Umwelt genannt: Durch Assimilation von Umwelterfahrungen (d. h. intellektuelle Strukturierung der Situation, damit sie in die aktuelle kognitive Organisation des Kindes einzupassen ist) wird (subjektive) Realität konstruiert; durch Akkomodation (d. h. Änderung der kognitiven Strukturen, damit die aktuelle Situation auf der neuen Basis in die kognitive Gesamtstruktur des Kindes eingefügt werden kann) können sich die kognitiven Strukturen der objektiven Realität annähern.

In dem Zusammenwirken der beiden komplementären Prozesse liegt die kognitive Adaptation an die Umwelt (vgl. Piaget, 1974a, S. 337 - 371).

"Genau durch diese Prozesse wächst die intellektuelle Struktur und erweitert sich." (Muuss, ²1980, S. 94) Ihre Zielrichtung liegt in der Balance von Assimilation und Akkomodation, d. h. in dem Zustand des Äquilibriums. Wird es durch neue Erfahrungen gestört, beginnen die Prozesse der Assimilation und Akkomodation von neuem, endend in einem Äquilibrium auf höherer Ebene und in erweiterten bzw. geänderten kognitiven Strukturen.

In diesen Prozessen baut das Kind sein Wirklichkeitsverständnis in engem Zusammenspiel von interpersoneller und gegenständlicher Orientierung auf (vgl. Fischer, 1986). Es ist darin die Annahme enthalten, daß das Kind selbst als aktives bzgl. seines Entwicklungsprozesses gesehen wird. Durch seine Auseinandersetzung mit der Umwelt vollzieht es sein intellektuelles Wachstum, ist selbst ein Motor seiner Entwicklung. So realisiert sich in dem kognitiven Bereich, was sich in der Gesamtheit der kindlichen Entwicklung als wachsendes Gewahr-Werden seiner selbst und seiner Umwelt, als wachsende Möglichkeiten im Einsatz seiner Fähigkeiten, auch im Umgang mit der Außenwelt, darstellt.

Des weiteren stütze ich mich auf Ausführungen Piagets zur Entwicklung von Sprache, Denken und moralischem Urteil des Kindes. Für mich steht dabei im Rahmen dieser Arbeit im Vordergrund, wie das Kind sich von einer ursprünglichen kognitiven Egozentrizität aus weiterentwickelt (vgl. Piaget, 1969b, 1972a, 1972b, 1974a, 1978, ²1983).

Egozentrismus wird hier gefaßt als die Grundlage des kindlichen Realismus (vgl. ders., 1978, S. 39), der aus der unvollkommenen Differenzierung zwischen dem eigenen Ich und den Dingen der Außenwelt resultiert.

"So ist der Egozentrismus eine Haltung des Subjekts, das ohne innere Einheit seiner selbst noch nicht bewußt ist; die Folge ist eine synkretische Vermengung von subjektiven und objektiven Phänomenen." (Aebli, 1978, S. 9).

Der Egozentrismus stellt sich dar als das Unvermögen des Kindes, sich in die Situation anderer zu versetzen und deren Sichtweisen einzunehmen.

Zunächst ganz den unmittelbaren und nur selbstbezogenen Erfahrungen verhaftet, reduziert das Kind nach und nach seinen Egozentrismus; d. h. es lernt "zugleich die Welt erkennen und anerkennen" (Leber, 1983a, S. 16), lernt, daß es Sichtweisen gibt, die von der seinen abweichen. Darüber wird es fähig, auch andere Positionen zu verstehen.

Diese Entwicklungskonzeption Piagets kann auf solche der psychoanalytischen Richtung zurückbezogen werden. Ferenczi (1964) hat als einer der ersten die Ich-Entwicklung des Kindes als Entwicklung seines Wirklichkeitssinns dargestellt. Über die Stufe der bedingungslosen Allmacht des Kindes - die Folge seiner absoluten Befriedigung in embryonalem Zustand -, gelangt es allmählich über Phasen magisch herbeigeführter (d. h. phantasierter) Allmachtsgefühle zu einem Realitätssinn, in dem es das Ich von der Außenwelt zu differenzieren lernt, "wo das Allmachtsgefühl der vollen Würdigung der Macht der Verhältnisse Platz macht." (ebd., S. 78) Den Motor dieser Entwicklung sieht Ferenczi in den Enttäuschungen, d. h. in nicht gewährter Befriedigung des Kindes, die es zu der Ahnung bzw. Einsicht zwingen, daß es von ihm unterschiedene 'Mächte' gibt, von denen es abhängig ist.

In diesen hier beschriebenen ursprünglichen Allmachtsgefühlen des Kindes sehe ich dargestellt, was Leber (1983a, S. 13) als den "affektiven Egozentrismus" des Kindes faßt. Er sieht darin einen engen Zusammenhang zu dem kognitiven Egozentrismus. Die Relativierung des affektiven Egozentrismus ermöglicht erst das Nachdenken über ihn, wie umgekehrt; die Dezentrierung in beiderlei Hinsicht bedingt sich so gegenseitig. Voraussetzung dafür ist ein (erwachsener) Beziehungspartner, der dem Kind Halt und Sicherheit gibt, der es ihm ermöglicht, "seine eigene Mitwirkung an der Bemeisterung unausweichlicher Unzulänglichkeiten zu erweitern." (ebd.)

Wo Kinder mit anderen, behinderten Altersgenossen zusammentreffen, wird die subjektive Erfahrung von deren Besonderheiten dadurch bestimmt sein, wie sie die neue Situation in affektiver wie kognitiver Hinsicht aufnehmen können. Die egozentrische Komponente setzt das neue Erlebnis womöglich in eins mit den Eigenerfahrungen, oder - komplementär dazu - stellt es in Widerspruch zu ihnen. Die Überwindung des Egozentrismus kann es dem Kind hingegen ermöglichen, eine Vereinbarung mit seinen bisherigen Erfahrungen zu versuchen, in der *seine* Position *und* die des *anderen* Kindes gesehen werden. Auf dieser Basis bzw. auf dem Weg dahin kann das Kind die (neue) Erfahrung von Behinderung in einer Weise aufnehmen, die überhaupt erst eine emotionale und kognitive Auseinandersetzung und Bewältigung dieser Situation (wie es bei jeder anderen neuen Situation auch nötig ist) möglich macht.

3.4 Spezifizierung der Fragestellung

Die Frage, wie Kindergartenkinder die Situation anderer, behinderter Kinder in ihrer Gruppe wahrnehmen und (psychisch) damit umgehen, kann nach Kenntnis der bisherigen Ergebnisse, Erklärungsansätze und der Explikation meiner theoretischen Grundauffassung nun differenzierter gestellt werden. Ich fasse die wesentlichen Gesichtspunkte zusammen:

- Die Auseinandersetzung mit Behinderung vollzieht sich in einem Beziehungsprozeß, in dem beide, das behinderte Kind wie das nichtbehinderte Kind - in welchem Ausmaß auch immer - eigene Bedürfnisse, Fähigkeiten und Interessen miteinbringen.

- Wie die Behinderung des anderen Kindes erfahren wird, hängt von dem eigenen Entwicklungsstand ab. Das heißt insbesondere: Wie sich das nichtbehinderte Kind auf das behinderte bezieht, hängt von seinen eigenen psychosozialen Vorerfahrungen ab. Es ist dies die entscheidende subjektive Basis für die Auseinandersetzung mit Behinderung bzw. dem daraus resultierenden Bezug auf behinderte Kinder; gleichzeitig wird sich in und durch diese Beziehung eben diese subjektive Basis verändern.

Aufzuklären bleibt:

- Wie nehmen Kindergartenkinder überhaupt Behinderung wahr, was fällt ihnen als Besonderheit auf?

- Inwiefern kommt eine kognitive und emotionale Auseinandersetzung mit dieser neuen Situation in Gang?

- Wie gestaltet sich die Bearbeitung dieser Situation? Das heißt, was bringt das Kind selbst in die Situation mit ein? Wie wirken seine individuellen Voraussetzungen in dem Beziehungsprozeß mit dem behinderten Kind? Wie erfährt es auf Grundlage seiner Voraussetzungen und Möglichkeiten die Situation des anderen, behinderten Kindes?

Die Fragen zielen auf mögliche Zusammenhänge zwischen der Biographie des Kindes und je besonderen Formen der Auseinandersetzung mit Behinderung. Was theoretisch hypostasiert wurde (vgl. Kap. 3.3), müßte sich in der konkreten Gestaltung der Beziehungen wiederfinden lassen.

- Wie wirkt die aktive Gestaltung der Beziehung durch das nichtbehinderte wie behinderte Kind auf die Persönlichkeit des Kindes (hier: des nichtbehinderten Kindes) zurück?

Die Frage zielt auf das Selbst-Erleben, den Umgang mit eigenen Stärken und Schwächen, den Umgang mit eigenen, auch widersprüchlichen psychischen Anteilen,[29] sofern er durch die Erfahrung eines anderen, behinderten Kindes beeinflußt wird. Hierin wäre die subjektive Basis solcher sozialen Verhaltensweisen zu suchen, von denen aus integrativen Gruppen berichtet wird (vgl. Kap. 2.4).

- Was sind die wesentlichen Faktoren außerhalb der unmittelbaren Beziehung zwischen den Kindern, die die Auseinandersetzung des Kindes mit Behinderung beeinflussen? Ich denke hier wesentlich an die Rolle des Erziehers bzw. der Erzieherin und der Gruppe, die den aktuellen Rahmen der Auseinandersetzung abstecken.

- Zusammenfassend mündet dies in die Frage, unter welchen Bedingungen welche Verarbeitungsprozesse stattfinden können, damit ein Kind die Erfahrung von anderen, behinderten Kindern in seiner eigenen Entwicklung so bearbeiten und einbeziehen kann, daß davon förderliche Impulse für die Entwicklungs- und Lebensperspektive beider Beziehungspartner ausgehen können.

4 Anlage der Untersuchung

4.1 Der forschungsmethodische Rahmen: Qualitative Sozialforschung

Mit den Überlegungen, die Auseinandersetzung von Kindern mit anderen, behinderten Kindern durch einen verstehenden Zugang über ihre (sichtbaren) Beziehungen aufzuklären, sind untersuchungsmethodische Vorentscheidungen gefallen. Die Konzentration auf die inneren Vorgänge bei den Kindern läßt soziometrische Verfahren nicht zu. Die mit diesen Methoden postulierte Linearität des Untersuchungsgegenstandes steht in diametralem Gegensatz zu den psychischen Vorgängen. Hier ist eine möglichst offene Aufnahme der sichtbaren Phänomene verlangt, in der sowohl der prozeßhafte Charakter des Geschehens wie auch sein Platz in der aktuellen Gesamtsituation berücksichtigt werden kann, also eine Vorgehensweise, die für die qualitative (vgl. Barton und Lazarsfeld, 1979) oder interpretative (vgl. Eberwein, 1984) Sozialforschung charakteristisch ist.

Konstitutives Element der qualitativen Sozialforschung ist nach Hopf (1979, S. 29)

"die enge Wechselbeziehung zwischen theoretischem Vorverständnis und empirischem Material und das Verfahren einer sich schrittweise vorantastenden Klärung und Revision von Begriffen, Interpretationen und theoretischen Annahmen."

Der offene Zugang zur sozialen Realität, wie er in der qualitativen Forschung praktiziert wird, bedeutet also weder theoretische Voraussetzungslosigkeit[30] noch unsystematisches Protokollieren aller irgendwie wahrnehmbaren Ereignisse.[31] Entscheidend ist der Austauschprozeß zwischen der vorgängigen Theorie und dem Forschungsvorgang, in dem beides in bezug aufeinander revidiert oder weiterentwickelt werden kann.

Im Rahmen des Forschungsprojektes über Interaktionsprozesse in integrativen Kindergartengruppen (s. Kap. 2.4, Anm. 13) fand bereits ein wesentlicher Teil eben dieses Austauschprozesses statt. Auch meine weiteren Überlegungen haben sich im Verlauf des Untersuchungsprozesses erst allmählich herauskristallisiert, waren also keine vorweg abgeschlossene Theorie.

Der offene Erwartungshorizont macht die qualitative Forschung in einem gewissen Maße zur Feldforschung. Hier bedeutet der Austauschprozeß zwischen theoretischen Annahmen, methodischem Vorgehen und erhobenem Material, daß der Untersucher auch schon während der Datensammlung, d. h. schon zwischen den Beobachtungen, einen großen Teil seiner Zeit auf analytische Überlegungen verwendet (vgl. Becker und Geer, 1979, S. 143). Diese Überlegungen mit der darin implizierten Suche nach Interpretationshinweisen für schwerer oder nicht zu beobachtende Vorgänge (vgl. ebd., S. 144) spezifizieren umgekehrt auch die Beobachtungen z. B. hinsichtlich der Auswahl der zu protokollierenden bedeutungsvollen Ereignisse. Sie schärfen den Blick für anscheinend randständige, aber vielleicht wesentliche Begebenheiten. Mir ist es wichtig, diesen Gang der Analyse zu betonen, um klarzustellen, daß vieles, was in der Darstellung der folgenden Kapitel als ein stromlinienförmiger Durchlauf durch die Thematik erscheinen mag, im Gang der Untersuchung als ständige Suche nach Erfassungsmöglichkeiten, Bedeutungen und Zusammenhängen existierte.

4.2 Zur Erhebung des empirischen Materials: Teilnehmende Beobachtung

Im Rahmen des o. g. Forschungsprojektes erfaßten wir in teilnehmender Beobachtung sinnhafte Sequenzen von Interaktionen zwischen den Kindern (vgl. Klein, Kreie, Kron und Reiser, 1987). Da solche Beobachtungen auch die adäquate Forschungsmethode darstellen, um mögliche psychische Verarbeitungsprozesse zu eruieren, kann ich daraus das empirische Material für meine Analyse entnehmen. Denn *Beobachtungen* sind z. B. dort zu verwenden, wo die Annahme zugrunde gelegt werden kann,

"*daß ein Phänomen, das nicht direkt beobachtet werden kann (wie z. B. psychische Vorgänge, M.K.), dennoch Spuren hinterlassen wird (wie z. B. in den sichtbaren Beziehungen der Kinder, M.K.), die, richtig interpretiert, es gestatten, den Gegenstand zu identifizieren und zu untersuchen.*" *(Barton und Lazarsfeld, 1979, S. 49)*[32]

In *teilnehmender* Beobachtung konnte gewährleistet werden, daß das Verhalten der Kinder in den Zusammenhang des gesamten Gruppengeschehens gestellt werden konnte. Dabei waren wir (je zwei 'Beobachterinnen') weder tatsächlich volles Gruppenmitglied noch gaben wir uns den Kindern gegenüber als solches aus. Unser Status war eher der von am Rande zeitweise assoziierten Gruppenmitgliedern. Wir beobachteten das Geschehen bzw. bestimmte Kinder aus der Distanz der *un*mittelbar Unbeteiligten heraus, nahmen aber auch (meist auf Initiative der Kinder hin) öfter an Spielen teil, sofern dadurch keine wichtige (s. u.) Beobachtung verunmöglicht wurde. Diese Zwitterstellung erwies sich als weniger problematisch, als wir es zunächst erwartet hatten. Vor allem von der befürchteten Irritation der Kinder war wenig zu spüren.[33] Für die Reflexion des Forschungsprozesses war dies eine wichtige Feststellung. Denn wir konnten somit davon ausgehen, daß die meisten Kinder uns, die Untersucher, nicht als wesentliche Störung ihrer Alltagssituation erlebten. Die Chance war damit gegeben,

"verläßliche Auskünfte in dem Sinne zu erhalten, daß der Inhalt dieser Auskünfte auch tatsächlich das Handeln der Personen anleitet, die für sie von größerer Vertrautheit und Relevanz sind, als es die Erhebungssituation ist." (Aschenbach, Billmann-Mahecha und Zitterbarth, 1985, S. 31 - 32)

Was eine wichtige Beobachtung war, präzisierte sich erst im Laufe der Untersuchung. Prinzipiell galt, daß *sinnhafte* Sequenzen erfaßt wurden. Zeitlich schematisierte Beobachtungsabschnitte hätten die Chance immens reduziert, längerdauernde oder wiederaufgenommene Beziehungen gemäß ihrem prozeßhaften Charakter zu verfolgen. Inhaltlich starr festgelegte Beobachtungskriterien hätten die Möglichkeit vertan, Neues aufzunehmen und auf die theoretischen Grundlagen rückbeziehen zu können. Die Erfassung sinnhafter Sequenzen bedeutete stattdessen selektives Beobachten und Protokollieren mit einer ständig vorhandenen Aufnahmebereitschaft für unerwartete Ereignisse - *selektiv* im Hinblick auf die Möglichkeit des Auswertens, d. h. selektiv im Rahmen des Erwartungshorizontes, der durch die theoretischen Grundannahmen gebildet wird (vgl. Selg und Bauer, ²1973, S. 41), *offen* für unerwartete Äußerungsformen der Kinder, die neue Überlegungen bezüglich der theoretischen Annahmen provozieren.

Das Geschehen wurde bis zu seinem (vorläufigen) Ende beobachtet und protokolliert, auch dann, wenn es nach einer Unterbrechung an einem anderen Zeitpunkt des Tages wieder aufgenommen wurde. Seine zeitliche Dauer wurde festgehalten.

Im Rahmen des oben genannten Projektes wurden einzelne behinderte und nichtbehinderte Kinder gezielt beobachtet, außerdem das Gruppengeschehen insgesamt festgehalten.

Als *wichtig* erschienen uns zunächst die Beobachtungen der Kinder in immer wiederkehrenden Situationen, wie Ankunft, Frühstück, Stuhlkreis etc., um darüber eventuellen Veränderungen auf die Spur zu kommen. Nach näherem Kennenlernen der Kinder beobachteten und protokollierten wir zunehmend jene Aktionen und Beziehungen, die auf aktuelle Entwicklungsschritte und Auseinandersetzungen mit Behinderung schließen ließen. Die Betreuer/innen der Gruppen waren in die Beobachtungen eingeschlossen, sofern sie in die jeweils beobachteten Äußerungen und Aktionen der Kinder sichtbar involviert waren.

Diese Art der Beobachtung wirft einige forschungsmethodische Probleme auf. Von der Person des Untersuchers her - um einen der wesentlichen Einwände zu nennen - kann nicht ausgeschlossen werden, daß er in unbewußter Identifikation mit einzelnen Beteiligten eine subjektive Auswahl, Deutung und Niederschrift der Ereignisse liefert.

Noch komplexer wird sein Einfluß dort, wo die Kinder, die beobachtet werden, nicht unberührt bleiben von der Subjektivität, die der Untersucher in die Situation selbst mit einbringt. Devereux (1976) führt aus, wie hier z. B. in Antwort auf die Übertragungen des Untersuchers auf die Untersuchten deren Gegenübertragungen wirksam werden. Ihr Verhalten, ihre Selbstdarstellungen sind also auch immer als Antwort auf die Subjektivität des Forschers zu verstehen. Die (Niederschriften von) Beobachtungen müssen von daher als ein Abbild der Realität betrachtet werden, das über die Untersuchung von den verschiedenen Beteiligten subjektiv strukturiert wurde - also eben *kein* plattes Abbild ist.

Was daraus folgt - so auch für Devereux - ist die unbedingte Berücksichtigung solcher Wechselwirkungen. In unserem Fall heißt dies mitzubedenken, daß das Kind sich auch zu *seiner* Interpretation des Beobachters verhält, und daß wir die Anzeichen dafür aufmerksam zu registrieren haben.

Um die von dem Untersucher eingebrachten unbewußten Verzerrungen zu minimieren und subjektive Einflüsse offenzulegen, waren zwei Beobachtende wichtig, die in gegenseitiger Kontrolle ihrer Niederschriften die Ereignisse anschließend reflektierten.[34] Eine weitere Kontrolle lag bei den Betreuern der Gruppe, mit denen jeweils am Tag der Beobachtungen eine Rücksprache über das gelaufene Geschehen stattfand.

In Abgrenzung vom Sinnverstehen, also der Deutung der erfaßten Phänomene, beschreibt Habermas (^{3}1985, S. 164) dieses Vorgehen:

"Beobachtungen macht jeder für sich allein, und die Beobachtungsaussagen eines anderen Beobachters überprüft ... wiederum jeder für sich. Führt dieser Prozeß unter verschiedenen, grundsätzlich beliebigen Beobachtungen zu übereinstimmenden Aussagen, darf die Objektivität einer Beobachtung als hinreichend gesichert gelten."

Faktisch fand allerdings in den Rückkoppelungsgesprächen nicht diese idealtypische Trennung von 'Beobachtungsaussagen' und ersten Deutungen des Geschehens statt. Eine hinreichende Objektivität der Beobachtungen sehe ich jedoch gerade auch dadurch gewährleistet, daß eine kontrollierte, intersubjektiv übereinstimmende Wiedergabe des Beobachteten möglich wurde, zu der die jeweiligen, gelegentlich auch unterschiedlichen Interpretationen nicht im Gegensatz standen.[35]

Die Rückkoppelung mit den Erziehern/Erzieherinnen erlaubte es auch, etwaige Verhaltensweisen, die ein Kind unter dem Eindruck des Beobachtet-Werdens aufzeigt, besser einzuschätzen. (Die Betreuer stellten jedoch im allgemeinen keine Änderungen bei den Kindern fest.) Zudem waren diese Besprechungen unabdingbar, um dem von uns Beobachteten den adäquaten Stellenwert zu geben im Hinblick auf Ereignisse und Entwicklungen der Vortage, überhaupt der Zeit, in der wir nicht in der Gruppe waren.

Wie Zelditch (1979, vgl. S. 123) ausführt, schließt die Methode der teilnehmenden Beobachtung solche Gespräche als *einen* ihrer Bestandteile ein; sie läßt sich nicht auf den bloßen Beobachtungsvorgang selbst beschränken. Ich sehe die wesentliche Bedeutung dieser Gespräche in der Einschätzungs- und Interpretationshilfe, die die Erzieher/innen, die dieselben Ereignisse aus *ihrem* spezifischen Interesse heraus beobachten, für die Untersuchung liefern können.

4.3 Die Beteiligten

Die Kindergärten und deren Gruppen. Die drei Kindergärten, aus denen je zwei integrative Gruppen in die Untersuchung einbezogen waren, liegen in verschiedenen Regionen Hessens und umfassen unterschiedliche Einzugsbereiche: ein ländliches, ein mittelstädtisches, ein großstädtisches Einzugsgebiet. Insgesamt deckten die Familien der Kinder ein breites Spektrum der Schichtzugehörigkeit ab (Unterschicht bis obere Mittelschicht).

Die Einrichtungen wurden bzw. werden in kirchlicher Trägerschaft (ein Kindergarten), in Trägerschaft einer bundesweiten Elternvereinigung (ein Kindergarten) und im Zusammenschluß einer Kirchengemeinde mit der Elternvereinigung (ein Kindergarten) geführt.

Während in zwei Kindergärten in allen fünf bzw. drei Gruppen behinderte und nichtbehinderte Kinder betreut werden, gibt es in der dritten Einrichtung unter verschiedener Trägerschaft, aber im gleichen Gebäude zwei integrative Gruppen, eine Gruppe mit nur behinderten Kindern und drei Regelgruppen. Jede integrative Gruppe wird von mindestens zwei ständigen Bezugspersonen betreut. Bei allen drei Kindergärten handelt es sich um Ganztagseinrichtungen mit durchgängiger Betreuungszeit und der Möglichkeit des Mittagessens für die Kinder. In der Regel werden aber viele, v. a. die nichtbehinderten Kinder, schon zur Mittagszeit bzw. am frühen Nachmittag von den Eltern abgeholt.

In den Gruppen wird mit verschiedener pädagogischer Konzeption gearbeitet, ohne daß sich jedoch eine strenge Festlegung treffen ließe. In mehreren Gruppen stützen sich die Betreuer/innen wesentlich auf den Situationsansatz, andere beziehen Elemente der Montessori-Pädagogik oder der Waldorf-Pädagogik stärker ein.

Die Gruppengröße lag in allen sechs Gruppen bei 15 Kindern, fünf bzw. vier Kinder davon galten als behindert (s. u.).

Diese kurze Beschreibung der Kindergärten und Kindergartengruppen soll hier ausreichen, um sich eine ungefähre Vorstellung über ihre Situation machen zu können.[36] Selbstverständlich hatte jede Einrichtung ganz spezifische Bedingungen, war die Gruppenarbeit von unterschiedlichen Umständen und Persönlichkeiten geprägt, gab es besondere Probleme und besondere Lösungsstrategien innerhalb einer Gruppe oder Einrichtung.[37] Für den Bezug der *Kinder* aufeinander waren diese zum Untersuchungszeitpunkt existierenden Verschiedenheiten jedoch nicht von ausschlaggebender Bedeutung. Es konnten keine Unterschiede in den Interaktionen der Kinder, die auf einrichtungsspezifische Umstände zurückgeführt werden konnten, festgestellt werden (vgl. Klein, Kreie, Kron und Reiser, 1987, S. 284).

Die Bezugspersonen[38] *in den Gruppen* waren Erzieher/innen, Sozialpädagogen/-innen, Praktikanten/-innen, Zivildienstleistende. Sie hatten sich in der Regel freiwillig dazu entschieden, in der integrativen Gruppe zu arbeiten oder standen zumindest hinter der pädagogischen Konzeption integrativer Erziehung. Zum Teil hatten sie vorher bereits in Regel- oder Sondergruppen gearbeitet. Wenngleich sie die Arbeit in der integrativen Gruppe selbst als weniger belastend als in einer Sondergruppe empfanden, wurden sie in ihrem Engagement für die integrative Erziehung häufig stark beansprucht: in Fragen der Durchsetzung integrativer Erziehung, zur Information interessierter Kolleginnen und Kollegen aus anderen Einrichtungen, für Öffentlichkeitsarbeit usw.

Für die Bezugspersonen war es sehr wichtig, zu zweit in der Gruppe zu arbeiten. Die notwendige pädagogische und teilweise pflegerische Betreuung der Kinder machte dies unabdingbar.

Die *Kinder* spielen in meinen Überlegungen die primäre Rolle. Dennoch stelle ich sie an dieser Stelle nicht weiter vor. In den Kapiteln 5 - 9 ist über viele von ihnen Näheres zu ihrer konkreten Situation zu erfahren.

Aufgrund der Unterscheidung der Kinder in behinderte und nichtbehinderte ist jedoch an dieser Stelle noch eine Ausführung nötig. Wie schon erwähnt (vgl. Kap. 3.1), bezeichneten die Kindergärten bzw. die dort für die Aufnahmen verantwortlichen Personen diejenigen Kinder als behindert, die nach dem Bundessozialhilfegesetz Eingliederungshilfe erhielten bzw. für deren Kindergartenbesuch erhöhte finanzielle Aufwendungen geleistet wurden. Die Zusammensetzung der Gruppen mit zehn bis elf nichtbehinderten und vier bis fünf behinderten Kindern folgte dieser Unterscheidung.

Insgesamt waren während unserer Beobachtungszeit 39 von in diesem Sinne als behindert bezeichnete Kinder in den sechs Gruppen. Sie hatten mehr oder weniger starke, unterschiedlichste Einschränkungen. Aufgrund vorhergehender Überlegungen (vgl. Kap. 3.1) verzichte ich hier auf die Aufzählung der plakativen Begriffe, die diesen Kindern als Diagnose zugeordnet wurden, da ihnen nur bedingt zu entnehmen ist, was die Schwierigkeiten dieser Kinder waren. In oben genanntem Sinn ist z. B. ein Kind mit Hämophilie (Bluterkrankheit) behindert, ein Kind mit Down'-Syndrom ebenso. Wie sich dies in der Gruppensituation geltend macht, ist völlig unterschiedlich. Zudem zeigten einige der als nichtbehindert zählenden Kinder Probleme und Verhaltensweisen, die die anderen nicht minder berührten. Es wird daher erst aus den im folgenden (Kap. 5 - 9) dargestellten Situationsbeispielen zu entnehmen sein, mit welchem Spektrum von Behinderung - oder besser: von Verschiedenheit - sich die Kinder untereinander auseinanderzusetzen hatten.

Anzumerken bleibt, daß die Kinder im folgenden selbstverständlich namentlich anonymisiert werden.

Die Eltern konnten nur bedingt einbezogen werden. Abgesehen von der Anlage der Untersuchung, die nicht primär auf unmittelbare Unterstützung von und Reflexion mit den Eltern ausgerichtet war, nahmen sie selten unsere Angebote zu Gesprächen mit ihnen in Anspruch. Zwar gaben alle Betroffenen ihre Einwilligung zur Beobachtung ihrer Kinder, gemeinsame Gespräche über ihre Kinder oder unsere Arbeit blieben in der Regel aber Einzelfälle. Diese jedoch waren sehr fruchtbar und ergaben auch eine Fülle von weiteren Informationen über die Kinder.

Die 'Beobachterinnen' (zwei Kolleginnen und ich) sind als letztes zu erwähnen. Ihre Rolle ist bereits in Kap. 4.2 ausgeführt. Es bleibt hinzuzufügen, daß diese Funktion *ein* Bestandteil ihrer wissenschaftlichen Tätigkeit in oben genanntem Projekt bildet. Für die hier vorliegende Arbeit war es sehr wichtig, daß ich neben meinen eigenen auch auf die Beobachtungen meiner Kolleginnen zurückgreifen konnte.

4.4 Umfang und zeitlicher Ablauf der Untersuchung

Die Beobachtungen wurden während zweier Jahre in je zwei integrativen Gruppen der drei Kindergärten durchgeführt, also in insgesamt sechs Gruppen. Je zwei der drei 'Beobachterinnen' besuchten monatlich jede Gruppe einen Tag lang und führten anschließend mit den Erziehern/Erzieherinnen der Gruppe eine Rückkoppelung der Beobachtungen zu dem Geschehen der letzten Wochen und den Erfahrungen und Eindrücken der Erzieher/innen durch. Gespräche mit Eltern fanden, wie bereits erwähnt, auf Grundlage eines allgemeinen Angebots der Projektgruppe vereinzelt und unregelmäßig statt.

Zu Beginn der Beobachtungsphase waren in jeder Gruppe 15 Kinder, zusammengefaßt also 90 Kinder. 36 von ihnen verließen während des Untersuchungszeitraumes den Kindergarten. Dies war hauptsächlich durch den Übergang der Ältesten zur Schule bedingt, vereinzelt durch einen Wohnortwechsel der Familie o. ä. Insgesamt waren während der Beobachtungsphase 126 Kinder in den Gruppen.

Durch den Wechsel von Jahrespraktikantinnen, Zivildienstleistenden, eines Erziehers und einer Erzieherin waren insgesamt 24 erwachsene Bezugspersonen während des Untersuchungszeitraumes in den Gruppen tätig. Wichtiger ist jedoch die *jeweilige* Zusammensetzung der einzelnen Gruppen, die Abb. 1 zu entnehmen ist. Daneben geht hieraus die Aufteilung der 'Beobachterinnen' auf die Gruppen hervor.

Abb. 1: Regelbesetzung der Gruppen und Zuordnung der wissenschaftlich Beobachtenden

Kindergarten (Kiga)	Kiga 1		Kiga 2		Kiga 3	
Gruppe	G1	G2	G1	G2	G1	G2
Kinderanzahl	15	15	15	15	15	15
Anzahl der Bezugspersonen	2-3	2-3	2	2	3	3
Beobachtende: B1, B2, B3	B1 + B2	B1 + B2	B2 + B3	B2 + B3	B3 + B1	B3 + B1

Durch die altersheterogene Zusammensetzung der Gruppen wurden Kinder von vier aufeinanderfolgenden Jahrgängen in die Untersuchung miteinbezogen (Abb. 2).

Abb. 2: Jahrgangsgruppen der Kinder innerhalb einer Kindergartengruppe während der Beobachtungsphase.

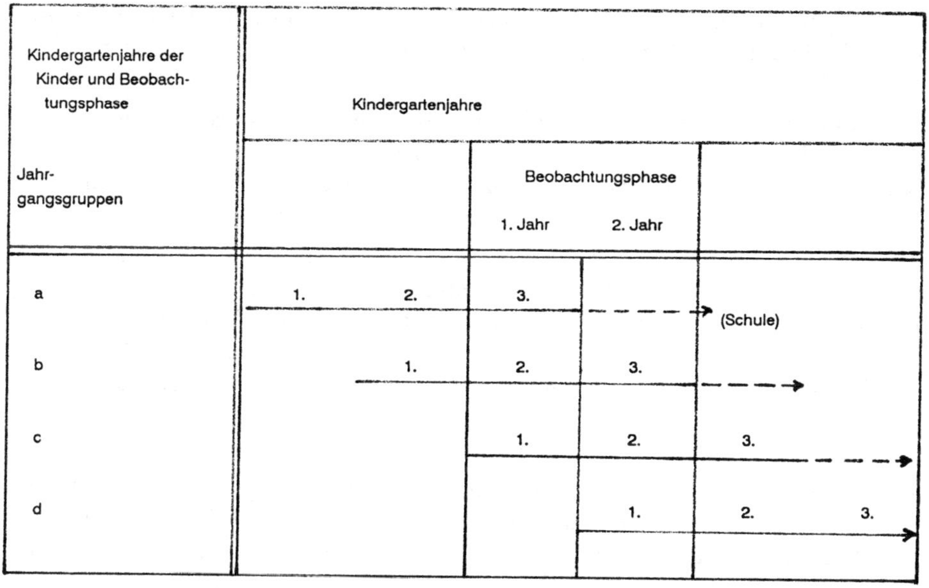

4.5 Datenaufbereitung und -auswertung

Während der zweijährigen Beobachtungsphase wurden ca. 300 Interaktionssequenzen der Kinder erfaßt und in den Rückkoppelungsgesprächen mit den Erzieherinnen reflektiert. Die Beobachtungen und Gespräche liegen schriftlich protokolliert vor (die Gespräche wurden zunächst auf Band aufgenommen), ebenso Notizen aus den Gesprächen mit Eltern.

Auswahl und Analyse von dokumentierten Sequenzen, die Rückschlüsse auf die psychische Verarbeitung von Behinderung zulassen, erfolgten in ständiger Beziehung aufeinander:

a) Aufgrund meiner Vorüberlegungen sichtete ich zunächst die Dokumentationen unter der allgemeinen Frage, wie sich die Kinder auf andere, behinderte Kinder beziehen, ob und in welcher Weise hierbei die Einschränkungen behinderter Kinder aufgenommen werden.

Die beobachteten Situationen, in denen dieses Thema eine Rolle spielt, unterscheiden sich zunächst im Grad der (Un-)vermitteltheit, in dem eine Auseinandersetzung mit Behinderung sichtbar wird. Es finden sich beispielsweise

- Situationen, in denen sich Kinder offensichtlich mit Behinderung beschäftigen und dies auch verbalisieren. Typische und einfachste Beispiele hierfür sind Fragen und Erläuterungen der Kinder zu einem behinderten Kind oder zu Behinderung überhaupt ("Der ist doof, der ist doch behindert."; "Wer ist denn hier behindert?" usw.)

- Situationen, in denen auf der Handlungsebene unmittelbar deutlich wird, daß sich das Kind auf ein anderes, behindertes Kind bezieht, auch wenn es nicht verbalisiert wird (z. B. wenn das Kind ein anderes, behindertes bis in Einzelheiten hinein imitiert).

- Situationen, in denen kein *un*mittelbarer Zusammenhang zu Behinderung sichtbar wird, die aber gerade in Beziehungen mit behinderten Kindern relativ häufig vorkommen, wenn auch in variierender Gestaltung. Es kann deshalb gefragt werden, ob hier vielleicht an die Behinderung eines anderen Kindes eigene Erfahrungen angebunden, (re-)aktiviert werden (z. B. in Szenen, in denen vorzugsweise ein behindertes Kind von einem anderen in die Position des mütterlich zu versorgenden Babys versetzt wird).

Diese Beispiele sind nicht als säuberlich getrennte Kategorien zu verstehen, denen die konkreten Szenen einzuordnen sind. Sie sollen lediglich als markante Punkte ein Spektrum von mehr oder weniger sichtbarer Auseinandersetzung mit Behinderung veranschaulichen, das bei der Analyse der Szenen berücksichtigt werden muß. Über den *Inhalt* der Beschäftigung eines Kindes mit dem Thema Behinderung ist damit noch nichts ausgesagt.

b) Die vorläufige Zusammenstellung der beobachteten Situationen, in denen das Thema Behinderung eine Rolle zu spielen scheint, reflektierte ich bezüglich der psychischen Verarbeitungsmodi, die darin möglicherweise zum Ausdruck kommen.

Wesentlich war hier der Prozeß, aus dem empirischen Material Belege und Gegenbelege für die vorweg formulierten wissenschaftlichen Annahmen zu ziehen, Anhaltspunkte zur Präzisierung der Theorie aufzunehmen, Hinweise zu finden, die über die beschriebenen theoretischen Grundlagen hinausführen. Es galt, die konkreten Lebensäußerungen aufzuspüren, die nach den theoretischen Annahmen zu erwarten sind und umgekehrt: zu reflektieren, inwieweit die beobachteten Szenen zur Modifikation und/oder Ausdifferenzierung und Weiterentwicklung der theoretischen Konzeption anleiten können.

Dieser Prozeß stellt eine beständige Gratwanderung dar zwischen produktiver Spekulation einerseits und der notwendigen Disziplinierung in diesen Spekulationen andererseits (vgl. Wahl, Honig und Gravenhorst, 1982, S. 189), sollen die Deutungen intersubjektiv nachvollziehbar sein. Aus diesem Grund werde ich die Ergebnisse der Überlegungen in der Bandbreite der beobachteten Szenen darstellen (Kap. 5 - 7), um hinreichend zu verdeutlichen, aus welchen konkreten Situationen heraus sie entwickelt worden sind. Damit hoffe ich zu gewährleisten, was Gruschka (1985, S. 78 - 79) zur wissenschaftlichen Qualität einer sinnverstehenden Analyse formuliert:

"Verbindlichkeit wäre ein äquivalentes Gütekriterium einer hermeneutisch ansetzenden Untersuchung für das, was in den empirisch-analytischen Verfahren die Reproduzierbarkeit der Ergebnisse durch eindeutige Verfahrensregeln der Datengewinnung und -aufbereitung ist. Erst wenn sich der Modus der Sinnerschließung (eines Textes, M.K.) nicht allein oder in erster Linie der individuellen Kompetenz des Interpreten, also etwa seinem spezifischen Einfühlungsvermögen, verdankt, ermöglicht er sich ein Intersubjektivität verbürgendes und damit letztlich wissenschaftlich diskursives Verfahren." (Hervorhebung ebd.)

c) Auf dieser Basis versuche ich, eine Konzeption zu entwickeln, in der die entwicklungspsychologischen und sozialisationstheoretischen Gesichtspunkte mit den Modi der psychischen Auseinandersetzung mit Behinderung verbunden werden.

d) Zwei Fallbeispiele, Entwicklungsverläufe eines Jungen und eines Mädchens, sollen illustrieren bzw. eine kritische Überprüfung ermöglichen, wieweit der Erklärungswert des theoretischen Modells tragen kann.[39] Ich hoffe, damit zeigen zu können, daß und wie es eine Verständnishilfe für den Prozeß kindlicher Entwicklung und darin stattfindender Auseinandersetzung mit Behinderung sein kann.

5 Ebenen des Zugangs von Kindern zu behinderten Kindern

5.1 Die Bedeutung der Bezeichnung 'behindert' für die Kinder

In der Zeit, in der die Kinder in die Untersuchung einbezogen wurden, also im Alter zwischen etwa drei und sechs Jahren, machen sie in der Entwicklung der Sprache und des begrifflichen Denkens große Fortschritte. Mit der Sprache lernen sie den Gebrauch "symbolischer Substitutionen" (Pulaski, 1978, S. 39), darin auch die Verwendung geistiger Bilder. Die damit zusammenhängende Genese des begrifflichen Denkens spielt eine bedeutende Rolle, "stellen doch Begriffe, neben den Aussagen, die Grundfiguren des vernünftigen Denkens und Sprechens dar" (Bullens, 1982, S. 427).[40]

Piaget beschreibt das Alter zwischen zwei und sieben Jahren als die 'präoperationale Periode'. Dabei faßt er die beiden ersten Jahre als Stadium der Vorbegriffe, in dem das Kind erste Versuche der Verallgemeinerungen macht. Dies verstärkt sich in der zweiten Phase des präoperationalen Denkens, der intuitiven bzw. perzeptuellen Stufe. Es ertastet sich seinen Weg zum logischen Denken, bleibt aber auch jetzt noch häufig der Konkretheit der Dinge verhaftet, ist nur bedingt zu Abstraktionsleistungen fähig (vgl. Piaget, 1972a, 1972b, 1974a). Von Piagets deterministischer Vorstellung der Abfolgen und von den Notwendigkeit vortäuschenden Altersangaben einmal abgesehen, weist er hier auf einen wesentlichen Punkt hin: Das Kind versteht das Wort nicht oder nur bedingt als verbales Symbol mit einer (in der Regel) allgemeinverständlichen Bedeutung. Es hat im wesentlichen noch seine nur private Vorstellung darüber, die es aus seinem konkreten raumzeitlichen Zusammenhang heraus entwickelt (vgl. Nickel und Schmidt, ²1980, S. 54 - 89). Bullens (1982) verdeutlicht, wie eng der kindliche 'Begriff' noch an seinen Ausgangspunkt - das Be-Greifen, d. h. der konkret-sinnlichen Handlung und Wahrnehmung - angebunden bleibt: Ein Ball z. B. ist "weniger ein Gegenstand mit den Merkmalen kugelförmig, elastisch etc., sondern vielmehr etwas zum Rollen, Werfen und Fangen." (ebd., S. 437)

An diesem kurzen Beispiel wird auch ein weiteres Moment ersichtlich: der Begriff, dem sich das Kind in solchen Zusammenhängen annähert, ist nicht bloß ein kognitives Muster, sondern hat für es auch eine starke affektive Komponente. Führt man sich den Beziehungsaspekt der Sprachentwicklung vor Augen (vgl. Kap. 3.3), wird die Tragweite dieses Gesichtspunktes evident. Lorenzer (1977, vgl. bes. S. 184 - 187) erinnert daran, daß Bezeichnungen (Sprachsymbole) 'lebenspraktische Muster' sind, deren Bedeutungsbildung lange vor der Einführung von Wörtern beginnt; die Sprachzeichen werden mit den psychischen Niederschlägen vorsprachlicher Praxis verknüpft. Auf den Begriff 'behindert' bezogen heißt dies also, daß sich die Kinder allmählich diesen Begriff als Mittel intersubjektiver Verständigung aneignen (d. h. sich die allgemeine Bedeutung des Begriffs aneignen), dies aber über den Weg individueller und konkret-sinnlicher Zusammenhänge, so daß der Begriff auch für jedes Kind seine besondere Bedeutung besitzt.

Ein weiterer Aspekt kommt hinzu: Da das Kindergartenalter für fast alle Kinder eine Zeit großer Fortschritte in der Entwicklung der Sprache und des begrifflichen Denkens ist, da dies zudem in unterschiedlichster individueller Ausprägung und Geschwindigkeit stattfindet, läßt sich nicht von *der* Verständnisstufe des Kindergartenkindes sprechen. Die schematischen Aspekte der Entwicklungsabfolgen erscheinen mir daher im Hinblick *unseres* Verständnisses für den kindlichen Gebrauch des Begriffes weniger relevant, zumal die allgemeinen Aspekte dargestellt wurden. Ich werde im folgenden daher v. a. auf die *Inhalte* eingehen, die die Kinder mit der *sprachlichen Bezeichnung* 'behindert' ausdrükken.

Für die Kinder ist 'behindert' eine Benennung, die sie z. T. sogar erfahren haben, längst bevor sie irgendwelche Besonderheiten identifizieren und für die ihnen nun ein sprachliches Symbol zur Zuordnung geboten würde. 'Behindert' ist allerdings auch schon für sie eine Bezeichnung, die in weitestem Sinne mit Besonderheiten der als behindert bezeichneten Menschen verbunden wird. Sie lernen das Wort ja gerade in Zusammenhängen kennen, in denen über bestimmte Personen oder deren Fähigkeiten in dieser Art gesprochen wird.

1)
Tanja, 6 J.; **Andreas,** 5 J.; **Tommy,** 4 J. 6 M. - drei nichtbehinderte Kinder

Tanja, Andreas und Tommy spielen Memory. Tommy dreht ungeduldig und ohne daß er an der Reihe ist die Kärtchen um. Tanja, in belehrendem Tonfall, sagt zu Andreas: "Der kann das noch nicht. Der ist behindert."

Tanja scheint 'behindert' mit (Noch-)Nicht-Können zu verbinden. Dafür ist es gleich, ob ein Kind (wie Tommy) etwas aufgrund seines Alters oder aus anderen Gründen (noch) nicht kann.

2)
Sabine, 4 J. 7 M.;

Sefra, 4 J., ein Mädchen mit Down'-Syndrom. Sefra kann sich nur unartikuliert äußern und hat große fein- und grobmotorische Schwierigkeiten. Sie ißt sehr unbeholfen und kann nur an der

Hand von Erwachsenen gehen. Infolge einer medikamentösen Behandlung hat(te) sie starken Haarausfall und z. Zt. fast eine Glatze.

Claudia, 5 J. 5 M., ein Mädchen mit cerebraler Bewegungsstörung, sprach- und fast bewegungsunfähig. Der Umfang ihres Wahrnehmungs- und Verstehensvermögens ist unklar. Sie teilt sich über Mimik, Schreien, Weinen, Quengeln mit.

Sabines Mutter berichtet: Zuhause erwähnte sie, daß Claudia behindert sei. Sabine entgegnete daraufhin, Claudia sei nicht behindert und Sefra auch nicht; die beiden könnten nicht gehen.

Bei Sabine wird deutlich, daß für sie Behindert-Sein und Nicht-Gehen-Können zwei ganz verschiedene Momente sind, daß sie außerdem unter 'behindert' auch nicht andere Besonderheiten Claudias und Sefras erfaßt (z.B. daß beide nicht sprechen oder daß Claudia insgesamt äußerst bewegungsbeeinträchtigt ist). Was für Sabine die positive Bestimmung von 'behindert' ist, bleibt offen. Bemerkenswert jedenfalls ist, daß sie gerade in bezug auf die konkret wahrnehmbaren Besonderheiten der beiden Kinder die Bezeichnung 'behindert' zurückweist, die konkrete Besonderheit als *Gegensatz* zu 'behindert' versteht.

3)
Heiko, 5 J., erzählt zuhause von seinem Kindergarten, den u. a. 15 als behindert geltende Kinder besuchen. Darunter sind einige äußerst betreuungs- und pflegebedürftige Kinder.

"Bei uns im Kindergarten ist nur die Klara behindert (ein als autistisch diagnostiziertes Mädchen, M. K.). Und dann noch ein anderes Kind ein bißchen."

Auch Heiko verbindet mit 'behindert' etwas anderes als die Vielzahl der konkreten Einzelheiten, die er bei Kindern seines Kindergartens tagtäglich erlebt. Bei ihm fällt vor allem auf, daß er gerade nicht Offensichtliches wie Blindheit, große motorische oder sprachliche Probleme, auch nicht die äußerst große Pflegebedürftigkeit wie Wickeln oder Füttern verschiedener Kinder mit 'Behindert-Sein' verbindet. Dort, wo er den Begriff gebraucht, läßt er ihn für ein autistisches Mädchen gelten, mit dem die Kinder im allgemeinen vor allem Beziehungslosigkeit erfahren. Mehr als bei jedem anderen Kind fragte Heiko in anderen Zusammenhängen nach, warum Klara dies oder jenes (nicht) macht; er konnte Klaras Verhalten nicht nachvollziehen und fand keine befriedigende Erklärung dafür. Von daher erscheint es wahrscheinlich, daß Heiko mit 'behindert' gerade das bezeichnet, was für ihn *nicht* faßbar ist.

4)

Catja, 4 J. 2 M.; **andere**, behinderte und nichtbehinderte Kinder unterschiedlichen Alters.

Die Kinder sitzen am Mittagstisch und essen. Es ist sehr unruhig. Harry patscht und kleckert in der Soße, Thomas schmiert, ohne zu essen, in seinem Teller. Klaus macht Faxen und übt den Tarzan-Ruf. Anja kichert und wirft Erbsen nach Harry.

Catja sitzt still mit dem Löffel in der Hand am Tisch und beobachtet die Kinder.

Als die Erzieherin an den Tisch kommt, fragt Catja sie: "Du - wer ist denn hier behindert?" Die Erzieherin sagt ihr, daß sie ihr das nach dem Essen erklären will. Als die Erzieherin Catja eine halbe Stunde später darauf anspricht, sagt Catja: "Nöö - ich habe keine Lust. Ich will jetzt spielen."

Bei Catja wird sehr deutlich, daß sie die Bezeichnung 'behindert' mit einem Verhalten in Zusammenhang bringt, das ihr in der spezifischen Situation - beim Mittagessen - vielleicht als fremd, vielleicht als ungewöhnlich, auf jeden Fall als bemerkenswert erscheint. Sie setzt jedoch 'behindert' nicht einfach identisch mit diesem Verhalten, trifft noch keine Zuordnung, wie aus ihrer Frage an die Erzieherin hervorgeht. Des weiteren wird hier auch ersichtlich, daß das Interesse Catjas, wer 'behindert' sei, sehr situationsgebunden ist und unmittelbar darauf wieder hinter ihre anderen praktischen Interessen - spielen zu wollen - zurückgestellt wird.

Wie auch schon Kinder im Kindergarten die Bezeichnung 'Behinderung' mit abwertendem Inhalt füllen können, zeigen die beiden letzten Beispiele.

5)

Thomas, 5 J., ein Junge mit Down'-Syndrom; **zwei andere Kinder**.

Thomas muß auf die Toilette. Dort sind Kinder aus anderen Kindergruppen. Zwei Kinder stoßen sich an, lachen über Thomas, weil er noch Windeln trägt.

Eines von ihnen: "Der guckt aber komisch! (Kichern) Der kommt von der Lebenshilfe. Der ist behindert!" Die beiden kichern wieder und rennen hinaus. Thomas wirkt verschüchtert und verständnislos.

Tilde, 6 J.; **Tommy** 3 J. 10 M., ein 'normal' entwickelter Junge.

Tilde will Tommy nicht mitspielen lassen. Tilde: "Tommy ist zu doof dafür. Der ist ja behindert."

Tilde setzt 'doof' mit 'behindert' gleich; die zwei anderen Kinder (Bsp. 5) ziehen die Linie über 'Windel-tragen' (des fünfjährigen Thomas) - 'komisch gucken' - 'Lebenshilfe' zu 'behindert'. Wesentlich erscheint mir an diesen Beispielen, daß die Vorstellungen der Kinder im Zusammenhang mit 'Behinderung' bereits negativ getönt *sind*, wenn sie sie in der jeweiligen Situation mit konkreten Merkmalen oder Verhaltensweisen in Verbindung bringen. 'Behindert' wird als Bezeichnung der abfällig beurteilten Besonderheit des anderen Kindes gebraucht.

Es steht quasi als Sammelbezeichnung oder Erklärung dessen, was als negativ oder absonderlich am anderen betrachtet wird. (Ähnlich wird der Hinweis auf die 'Lebenshilfe' gebraucht. Es ist kaum davon auszugehen, daß die beiden etwa fünfjährigen Kinder in obigem Beispiel etwas über die Institution 'Lebenshilfe' wissen, außer eben dem einen - was ihnen vermutlich von Erwachsenen vermittelt wurde -, daß dort Kinder 'behindert' sind.)

In diesen letztgenannten Zuschreibungen lehnen sich die Kinder schon eng an viele alltäglichen Vorstellungen und Bewertungen an, die mit dem Begriff 'behindert' verbunden werden. Insgesamt sind sie jedoch noch relativ weit davon entfernt, sich die Bedeutung dieses gesellschaftlich vorgeformten Begriffs in seinem annähernden Umfang zu eigen gemacht zu haben. Es fällt auf, daß vor allem der generalisierende Aspekt bei vielen Kindern völlig fehlt. Hier werden sich natürlich Alters- bzw. Entwicklungsunterschiede besonders deutlich bemerkbar machen. In dem Versuch, 'behindert' Ereignissen zuzuordnen, kommt für die Kinder vieles in Betracht, was ihnen als Besonderheit auffällt; anderes wiederum, was sie durchaus auch wahrnehmen, wird ausgeklammert. 'Behindert' - dies wird daran ersichtlich - ist die Kennzeichnung für ein individuell ganz verschiedenes Erlebnismoment des Kindes. Es besteht keine oder erst eine rudimentäre Dekkungsgleichheit in den entsprechenden Vorstellungen der Kinder und denen von uns Erwachsenen.[41]

Wenn im folgenden davon die Rede sein wird, wie ein Kind Erfahrungen mit *behinderten* Kindern macht und damit umgeht, kann dies ('behindert') also nur die sprachliche Kurzformel für einen komplexen subjektiven Erlebnisinhalt des Kindes sein, wenn es mit einem Kind zusammentrifft, das z. B. fast bewegungslos auf einer Matratze liegt oder das nicht sprechen kann usw.

5.2 Die Aufmerksamkeit der Kinder auf der Ebene der ersten Wahrnehmung

Was Kinder bei anderen, behinderten Kindern wahrnehmen, ob und wie sie beispielsweise motorische Schwierigkeiten oder eine verzögerte geistige Entwicklung bemerken, ist für Außenstehende nicht immer erkennbar. Während zwei Jahren der Beobachtungen in integrativen Gruppen traf ich auf Kinder, die sich nie offensichtlich mit behinderten Kindern befaßten. Andere spielten mit ihnen wie mit noch vielen aus der Gruppe; sie lehnten die behinderten Kinder ab oder wurden mit ihnen Freunde; sie gingen adäquat oder inadäquat auf sie ein, wie auf andere auch. Selbstverständlich werden sie dabei mit jedem Kind spezifische

Erfahrungen gemacht haben. Ihre Äußerungen und Handlungen ließen jedoch keine fundierten Aussagen darüber zu, wie sie die Besonderheiten anderer Kinder aufnahmen.

Bei vielen Kindern jedoch sind nähere Aufschlüsse darüber möglich, wie sie behinderte Kinder wahrnehmen und was diese Erfahrung für sie bedeutet. Sie erfassen z. T. sehr differenziert, was diese Kinder können und tun oder wozu sie nicht in der Lage sind.

Einige Ausschnitte aus den Beobachtungen:

6)

Theo (4 J. 6 M.): "Warum kann die Lena nicht alleine essen? Schluckt die nichts, oder was?" "Der Tom kann nichts hören. Wie meine Omi, die hört auch nichts."

Verschiedene Kinder: "Kann der Björn sprechen?" "Kann er laufen?" Kann er sitzen?" ... nein ...
Heiko (4 J.): "Aber lachen kann er!"

Sophia (4 J. 10 M.): "Claudia läßt den Kopf so runter hängen wie ein Blatt Papier."

Timmy (5 J.) drückt Claudia, die kaum greifen kann, einen Holzzylinder in die Hand. Sie läßt ihn gleich wieder fallen. Timmy murmelt vor sich hin: "Der ist zu dick. Zu schwer für die Finger, zu schwer." Er holt ein leichteres Holz, das Claudia halten kann.

Annas (6 J.) Blick fällt auf Olaf, der im Rollstuhl sitzt. Dann wendet sie sich an einen neben ihr stehenden Besucher: "Der Olaf ist behindert."

Der Besucher: "Wieso? Was hat Olaf?

Anna: "Der kann nicht laufen. Der läuft nur so" Sie legt sich auf den Boden und krabbelt wie Olaf, dabei ahmt sie ihn bis in die Kleinigkeiten seiner Bewegung nach.

Die differenzierte Wahrnehmung von Besonderheiten anderer geht damit einher, daß Kinder im Kindergartenalter nicht den gesamten Umfang einer Beeinträchtigung erfassen, sondern *einzelne Aspekte* davon.

Bei Olaf z. B., einem Jungen mit spina bifida, stellt Anna fest, daß er nicht laufen kann. Weitere Schwierigkeiten, die sich für Olaf aus seiner organischen Beeinträchtigung ergeben, nimmt Anna entweder nicht wahr, oder sie findet sie nicht bemerkenswert. Auch wenn Kinder zahlreiche Aspekte wahrnehmen (wie beispielsweise an der Situation Björns), bleiben die Einzelheiten nebeneinander stehen. Der Versuch eines Kindes, sie zu verbinden, konnte während zweier Beobachtungsjahre nicht festgestellt werden. Dies kann in engem Zusammenhang zu dem im vorhergehenden Kapitel Ausgeführten gesehen werden. Von seiner kognitiven Entwicklung her geht das Kindergartenkind in der Regel v. a. noch von den konkreten Dingen aus. Eine Beziehung zwischen ihnen herstellen zu wollen, würde dagegen bereits das Wissen oder die Ahnung voraussetzen, daß in den verschiedensten wahrgenommenen Einzelheiten (z. B. nicht sprechen-, nicht sitzen-, nicht laufen-können) ein übergreifender Gesichtspunkt aufzufinden sei (z. B. eine grundlegende organische Störung). Ein Kind im Alter zwischen drei und sechs Jahren ist aber im allgemeinen vom Modus seiner kognitiven Fähigkeit her erst auf dem Weg dahin (s. o.).

Aus den Äußerungen zu behinderten Kindern geht weiterhin hervor, daß den Kindern bestimmte Sachverhalte eher und häufiger auffallen als andere. Besonders Aspekte aus dem motorischen Bereich, z. B. sich überhaupt bewegen zu können, gehen und sitzen zu können - ziehen stark die Aufmerksamkeit der Kinder auf sich. Nach meinen Beobachtungen wurde dies von ihnen am häufigsten thematisiert, sofern sie Besonderheiten behinderter Kinder erwähnten. Soweit dieser Gesichtspunkt in anderen Untersuchungen Berücksichtigung fand[42], dekken sich die Ergebnisse im wesentlichen (vgl. Ministerium für Soziales und Familie, Rheinland-Pfalz, 1986, S. 142). Ergänzend ist hier hinzuzufügen, daß in Gruppen, in denen sinnesbehinderte, hier vor allem blinde Kinder sind, diese ebenfalls sehr schnell die Aufmerksamkeit anderer auf sich ziehen (vgl. ebd.).

Seltener, aber auch thematisiert, wurden Schwierigkeiten von Kindern beim (selbständigen) Essen, ebenso Schwierigkeiten im sprachlichen Bereich.

Am wenigsten scheinen den Kindern Verständnisprobleme anderer Kinder aufzufallen. In den Einzelfällen, in denen dies von einem Mädchen oder Jungen überhaupt angesprochen wurde (z. B. "Versteht die Claudia das?" "Der kann nicht mitspielen, der versteht sowas nicht."), handelte es sich um wenige fünf- bis sechsjährige Kinder. Der Grund dafür liegt sicher wesentlich in der Tatsache, daß kognitive Möglichkeiten nur mittelbar - über Sprache, Handlungen, Interaktionen - zum Ausdruck kommen. Von der bloßen Wahrnehmung ausgehend sind geistige Fähigkeiten also abgeleitete Aspekte, für deren Erfassung ein schlußfolgerndes Denken vorausgesetzt werden muß. Aufgrund ihres Entwicklungsstandes sind die meisten Kinder im Kindergartenalter zu solchen komplexen Operationen kaum in der Lage. Allerdings gibt es vor allem bei den älteren Kindergartenkindern schon alle Ansätze dazu.

Aus der eigenen Entwicklung der Kinder heraus wird weiterhin auch verständlich, weshalb ihnen andererseits motorische Einschränkungen, Schwierigkeiten beim selbständigen Essen und im sprachlichen Bereich vorrangig auffallen. An ihre eigenen, sich ständig erweiternden motorischen Fähigkeiten ist ihre wachsende Selbständigkeit geknüpft; alleine essen zu können steht gerade in diesem Alter für einen enorm wichtigen Schritt der Eigenständigkeit; mit dem Erwerb der Sprache erfahren sie die Macht des Wortes bezüglich der Äußerung und Befriedigung ihrer Bedürfnisse. Von daher ist es denkbar, daß sich ihre Wahrnehmung besonders auf diese Bereiche focussiert und es nicht allein auf die Sichtbarkeit solcher Einschränkungen zurückzuführen ist. Dafür sprechen auch

Beobachtungen, daß v. a. Kinder in der Mitte ihrer Kindergartenzeit, nachdem sie sich gut eingelebt haben, solche Wahrnehmungen äußern und daß diese gegen Ende ihrer Kindergartenzeit wieder seltener werden. Denn was sich in dieser Zeitspanne ändert, ist in vielen Fällen nicht die Visibilität der Behinderung, muß also auf die Wahrnehmungsmöglichkeiten oder Interessen der Kinder zurückgehen, die sich dazu äußern. Bei Dreijährigen werden im allgemeinen noch große Anteile von kognitivem und affektivem Egozentrismus vorhanden sein. Eine differenzierte Wahrnehmung der Besonderheiten anderer als deren individueller Situation wird sich daher nicht plötzlich mit dem Eintritt in die neue Gruppe, sondern allmählich entwickeln. Hinzu kommt, daß der Kindergartenbeginn an sich für die Jungen und Mädchen eine neue Situation darstellt, in deren Bewältigung sie zunächst meist mit sich selbst beschäftigt sind. Es kann daher nicht verwundern, daß gerade die Jüngsten zunächst kaum auf die besondere Lage anderer Kinder aufmerksam werden.

Nehmen andererseits Äußerungen zu den Behinderungen der Kinder bei den Älteren gegen Ende ihrer Kindergartenzeit ab, so kann dies wenig über ihre tatsächliche Wahrnehmung und Aufmerksamkeit aussagen. Denn sicher spielt es hier eine Rolle, daß der 'Neuigkeitseffekt', den die Behinderungen anderer für die meisten Kinder darstellt, abgenommen hat und daß sie inzwischen mehr über die einzelnen ihrer Gruppe wissen.

Insgesamt kann also festgehalten werden, daß aus den Fragen bzw. Aussagen der Kinder zu den Behinderungen anderer hervorgeht, *welche* Besonderheiten oder Schwierigkeiten sie zunächst bemerken. Gleichzeitig wird darin auch schon erkenntlich, daß der Aspekt der eigenen Anteilnahme der Kinder, also ihre Auseinandersetzung mit dem, was sie bei anderen bemerken, keine Frage der Wahrnehmung ist, die isoliert von ihrer eigenen Entwicklung betrachtet werden kann.

5.3 Überblick über die Modi der Auseinandersetzungen mit den Besonderheiten behinderter Kinder

Über die Beobachtungen in integrativen Kindergartengruppen wird deutlich, daß die für uns sichtbaren Auseinandersetzungen von Kindern mit anderen, behinderten Kindern sich zwar um je individuelle Inhalte zentrieren, daß sie sich aber im allgemeinen in zwei grob unterscheidbaren Bereichen abspielen. Was hier nur als Behauptung erscheinen kann, wird in den folgenden Kapiteln im einzelnen darzustellen sein. Um der Übersicht willen sei der wesentliche Unterschied jedoch vorweg erwähnt:

- Ein Kind fragt z. B., wieso das neu in die Gruppe gekommene Mädchen gefüttert wird. Es erhält von der Erzieherin zur Antwort, daß das Mädchen noch nicht alleine essen kann. Diese Antwort scheint es zufriedenzustellen, weiteres folgt aus diesem kurzen Intermezzo nicht. In anderen Fällen fragen Kinder ausdauernder nach oder greifen spielerisch das Thema auf, probieren z. B. aus, wie es ist, eine Treppe hochzukrabbeln, statt hinaufzugehen. Welche kognitiven und affektiven Momente in solchen Situationen enthalten sind, wird an den konkreten Begebenheiten zu analysieren sein. An dieser Stelle soll darauf hingewiesen werden, daß der Ausgangspunkt die Behinderung eines anderen Kindes ist und daß sich das weitere Interesse direkt auf dieses andere Kind bzw. dessen Besonderheit richtet. Das Erlebnis mit diesem Kind hat den Inhalt der Auseinandersetzung, die sich in verschiedener Form wie Nachfragen oder Nachahmen vollziehen kann, *erzeugt* (Kap. 6).

- Ein Kind ist z. B. eifersüchtig auf ein anderes, pflegebedürftiges, das beständig liebevoll von der Erzieherin umsorgt wird. Oder ein Kind wendet sich bevorzugt an behinderte Kinder, mit denen es dann regelmäßig und über eine lange Zeitdauer Mutter und Baby spielt. Hier ist die Behinderung des anderen Kindes zwar ebenfalls Anlaß der unmittelbaren Beschäftigung mit ihm. Das Thema der Auseinandersetzung ist jedoch nicht in erster Linie die Besonderheit des anderen Kindes. Sie bzw. der damit verbundene Umgang mit dem behinderten Kind ist vielmehr für das andere ein Auslöser/(Re)Aktivator/Symbol eines Erlebnisses bzw. psychischen Konfliktes, der bereits in seiner Vergangenheit angelegt wurde. Das aktuelle Erleben eines behinderten Kindes *reaktiviert* frühere psychische Erlebnisse, mit denen sich das Kind nun wieder aktuell auseinandersetzen muß (Kap. 7).

Selbstverständlich schließen sich die beiden Bereiche in der Auseinandersetzung mit einem behinderten Kind nicht aus. Sie können nicht nur in aufeinanderfolgenden Bezugnahmen auf ein behindertes Kind vertreten sein, sondern sich auch in ein und derselben Situation miteinander verschränken. Die nun folgenden Ausführungen sind daher als rein analytische Trennung dieser Gesichtspunkte zu verstehen.

6 Kinder erleben behinderte Kinder - das Spannungsverhältnis von bekannten und neuen Erfahrungen

6.1 Behinderung als Variation vertrauter Ereignisse

Nehmen Kinder bei anderen bestimmte individuelle Ausprägungen war, können diese einen kognitiven oder affektiven Anreiz darstellen, sich mehr oder weniger intensiv damit zu befassen.

7)

Lena, 5 J., ein Mädchen mit frühkindlichem Hirnschaden, sprach- und fast bewegungsunfähig, mit organisch bedingten Schwierigkeiten beim Essen und Schlucken. Lena teilt sich wesentlich mimisch mit;

Hanni, 3 J. 6 M., ein Kuschel-Murmeltier im Arm, schaut Lena beim Essen zu. Lena wird von der Erzieherin gefüttert. Lena würgt und hustet. Hanni schaut sie aufmerksam an, dann erzählt sie der Erzieherin von ihrem Keuchhusten, den sie vor kurzem hatte. Die Erzieherin erwidert, Lena habe keinen Keuchhusten, sie habe sich verschluckt. Darauf Hanni: "Vielleicht lacht sie auch über mein Murmeltier."

8)

Lena, 5 J. (s. Bspl. 7);

Mirko, 4 J.

Die Erzieherin sitzt mit Lena auf dem Schoß am Frühstückstisch. Mirko schaut sie eine Weile an, dann sagt er zur Erzieherin: "Gell, die kann nicht laufen!"

Die Erzieherin: "Nein, das kann Lena nicht."

Mirko: "Gell, weil die immer so faul ist!"

9)

Peter, 4 J. 2 M., ein nichtbehinderter Junge. Peter muß(te) bis zum Alter von drei Jahren häufig, inzwischen seltener, aber regelmäßig zur Krankengymnastik;

Karola, 4 J.; sie ist ein 'Rötelnkind' mit erheblichen Beeinträchtigungen im motorischen-, geistigen- und Sinnesbereich. Karola kann nicht sprechen. Sie ist feinmotorisch sehr geschickt und kann ihre Befindlichkeit über Laute äußern. Karola verfällt gelegentlich in Bewegungsmuster, in denen sie rhythmisch schaukelt oder den Kopf kreisen läßt.

Karola sitzt neben Peter am Tisch und macht wie so häufig ihre Schaukelbewegungen. Peter hält sie vorsichtig an. Er sagt zu ihr: "Beim Essen nicht die gymnastischen Übungen machen, Karola!"

10)

Nicole, 3 J. 2 M.;

Claudia, 4 J. 8 M. (s. Bspl. 2)

Nicole versucht unter großen Schwierigkeiten, Claudia ein Lätzchen anzuziehen. Da Claudia nur für Sekunden den Kopf heben kann, gelingt es Nicole nicht. Erfolglos redet sie Claudia zu.

Nicole zu Claudia: "Mach den Kopf hoch, Claudia, ... Halte doch mal..." Claudia kann den Kopf nicht heben. Ich halte Claudia kurz den Kopf. Nicole legt ihr das Lätzchen um; sie hat es geschafft.

An Claudia gewendet sagt sie: "So, jetzt kannst du den Kopf wieder hoch tun."

Die hier dargestellten beobachteten Situationen stehen exemplarisch für eine spezifische Auseinandersetzung mit der Individualität behinderter Kinder: Ihre Besonderheiten können von anderen Kindern (auch erstmalig) wahrgenommen werden, ohne daß dieses bisher Unbekannte als fremd erlebt wird. Kinder können mit behinderten Kindern objektiv neue Erfahrungen machen, sie aber subjektiv nach vertrauten Situationsmustern interpretieren. Indem sie bisher noch nicht erlebte Besonderheiten eines behinderten Kindes zu den ihnen schon bekannten Ereignissen analog setzen, ist das Neue 'nur' eine Variation vertrauter Erfahrungen. Damit erklären sie sich die Situation im Rahmen ihrer Vorstellungswelt:

- Lena würgt und hustet wegen einer Krankheit, die Hanni schon selbst hatte oder lacht wegen des Murmeltiers (Bspl. 7);
- Lena *will* nicht laufen (Bspl. 8);
- Karola will ihre Gymnastik machen, aber zu einem ungeeigneten Zeitpunkt (Bspl. 9);
- Claudia beugt den Kopf nach unten, kann ihn aber auch "hoch tun", wenn sie will (Bspl. 10).

Bemerkenswert an solchen Vorstellungen ist, daß darin den behinderten Kindern häufig *Absichten* zu und *Verantwortung* für ihr Verhalten zugeschrieben werden, auch wo von einer willentlichen Handlung nicht die Rede sein kann; das behinderte Kind tut oder unterläßt demnach etwas, aber nicht aufgrund von Voraussetzungen, die es nicht im Griff hat, sondern es wird selbst quasi als willentlich verursachendes gefaßt. Der selbstverständliche Ausgangspunkt für den Jungen oder das Mädchen, das sich auf diese Weise mit der Situation auseinandersetzt, ist hier, daß das andere Kind prinzipiell das Gleiche kann oder könnte wie es selbst bzw. wie die sonstigen Gruppenmitglieder.

Wo andererseits nicht von einer Absicht des behinderten Kindes bezüglich seines Verhaltens ausgegangen wird, steht vielfach eine *vorübergehende* Beeinträchtigung als Erklärung, die das Kind aus eigener Erfahrung bereits kennnt (Hanni:

Keuchhusten). Hier gilt also ebenso, daß nicht von einer grundsätzlichen Verschiedenheit des behinderten Kindes ausgegangen wird.

Es kann dies auch die Grundlage sein, auf der sich ein Kind auf behinderte Jungen oder Mädchen wie auf andere Kinder bezieht, ohne deren Einschränkungen im Rahmen bestimmter Interaktionen zu erfassen:

11)

Ken, 3 J. 7 M.;

Andi, 4 J. 1 M., ein Junge mit Quadriplegie, der in einem Spezialstuhl sitzt und sich nicht selbst fortbewegen kann.

Ken zu Andy: "Jetzt setz' du dich da drüben hin, da!"

Mit der kindlichen Vorstellung von grundsätzlicher Gleichheit oder Ähnlichkeit hängt außerdem eng zusammen, wie in ihren Vorstellungen der zeitliche Aspekt vorkommt: Die Besonderheit des behinderten Kindes wird nicht als bleibender oder längerfristig existierender Unterschied erfaßt, sondern ganz situativ erfahren. Absicht, Krankheit o. ä. erklären die wahrgenommene Verschiedenheit als nur momentane; die Zeitperspektive in Bezug auf die Einschränkungen behinderter Kinder geht in der gegenwärtigen Situation auf. Wo Jungen oder Mädchen ihre Erklärungsmuster für Behinderung unmittelbar ihrer bisherigen Vorstellungswelt entnehmen, fällt dies damit zusammen, daß die Begriffe 'nie' oder 'immer', überhaupt jede größere Zeitperspektive, fehlen.

Was bisher beschrieben wurde, ist hauptsächlich bei jüngeren Kindergartenkindern zu beobachten, die zudem erstmals mit behinderten Kindern zusammentreffen. Diese Häufung bei Jüngeren, die Struktur ihrer Erklärungsmuster und die darin enthaltenen Zeitvorstellungen sind von der Entwicklung der Kinder her erklärbar. Ist ihr Weltbild noch stark egozentrisch geprägt, bedeutet es, daß zunächst unbekannte Erfahrungen in Gleichsetzung mit dem Eigenerleben interpretiert werden. Die Fähigkeit, andere als anders, als von sich verschieden wahrzunehmen, sich gar in ihre Situation hineinzuversetzen, entwickelt sich erst allmählich. Die Entwicklung des Zeitbegriffs verläuft parallel. Piaget (1974b) beschreibt, wie sich die Zeitperspektive gleichzeitig mit der Ausarbeitung des sozialen Bezugssystems aufbaut. Indem das Kind lernt, soziale Ereignisse zu identifzieren, sie allmählich in ihrer Reihenfolge zu ordnen und Zeitintervalle zwischen ihnen wahrzunehmen, wächst sein Zeitverständnis. Von diesem Ausgangspunkt her wird einsichtig, daß eine Zeitperspektive, die über konkrete Ereignisse hinausführt ('nie', 'immer') und keine geringe Abstraktionsleistung darstellt, erst ein späterer Schritt sein kann (vgl. Kap. 5.1).

6.2 Behinderung als Verschiedenheit und Widerspruch zur bisherigen Erfahrungswelt

Auch wenn Kinder ihr Erklärungsbedürfnis bezüglich objektiv neuer Situationen noch durch Interpretationen im Rahmen ihrer bisherigen Vorstellungswelt befriedigen, so ist darin auch schon immer die Möglichkeit eines weiteren Schrittes angelegt. Das häufige Zusammensein mit behinderten Kindern in der Gruppe führt zu Situationen, die nicht ohne weiteres in das bisherige Weltbild eingeordnet werden können.

12)

David, 3 J. 6 M., ein Junge, der mit einem Armstumpf ohne Hand zur Welt kam;

Heiko, 4 J. 6 M.

David und Heiko basteln zusammen an einem Tisch. Gelegentlich erzählen sie über ihre Bastelei. Heiko sitzt David gegenüber. Nach einer Weile hört er auf zu basteln und beobachtet David - minutenlang.

Heiko: "David - Warum hast du denn nur eine Hand?"

David (ohne ersichtliche Gefühlsregung): "Weil ich so geboren bin."

David bastelt ungerührt weiter. Heiko schaut noch kurz und wendet sich ebenfalls wieder seiner Bastelei zu.

13)

Hanni, 3 J. 8 M.;

Lena, 5 J. 3 M. (s. Bspl. 7)

Hanni schaut Lena eine Weile an. Anschließend geht sie zur Erzieherin. "Warum sitzt denn die Lena noch im Wagen?"

Die Erzieherin: "Lena kann nicht alleine laufen."

Hanni betrachtet wieder ein paar Sekunden lang Lena, dann geht sie in die Bauecke.

Über solche Fragen hinaus können wir von anderen Kindern Näheres darüber erfahren, was sie beschäftigt:

14)

Konrad, 4 J. 4 M.;

Claudia, 5 J. 4 M. (s. Bspl. 2)

Auf einem Ausflug zum Holunderbeeren-Sammeln geht Konrad neben der Erzieherin, die Claudias Wagen schiebt.

Konrad: "Warum wird denn die Claudia immer noch gefahren?"

Die Erzieherin: "Weil sie noch nicht alleine sitzen oder laufen kann."

Konrad: "Aber wir können doch schon alleine sitzen oder laufen!"

Die Erzieherin: "Du kannst das ja, du kannst das schon!"

Konrad: "Aber die Claudia ist doch auch bald groß!"

Er setzt an, als wolle er noch etwas sagen, entdeckt aber plötzlich einen neuen Holunderstrauch und rennt davon.

(Auch später setzt er dieses Gespräch nicht mehr fort.)

15)

Tom, 5 J., ein schwer hörgeschädigter Junge;

Nina, 5 J. 5 M.

Nina: "Kann der Tom nie hören?"

Die Erzieherin: "Vielleicht einmal, wenn es bessere Hörgeräte gibt. Aber solange kann er nicht viel hören."

Nina: "Auch nicht, wenn Tom in die Schule kommt?"

16)

Olaf, 5 J. 2 M., ein Junge mit Spina bifida, sitzt im Rollstuhl. Ohne ihn kann er sich nur krabbelnd fortbewegen.

Einige Monate, nachdem Olaf in die Gruppe gekommen ist, sitzen zwei Mädchen mit einer Praktikantin am Mittagstisch.

Die Praktikantin, von den Kindern gefragt, wann Olaf endlich gehen kann, antwortet: "Der Olaf wird sein Leben lang im Rollstuhl sitzen müssen. Olaf kann seine Beine nicht bewegen."

Zwei Mädchen tuscheln eine Weile. Anschließend sagt eines von ihnen zur Praktikantin: "Du bist völlig falsch, du weißt es nämlich nicht. Aber wir wissen es. Wenn der Olaf groß ist, kann er auch gehen."

In den Fragen und den darüber hinausgehenden Vorstellungen der Kinder drückt sich aus, wie sie die Erfahrung eines behinderten Kindes berührt. Sie sind an einen Punkt gestoßen, für den ihre bisherige Erlebniswelt keine befriedigende Verstehensmöglichkeit liefert. Für manche Kinder scheint zunächst die Antwort zu genügen, *daß* es einen bestimmten Grund für die bei einem anderen Kind bemerkte Besonderheit gibt. Dieselben Kinder in einer anderen Situation oder andere Kinder geben durch ihre Äußerungen deutlich zu erkennen, daß sie ihre neue Erfahrung als Gegensatz zu ihren bisherigen Vorstellungen erleben. Daß Claudia nicht alleine sitzen oder laufen kann, daß Olaf nicht gehen kann, *obwohl* sie groß sind oder werden, daß Tom kaum etwas hören wird, *obwohl* er in die Schule kommt, können die Kinder mit ihren bisher bekannten Erfahrungen nicht vereinbaren. Der Widerspruch ihrer Erfahrungen zentriert sich in erster Linie um Groß-Werden, Wachsen, Älter-Werden. Älter-Werden z. B. heißt auch, laufen zu können. Aber gerade das, was die Bedeutung des Älter-Werdens konkretisiert (laufen zu können), vermissen sie bei dem behinderten Kind, das dies nicht kann *und* größer und älter wird.

Die fortschreitende eigene Entwicklung und wachsende Selbständigkeit, die ihnen in manchen Bereichen den Unterschied zu behinderten Kindern immer offensichtlicher werden läßt, scheint hierbei ein wichtiges Moment zu sein. Sie können die wahrgenommenen Besonderheiten nicht mehr einfach in Analogie zur eigenen Situationen erklären; die Widersprüche sind zu groß.

Dies fällt, was den Zeitbegriff betrifft, mit dem allmählichen Verstehen zusammen, daß die Besonderheit des anderen Kindes lange andauern wird, also eine nicht begrenzbare Zukunftsperspektive beinhaltet (dies berührt nicht die objektiv zu erwartende Dauer der Behinderung). Hier haben die Kinder ein schon weit entwickeltes Zeitbewußtsein, was sie sich aber noch in konkreten Vorstellungen vergegenwärtigen: wenn Claudia oder Olaf groß sind, wenn Tom in die Schule kommt. 'Nie' hingegen als abstrakter Begriff, der zeitlich über jedes konkrete Ereignis hinausgeht, kann in seiner Bedeutung auch selbst von den meisten älteren Kindergartenkindern nur schwer erfaßt werden (vgl. Bspl. 15, in dem sich Nina das 'Nie' mit der zukünftigen Schulzeit vergegenwärtigt).

Wo Behinderungen als widersprüchliche Erfahrungen zu den bisher bekannten erlebt werden, muß ein Kind auch bereits die Fähigkeit besitzen, (ansatzweise) zwischen absichtsvollem Handeln und einem Handeln, das wesentlich durch gegebene Voraussetzungen bestimmt wird, zu differenzieren. Ohne die Unterscheidung von Wollen und Können wären z. B. Fragen nach dem Zeitpunkt, wann ein behindertes Kind sitzen, laufen, hören etc. kann, hinfällig (vgl. Kap. 6.1).

Zeigen die obigen Beispiele, daß die Wahrnehmung der besonderen Situation anderer, behinderter Kinder mit bisherigen Erfahrungen in Konflikt geraten kann, so belegen sie andererseits auch, wie Kinder versuchen, auf dieser Basis die widersprüchlichen Erlebnisse in ihre Vorstellungswelt zu integrieren. Die beiden Mädchen (Bspl. 16) vertrauen schlicht darauf, daß sich der Widerspruch mit dem Groß-Werden auflösen *muß*. Andere Kinder suchen lange mit "Warum"-Fragen[43] nach Gründen, die ihnen ihre Erfahrung verstehbar macht. Aus unseren Beobachtungen geht keine generelle Antwort hervor, die letztlich von (allen) Kindern als befriedigender Grund akzeptiert worden wäre; je nach Kind und/oder Situation scheinen viele Antworten der Erzieher oder Eltern ausreichend - oder auch nicht, stellen die Kinder zufrieden oder provozieren erneutes Nachfragen.

In jedem Fall ist dabei davon auszugehen, daß die Kinder in dieser Auseinandersetzung ihr bisheriges Weltbild um ein bedeutendes Maß erweitern: In der Erfahrung, daß seine Assimilationen zu Widersprüchen und Konflikten führen, differenziert sich die Weltsicht des Kindes. Es lernt, behinderte Kinder (wie im übrigen auch andere Personen und Situationen) anders wahrzunehmen. Durch die Konfrontation mit den ihnen ungewohnten Realitäten erfahren sie, daß sich die Verschiedenheiten von Individuen über ein ungemein breites Spektrum erstrecken, daß dies oder jenes zu können keine Selbstverständlichkeit ist. Gerade die Irritation in der gewohnten Vorstellungswelt ermöglicht ihnen erst, über die Auseinandersetzung mit dem Neuen zu einer offeneren, realitätsgerechteren Sichtweise von Personen und Situationen zu gelangen und darin ihren Egozentrismus zu überwinden.

Einen besonderen Aspekt in dem Bemühen, sich die Situation eines behinderten Kindes faßbar zu machen, enthalten Auseinandersetzungen wie folgende:

17)

Kerstin, 5 J.

Kerstin: "Wie macht der Olaf das auf dem Klo? Der kann doch gar nicht stehen!"

Und einige Tage später: "Der Olaf kann auf's Klo, es geht, ich habe es gesehen. Sie setzen ihn drauf!"

18)

Karola, 5 J. (s. Bspl. 9);

Peter, 5 J. 6 M.

Karola steht seit einigen Minuten im Raum und bewegt rhythmisch den Kopf im Kreis.

Peter beobachtet sie eine ganze Weile. Dann beginnt er, den Kopf wie Karola zu bewegen. Dabei ruft er der Erzieherin zu: "Ich sehe immer das Silber an der Lampe. - Jetzt wird mir schwindlig."

19)

Olaf, 6 J. (s. Bspl. 16);

Nina, 5 J.

Olaf hat vor einigen Tagen einen neuen Rollstuhl bekommen.

Nina zu Olaf: "Darf ich mal in deinem Rollstuhl fahren, ja?"

Olaf zögert.

Nina: "Nur einmal ganz kurz. Nur bis zur Tür, ja? Nur zum Probieren!"

Olaf rutscht aus seinem Rollstuhl und überläßt ihn Nina. Sie setzt sich in den Stuhl; es fällt ihr schwer, die Räder mit den Händen zu bewegen.

Nina (ungeduldig) zu Olaf: "Jetzt zeig' mir das doch!"

Olaf greift an ein Rad und schiebt Nina an. Nina fährt los. Nina (schreiend): "Wie der abgeht!" Dann zu Olaf: "Wie geht die Kurve?" Inzwischen sind mehrere Kinder hinzugekommen und bitten Olaf, auch einmal probieren zu dürfen.

Sicher nicht als alleinige Erklärung dieser Situation, aber als eine bedeutende Komponente des Interesses der Kinder ist hier die Neugier nach dem 'Funktionieren' des Anders-Seins enthalten bzw. das Bedürfnis, das andere durch eigenes Erleben für sich selbst zugänglich zu machen. Im Nachfragen, im Imitieren und Ausprobieren können die Kinder für sich Ansatzpunkte finden, das 'Andere' für sich mit Inhalt zu füllen. Eine Behinderung wird hier nur sehr bedingt als Einschränkung gefaßt. Am stärksten ist dieses Verständnis in Kerstins Fragen (Bspl. 17) enthalten, während Peter (Bspl. 18) und Nina (Bspl. 19) darin eher eine Situation entdecken, die das behinderte Kind ihnen voraus hat. In vielen Fällen wird die 'Funktionsweise' des Neuen im Hinblick darauf interessant, es selbst erleben zu wollen. Peter z. B. probiert an sich aus, welche Empfindungen Karola bei ihren rhythmischen Bewegungen erfährt; für Nina ist Rollstuhlfahren eine spannende Art der Fortbewegung, deren Ablauf sie erleben möchte.

So können Kinder, indem sie sich spielerisch in die Situation eines behinderten Jungen oder Mädchens hineinversetzen, Einsicht in deren Situation gewinnen, die ihnen aufgrund bloßer Anschauung weniger verständlich wäre. Handelnd wie ihre behinderten Spielkameraden, machen sie für sich sinnlich erfaßbar, was sie an neuen Elementen in ihre Vorstellungswelt eingliedern.

6.3 Zusammenfassung

Kinder können die neu erlebte Situation mit einem behinderten Kind als gar nicht neue Situation erfahren. Indem sie sie mit Erklärungsmustern ihrer bisherigen Vorstellungwelt interpretieren, assimilieren sie sie in ihr Weltbild, ohne daß sie darüber in Konflikt geraten.

Daneben nehmen Kinder nach ersten Fragen bezüglich der Besonderheit eines behinderten Kindes dies als neue Erfahrung auf; sie scheinen im weiteren selbstverständlich davon auszugehen, daß es eben verschiedene Kinder gibt.

Bei vielen Kindern wird aber auch deutlich, wie sie durch die Erfahrung behinderter Kinder auf Widersprüche in ihrer Erfahrungswelt stoßen und von da aus die Integration dieser widersprüchlichen Erfahrungen versuchen. Immer wieder im Verlauf der Kindergartenzeit gibt es Phasen, in denen sie Vorstellungen und Erklärungen dafür suchen, dazu auch gelegentlich bestimmte Verhaltensweisen und Situationen nachahmen.

In welcher Art sich die Kinder dem Verständnis für die Lage eines behinderten Kindes annähern, ist natürlich individuell verschieden. Aus den Beobachtungen geht hervor, daß jüngere Kindergartenkinder eher die Behinderung als Variation vertrauter Ereignisse betrachten, ältere eher in Konflikt mit ihren bisherigen Erfahrungen kommen und nach neuen Interpretationen suchen. Sie suchen nach Auflösung der Widersprüche, können sie aber auch aushalten - zumindest auf der bisher beschriebenen Ebene, wo das Interesse sich auf eine Besonderheit des anderen, behinderten Kindes zentriert, ohne in eine weitergehende Beziehung zu dem Kind eingebunden zu sein.

Es gibt dabei keinen abzugrenzenden Zeitraum, in dem die Befassung mit einem behinderten Kind nach genau dem ersten oder zweiten Modus der Situationsverarbeitung verläuft. Der Übergang ist fließend, zeitweise existieren die verschiedenen Vorstellungen auch nebeneinander. Aus entwicklungspsychologischen Überlegungen heraus (vgl. 3.3) ist dies als der Prozeß erklärbar, in dem das Kind, von seinem ursprünglichen affektiven und kognitiven Egozentrismus ausgehend, in Widerspruch zur erlebten Realität gerät, darin ihn auch überwinden kann: Im Konfliktfeld alter und neuer Erfahrungen differenzieren sich seine Wahrnehmungen und Erklärungsmuster, die es in eine erweiterte Vorstellungswelt zu integrieren versucht.

7 Kinder erleben behinderte Kinder - die Reaktivierung eigener psychischer Anteile

Vorbemerkungen

Wie ein Kind die Behinderung anderer Kinder erfährt, wie es mit dieser Erfahrung umgeht, hängt von seiner Entwicklung, seinen aktuellen Bedürfnissen und Interessen ab. Die Wahrnehmung neuer Gegebenheiten, die aus seiner bisherigen Erlebniswelt herausfallen, die Art und Weise der Integration solcher Erfahrungen in sein bisher entwickeltes Weltbild ist die individuelle Leistung des Kindes und als solche ganz an seine kognitiven und emotionalen Möglichkeiten gebunden. Erst recht gilt dies für die Aufnahme und den Umgang mit Situationen, deren Erlebnisqualität gerade darin besteht, daß sie bei dem Kind die an frühere bedeutungsvolle Erfahrungen gebundenen Empfindungen und Bestrebungen evozieren. Auf vorangegangene Überlegungen aufbauend (vgl. Kap. 3.3), sollen im folgenden solche Situationen analysiert werden.

Die Auffassung, daß die je konkreten Erfahrungen mit Behinderung und die dabei entwickelten Verarbeitungsstrategien aus der individuellen Biographie eines Kindes verstehbar werden können, enthält für eine übergreifende Analyse auch eine offensichtliche Schwierigkeit, nämlich die Frage, inwieweit zu diesem Thema überhaupt verallgemeinerbare Aussagen möglich sind. Ich gehe jedoch davon aus, daß auch in den je individuell gestalteten Situationen und Auseinandersetzungen allgemeine Aspekte enthalten sind - allgemein nicht in dem Sinne, daß sie notwendig bei allen Kindern auftauchen müssen, sondern daß sie vielfach vorkommen können. Denn Situationen, in denen sich Kinder auf andere beziehen, sind zwar immer individuell gestaltet, sind aber in vielem die individuelle Ausgestaltung grundlegender Entwicklungsschritte (bzw. ihres Wiederauflebens), die die meisten Kinder durchlaufen. Zudem bieten sie aufgrund weitreichend ähnlicher Sozialisationsbedingungen auch in gewissem Rahmen ähnliche Bewältigungsmöglichkeiten.

Ich werde mich im folgenden also auf Situationen beziehen, die in dieser oder ähnlicher Form häufig beobachtet werden konnten und die solche verallgemeinerbare Aspekte beinhalten.

7.1 Repräsentation der Positionssuche in der Ablösephase von den primären Bezugspersonen

Viele der meist etwa drei Jahre alten Kinder haben bei ihrem Eintritt in die Kindergartengruppe offensichtliche Schwierigkeiten, sich von der Mutter oder anderen familiären Bezugspersonen auch nur zeitweise zu lösen. Der Schwierigkeit, die Trennung von ihnen zu bewältigen, entspricht auf der anderen Seite vielfach die Unfähigkeit dieser Kinder, neue Bindungen einzugehen. Ihnen fehlt die dazu notwendige Eigenständigkeit, solange sie noch damit beschäftigt sind zu lernen, sich von der Mutter abzugrenzen und darin die Gefahr der Entfremdung zu bewältigen. Vor neuen Beziehungen ziehen sie sich oft zurück, wirken in der Kindergruppe verschüchtert und ängstlich. Auch ohne massive Ablöseschwierigkeiten von zuhause sind manche neu in die Gruppe kommenden Kinder zurückhaltend oder verunsichert. Die neue Umgebung kann sie belasten, wenn sie noch nicht ihren Platz in der Gruppe gefunden haben.

Bei allen Beziehungsängsten im Rahmen der Gruppe, die viele dieser Kinder zunächst auszeichnet, kommt es öfter vor, daß sie zu behinderten Kindern den ersten, evtl. sogar sehr engen Kontakt finden.

20)

Nicole, 3 J. 1 M. Für sie beginnt die Kindergartenzeit.

Claudia, 4 J. 7 M. (s. Bspl. 2, Kap. 5)

Nicole ist die ersten Wochen still, gelegentlich etwas ängstlich in der Gruppe. Sie nähert sich niemandem, zieht sich sogar zurück, wenn andere Kinder auf sie zugehen.

Zu Claudia allerdings nimmt sie schon nach den ersten Tagen Kontakt auf. Sie setzt sich oft neben sie, hält ihre Hand, spricht leise mit ihr, ohne sich in alledem davon beeinträchtigen zu lassen, daß Claudia nicht sichtbar auf sie reagiert.

Wie bei Claudia handelt es sich bei den ersten aktiv gesuchten Beziehungspartnern häufig um Kinder, die stiller, weniger aktiv und weniger in Interaktionen mit anderen Kindern eingebunden sind. Unabhängig davon, ob ihre Behinderung als solche wahrgenommen wird, scheint ihre Situation manchen Kindern mit Eingewöhnungsschwierigkeiten so vertraut zu sein, daß sie deren Nähe suchen, um mit ihnen zusammen die (vermeintlich) gleiche Situation auszuhalten.

Das ähnliche Verhalten mancher behinderter Kinder (ungeachtet der meist sehr unähnlichen Gründe) kann so einem verunsicherten Kind das tableau bieten, auf das es seine eigene Befindlichkeit projiziert: verloren, fremd, hilfsbedürfig zu sein. In dieser Verdopplung des eigenen Ich holt sich das Kind bei dem anderen die Geborgenheit und Stärke, mit der es seine verunsichernde Situation eher bewältigen kann. Daß das behinderte Kind hier wenig eigenständig beitragen kann, ist einer *solchen* Beziehung oft eher förderlich als hinderlich. Gerade Claudias Inaktivität ermöglicht es z. B. Nicole, deren Situation wie ihre eigene zu interpretieren, d. h. eigene Emotionen bei Claudia projektiv wiederzufinden. Eine Äußerung Claudias, die eine unterschiedliche Befindlichkeit erkennen ließe, könnte Nicoles Imagination zerstören, damit auch ihre Beziehung zu Claudia, die auf dieser Imagination beruht. Das behinderte Kind wird in dieser Situation also nicht als eigenständig erlebt. Die Zuwendung zu ihm beruht gerade darauf, daß seine Person mit den auf sie projizierten eigenen Bedürfnissen und Wünschen des anderen Kindes nicht in Widerstreit kommt. Ob das behinderte Kind selbst von einer solchen Beziehung profitiert, ist deshalb zunächst fraglich. Denkbar ist, daß aus dem so sich entwickelnden gegenseitigen Vertraut-werden-miteinander andere Beziehungsinhalte entstehen. Dies kann sich erst in den je konkreten Situationen erweisen.[44] Vorläufig zielt der Kontakt durch das verunsicherte Kind wie Nicole wesentlich darauf, in diesem Zusammenhang die Irritation seiner eigenen neuen Situation zu bewältigen.

- Auf den gleichen Ausgangspunkt läßt sich auch ein anscheinend ganz entgegengesetztes Verhalten zurückführen:

21)

Simon, 3 J. 5 M., ist zuhause der Kleinste neben älteren Geschwistern. Er ist seit einigen Wochen im Kindergarten. Seine neue Situation scheint ihn nicht zu beängstigen, doch in der Kontaktaufnahme zu anderen Kindern ist er unsicher und sehr zurückhaltend.

Constanze, 3 J. 3 M., ein äußerst lebhaftes Mädchen mit Down'-Syndrom, ist neu in die Kindergruppe gekommen.

Constanze ist das erste Kind, dem sich Simon offen nähert. Sehr bald übernimmt Simon für Constanze die Rolle des Beschützers.

Constanze hat sich eine Kugel in den Mund geschoben.

Simon: "Nicht in den Mund! Du nimmst immer alles in den Mund!"

Simon nimmt Constanze die Kugel liebevoll aus dem Mund und legt sie außer Reichweite. Er zeigt Constanze, wo sie Spielsachen holen kann, nimmt sie mit in den Garten, um ihr dort den Sandkasten und die Rutsche zu zeigen usw. Souverän führt er Constanze in den Kindergarten ein.

Simon scheint nicht das Selbstvertrauen zu besitzen, anderen Kindern gegenüber eine eigene Position zu eröffnen. Ein Kind wie er kann, wenn es bei einem anderen mittels Projektion seine eigenen Ängste in der neuen, verunsichernden Situation 'wiederfindet', darüber seine eigene Ich-Schwäche abgeben. Indem es seine Ängste an das andere, behinderte Kind delegiert, kann es ihm stellvertretend den Halt und die Sicherheit vermitteln, die es selber sucht. Wie bei Simon kann es ihm darüber gelingen, sich die Stärkung seines Ichs aus der tatsächlichen oder imaginierten Beschützerrolle zu holen. Indem es z. B. Simon möglich wird, Constanze in die Gruppe einzuführen, erarbeitet er sich selbst seine Position in der Gruppe.

In solchen Prozessen zieht also ein Kind durch seine besondere Situation (wie z. B. seine Hilflosigkeit oder seine Schwierigkeiten beim Begreifen) die Projektionen eines anderen auf sich. Ähnliche 'Angebote' können auch jüngere und/oder verängstigte Kinder signalisieren. Ob ein Kind tatsächlich eine Unterstützung nötig hat, ist dabei zweitrangig. Constanze z. B. ist impulsiv und unbefangen, nicht ängstlich oder unsicher; sie hat keine Eingewöhnungsschwierigkeiten in der Gruppe. Aufgrund ihrer verlangsamten geistigen Entwicklung kann sie jedoch nicht alle Vorgänge, die in der Gruppe ablaufen, richtig einschätzen. Sie verhält sich deshalb nicht immer so, wie es die anderen Kinder erwarten. Sie kann z. B. nicht den Regeln eines Kreisspieles folgen, oder sie steckt das ausgeteilte Buntpapier in den Mund, während andere Kinder damit basteln. Für Simon kann dieses Verhalten ein Anhaltspunkt für die Phantasie sein, daß sich Constanze (noch) nicht in der Gruppe zurechtfindet und seinen Halt braucht. In diesem Sinne ist für ihn die Behinderung bzw. ein Teilaspekt davon eine ihm vertraute Befindlichkeit, in der eine entsprechende Unterstützung nötig ist. Sie ist ihm aus dieser Sicht, d. h. in der Gleichsetzung zu eigenem Erleben, ein Angebot zu Annäherung.

- Ein Kind, das die Trennung von seinen primären Bezugspersonen im Rahmen seines Kindergarteneintritts als extrem tiefgehendes bzw. sich endgültig vollziehendes Verlassen-werden erlebt, kann darüber jedes Gefühl einer prinzipiell gesicherten sozialen und emotionalen Basis verlieren. Bei einem solchen Kind können sich eigene Identitätsprobleme in einem Ausmaß summieren, daß es sich gegen jede weitere Verunsicherung abschottet.

22)

Tommy, zur Zeit seines Kindergarteneintritts 3 J. 1 M.

Tommy ist ein Junge, der offensichtlich durch seine familiäre Situation stark belastet ist. Die Geburt einer kleinen Schwester hat ihn in große Verlassensängste gestürzt, löst bei ihm starke Eifersucht aus: "Sie darf immer schreien und kriegt alle Spielsachen!", erzählt er. Seine Mutter berichtet, daß er sich seit der Geburt seiner Schwester sehr verändert habe, zuhause verstockt und aggressiv sei.

In seiner Anfangszeit im Kindergarten ist Tommy völlig verunsichert und inaktiv. Monatelang - auch nachdem er seine Berührungsängste in bezug auf viele andere Kinder schon verloren hat - scheint er behinderte Kinder der Gruppe gar nicht wahrzunehmen.

Ein Kind wie Tommy kann das noch unvertraute Anders-Sein eines behinderten Kindes als weitere Verunsicherung aufnehmen, mit der es sich aufgrund seiner Ich-Schwäche nicht mehr auseinandersetzen kann. Es kann die Situation nur bewältigen, indem es Irritationen ausblendet. Seine selektive Wahrnehmung steht ganz im Dienste des Ich, das sich nur noch so gegen das als weitere Bedrohung erlebte Unbekannte retten kann. Ignoranz oder Ablehnung von behinderten Kindern können unter Umständen seine einzige Möglichkeit sein, seine labile psychische Balance festzuhalten. In diesem Sinne ist Abgrenzung von behinderten Kindern hier ein notwendiger Prozeß der Bewältigung eigener Ängste. Da diese ihren realen Ursprung nicht in der Besonderheit behinderter Kinder haben, ist die (Nicht)-Beziehung zu diesen Kindern nicht endgültig. Die Voraussetzung dafür, daß ein Kind wie Tommy sich mit ihnen auseinandersetzen kann, liegt jedoch in der eigenen Positionsfindung. Erst von hier aus kann aus der Distanz eine Annäherung in Gang kommen.

7.2 Repräsentation von Versorgungs- und Zuwendungsbedürftigkeit in einer Situation emotionalen Mangels

Nicht nur Kinder, die den Kindergarteneintritt mit starken Verlassenheitsängsten bezüglich ihrer primären Bezugspersonen erleben, sondern auch Kinder, die in allgemeinerem Sinne tatsächlich oder ihrem subjektiven Erleben nach unter einem Defizit emotionaler Versorgung leiden, können aus dieser Situation heraus enge Beziehungen zu behinderten Kindern suchen.

23)

Martin, 6 J.,

Lena, 5 J. 8 M. (s. Bspl. 7, Kap. 6)

Martin geht zur Praktikantin und fragt, ob sie mit ihm Memory spielen will. Die Praktikantin verneint (sie ist gerade mit einem anderen Kind beschäftigt). Martin geht zur Erzieherin und fragt, ob sie ihm vorlesen kann. Die Erzieherin verneint (sie ist gerade in einem Spiel mit anderen Kindern). Das gleiche passiert ihm bei der zweiten Erzieherin.

Martin holt sich den Memory-Kasten und setzt sich zu Lena auf die Matratze. Leise ruft er "Hallo, Lena" - Lena streckt sich und lächelt. Martin nimmt die Kärtchen und hält sie Lena vor die Augen. "Lena, siehst du das?" ... Hoffentlich siehst du das ... Guck mal..." Er zeigt Lena abwechselnd einige Kärtchen. Dabei kuschelt er sich an sie. Lena lächelt. Martin schmust noch eine Weile mit ihr.

Nach einigen Enttäuschungen auf der Suche nach Zuwendung schließt sich Martin Lena an, von der er keine Zurückweisung erhält. Wie in diesem Beispiel kann sich ein Kind bei einem anderen, behinderten Kind oft emotionaler Geborgenheit vergewissern und Zärtlichkeit austauschen. Sei es, daß manche behinderte Kinder aufgrund ihrer Besonderheit zeitweise weniger in Interaktionen eingebunden sind, sei es, daß manche infolge relativer Unselbständigkeit generell aufgeschlossener, sensibel und erfreut sind, wenn andere Kind zu ihnen Kontakt aufnehmen, oder sei es, daß manche sich weniger deutlich äußern können und so dem anderen Kind die Interpretation erlauben, emotional angenommen zu sein - in allen diesen Fällen kann ein Kind in dem anderen, behinderten Kind einen bevorzugten Ansprechpartner finden, der auf seine emotionalen Bedürfnisse eingeht. Der Austausch von Zuwendung hat hier einerseits eine Ersatzfunktion für die fehlende Aufmerksamkeit anderer bedeutungsvoller Bezugspersonen. Er kann aber auch darüber hinausweisen. Beide Kinder können das jeweils andere als gleichermaßen emotional bedürftig und -empfänglich erleben. Sie können sich so auf gleicher Ebene gegenseitige Geborgenheit vermitteln. Ein Kind kann auf diese Weise ein anderes, behindertes Kind als emotionale Stütze erfahren, kann neben dessen Einschränkungen gerade den Aspekt entdecken, was es zu geben in der Lage ist. Insofern kann es in seiner defizitären emotionalen Situation eine reale (teilweise) Aufhebung des Mangels erfahren - nicht nur eine Imagination davon, die bei der nächsten Gelegenheit wieder zusammenbricht.

Wie weit das Zuwendung suchende Kind die Behinderung des anderen zur Kenntnis nimmt, bleibt dabei offen. Wesentlich erscheint mir die Tatsache, daß das behinderte Kind in seiner Besonderheit als ähnlich bedürftig *und* fähig zum Geben erlebt wird, so daß eine Annäherung stattfinden und glücken kann.

- Der Anschluß an ein behindertes Kind kann aber auch über es hinweg auf eine dritte Person zielen:

24)

Mikis, 4 J.

Thomas, 5 J. 9 M., ein Junge mit Down'-Syndrom

Mikis ist ganztags im Kindergarten. Wenn seine Eltern in der Spätschicht arbeiten, sieht er sie manchmal tagelang nur kurzzeitig. Besonders dann hat er ein großes Bedürfnis nach Zärtlichkeit, wagt aber selten, sie sich aus eigener Initiative beispielsweise bei den Erzieherinnen zu holen. Er schließt sich vielmehr regelmäßig Thomas an, wenn dieser von der Erzieherin etwas erzählt bekommt, wenn sie mit ihm spielt, ihn zur Toilette bringt u. ä.

Ein behindertes Kind wie Thomas kann so unmittelbar die Versorgungsbedürftigkeit repräsentieren, die z. B. Mikis selbst empfindet. Dabei ist das behinderte

Kind 'nur' das Medium, über das das andere an der Aufmerksamkeit und Zuwendung partizpiert, die eine Erzieherin in der Pflege und Betreuung dem behinderten Kind zukommen läßt. Dennoch kann sich aus dieser Nähe, obwohl sie zunächst nicht unmittelbar aus Interesse oder Zuneigung zu dem behinderten Kind entsteht, ein Vertrauen und daraus Annäherung zu dem behinderten Kind entwickeln. Bei Mikis und Thomas war dies der Fall. Es entstand eine lange Kindergartenfreundschaft, in der sie viel und gerne zu zweit spielten.

- Es sind jedoch auch entgegengesetzte Prozesse möglich:

25)

Almut, 6 J., ist ein Mädchen, bei dem eine Entwicklungsverzögerung diagnostiziert wurde. Sie ist gegenüber neu in die Gruppe kommenden Personen einerseits völlig distanzlos, zieht sich andererseits jedoch gänzlich zurück, sobald diese versuchen, sie in gemeinsame Tätigkeiten einzubeziehen. Dieses Sich-Verstecken verbaut ihr meist jede Möglichkeit, Zuwendung zu nehmen, während sich in ihrer Distanzlosigkeit gleichzeitig ein großes Bedürfnis danach ausdrückt.

Mara, 4 J., ein taubstummes, lebhaftes Mädchen.

Im Märchenkreis. Almut sitzt auf dem Boden neben Mara. Als die Erzieherin Almut freundlich auffordert, näher zu ihr (der Erzieherin) zu rücken, wird sie steif und dreht den Kopf weg. Die Erzieherin wendet sich Mara zu und erklärt ihr gestenreich, was nun im Märchenkreis passieren wird. Beide lachen und spaßen miteinander. Die Erzieherin streicht Mara noch einmal über die Haare und geht weg.

Almut, die sich nach kurzer Zeit wieder umgedreht hat, rückt jetzt zu Mara. Sie gibt ihr einen festen Schubs. Mara fällt um. Als sie sich wieder aufsetzt, gibt ihr Almut wieder - breit grinsend - einen heftigen Stoß. Mara fällt wieder um, Almut setzt zum nächsten Stoß an. Sie läßt erst davon ab, als die Praktikantin sie festhält. Mit ärgerlichem Gesichtsausdruck wendet sich Almut ab.

Ein Kind wie Almut kann seine Enttäuschung und seine daraus entwickelte Wut über das eigene Zukurzkommen gegen ein anderes Kind wenden, bei dem es all die Zuwendung beobachten kann, die es für sich selbst wünscht. Die besondere Aufmerksamkeit, die für manche behinderte Kinder verstärkt nötig ist, muß ihnen wie eine 'unverdiente', ohne eigenes Zutun erhaltene Pflege und Zärtlichkeit erscheinen, die sie ihre eigene Bedürftigkeit noch stärker erleben läßt. Die Bedürftigkeit eines behinderten Kindes und das Eingehen darauf wird in solchen Situationen also nicht als negativ erlebt, sondern versinnbildlicht gerade das (unerreichte) Ideal, geliebt und angenommen zu werden. Am Ausgangspunkt steht so eine Identifikation mit dem emotional versorgten Kind. Daraus erwachsen - über einen subjektiv als Vernachlässigung oder Abweisung erlebten Unterschied in der Betreuung - aggressive Emotionen. Die Wut auf seine emotional versagende Umgebung richtet sich gegen den emotional Versorgten, d. h. gegen das eigene, nicht erreichte Wunschbild: das geliebte, emotional angenommene Kind.

Diese Verarbeitungsstrategie kann zum Teufelskreis werden, wenn eine strafende Umgebung eine immer größer werdende Diskrepanz zur erwünschten emotionalen Bedürfnisbefriedigung schafft. Wird das Kind jedoch im Ausleben seiner bisher unterdrückten Wut verstanden und aufgefangen, ist auch die positive Wendung möglich: das Kind kann evtl. im ausgelebten Gegensatz zur unbefriedigenden Umwelt eigene Stärke finden, aufgrund derer es eine größere Durchsetzungsfähigkeit und Unabhängigkeit entwickeln kann.

- Hat ein Kind in seiner Sozialisation bereits starken Konformitätsdruck als Moment seines Über-Ich ausgebildet, können solche aggressiven Bestrebungen auch in ihr Gegenteil verkehrt werden. Kinder leben die 'bösen' Empfindungen gelegentlich im Gegenteil aus, in mehr oder weniger demonstrativer Überversorgung und Zuwendung zu dem behinderten Kind. Selten gelingt es einem Kind im Kindergartenalter nach unseren Beobachtungen jedoch, seine aggressiven Emotionen völlig in eine anscheinend liebevolle Beziehung zu transformieren. Aggressive Durchbrüche treten immer wieder auf:

26)

Almut (s. Bspl. 25)

Björn hat eine cerebrale Bewegungsstörung; er kann sich nicht selbständig fortbewegen oder sitzen, liegt meist auf einer Matratze oder sitzt in einer Sitzschale. Er äußert sich durch Lächeln, Quengeln, Weinen, Schreien. Björn ist 1 J. 2 M. jünger als Almut.

Almut hat im Alter von etwa sechs Jahren eine monatelange Phase, in der sie Björn liebevoll umsorgt. Sie sitzt z. B. neben ihm auf der Matratze, führt seine Hand zum Mobile, zeigt ihm Bilderbücher, spricht liebevoll mit ihm.

Häufig kommt es dann vor, daß sie ganz plötzlich Björn heftig boxt, ihm auf die Hand schlägt, ihn kneift u. ä., ohne daß Björn durch eine Verhaltensänderung seinerseits diese plötzliche Wendung Almuts provoziert hätte.

Oft dominiert aber auch die eigene emotionale Bedürftigkeit in einer weniger aggressiv wirkenden, aber alles vereinnahmenden Form fürsorglicher Mütterlichkeit.

27)

Dorothe, 4 J. 5 M., ein Mädchen mit einem großen Bedürfnis nach emotionaler Zuwendung und Anerkennung. Die Erzieherinnen berichten, daß ihr ein Jahr älterer Bruder, der in der gleichen Kindergartengruppe ist, von den Eltern deutlich bevorzugt wird. Dorothe ist stark verunsichert über die Einschätzung ihrer Person durch andere.

Thomas, 5 J. 2 M., ein Junge mit Down'-Syndrom, der sich sehr selbständig in der Gruppe bewegt und der Hilfe problemlos anfordern kann, wenn er sie braucht.

Die Kinder beenden das Mittagessen. Dorothe steht schnell auf und macht Thomas das Lätzchen ab. Dabei redet sie mit ihm: "So, mein Kleiner. Jetzt müssen wir uns noch das Mündchen putzen."

Sie nimmt Thomas an der Hand und führt ihn ins Bad. Dort wäscht sie ihm das Gesicht und die Hände ab (Thomas macht das normalerweise alleine). Dabei monologisiert sie: "So, mein Kleiner. Jetzt den Mund - so - schön. Komm, mein Baby."

Thomas läßt sich die Bemutterung gefallen. Und als er zum Handtuch greift, ruft Dorothe: "Warte, *ich* mach' dir das!"

Beide gehen zurück in den Gruppenraum. Dorothe umfaßt dabei Thomas so, als könne er nicht alleine gehen. Sie sagt zu ihm: "Komm, Thomas, jetzt spielen wir. Leg' dich hin, mein Kind."

Dorothe will Thomas auf die Matratze schieben. Thomas sagt plötzlich heftig "nein", windet sich aus Dorothes Armen und geht woanders hin, ohne sie weiter zu beachten.

In der Bemutterung eines anderen kann ein Kind wie Dorothe eigene Versorgungswünsche ausleben. Behinderte Kinder, die zurückgezogener oder hilfsbedürftiger sind (wie auch jüngere oder stillere Kinder), bieten ihnen häufig den Anlaß wie auch die Möglichkeit, an und mit ihnen die Mutterrolle durchzuspielen. In ihrem (tatsächlichen oder vom anderen Kind imaginierten) Klein-Sein findet ein selbst emotional sehr bedürftiges Kind seine eigene Situation wieder. Es kann - in dem 'kleinen' Kind als Stellvertreter - in eine Regression treten, in der Zuwendung und Versorgung allgemein als unbedingt nötig erachtet wird. Vor allem aber kann es - in seiner Verdopplung von Versorgungsbedürftigem und Versorgendem - sich selbst einen Teil der emotionalen Sicherheit imaginieren, derer es dringend bedarf. Behinderung wird hier als 'Klein-Sein', also auch durchaus positiv erlebt - positiv nämlich von der Zuwendung und Betreuung her, die das andere Kind aufgrund seiner Besonderheit verstärkt nötig hat und meist auch erhält.

Es liegt in einer solchen (gespielten) Mutter-Kind-Beziehung jedoch auch eine Gefahr. Einerseits erschwert es die eigene Problematik eines Kindes wie Dorothe, das andere Kind realitätsgerecht zu erfahren und daraus eine gleichermaßen befriedigende Interaktion zu gestalten. Momente der Selbständigkeit eines behinderten Kindes müssen ja ausgeblendet bleiben, wenn auf es vorrangig die eigene Hilfsbedürftigkeit projiziert wird. Andererseits kann in den meisten Fällen die imaginierte Harmonie zwischen Mutter und Kind nicht über Dauer aufrecht erhalten werden. Sei es, daß Erzieherinnen solche Rollenkonstellationen unterbinden, wo sie Schaden für das bemutterte Kind befürchten, sei es, daß das behinderte Kind sich selbst gegen die Rolle wehrt, in die es versetzt wird, sei es, daß die auf diese Weise erzielte momentane emotionale Sicherheit längerfristig nicht befriedigt - die fehlende emotionale Versorgung wird um so härter erlebt werden, je häufiger die Versuche scheitern, sich Zuwendung zu verschaffen. Gelegentlich können die Kinder jedoch einen positiven Entwicklungsschritt mit dieser Strategie einleiten: Sofern sie in der Mutter-Rolle auch Ansätze eigener Selbständigkeit erleben, kann es dazu beitragen, daß sie sich nicht progressiv in ihrer Versorgungsbedürftigkeit etablieren. Über die dadurch mögliche Stärkung ihres Selbstwertgefühls können sie sich eine Plattform verschaffen, von der aus sie ihre Mangelerfahrungen besser verarbeiten können. In diesem Sinne enthält die hier dargestellte Verarbeitungsstrategie bereits ein wesentliches Element möglichen Fortschritts.

- Bei einem Kind, das in einer Situation starken emotionalen Defizits ein behindertes Kind erlebt, das umfänglich versorgt wird, kann sich letztlich diese Erfahrung auch in einem scheinbaren Entwicklungsrückschritt niederschlagen:

28)

Patrik, 4 J., ist ein Junge, der von seinem Äußeren her etwas verwahrlost in den Kindergarten kommt. Er bleibt dort von etwa 7.30 - 16.30 Uhr, da seine alleinerziehende Mutter berufstätig ist. In der Gruppe ist er selten ohne sein Stofftier anzutreffen, das er - fest an sich gepreßt - überall hin mitnimmt. Sein Sprachvermögen ist gut entwickelt.

Gelegentlich kommt es jedoch zu Situationen wie folgenden:

Eine Erzieherin füttert Claudia (s. Bspl. 2). Sie spricht dabei liebevoll mit ihr und streichelt sie zwischendurch.

Patrik: "Machst du mir heute auch Brei mit Marmelade?"

Die Erzieherin: "Nein, heute kriegen wir alle pommes frites" (ein bei den Kindern sehr beliebtes Essen)

Patrik: "Will aba deine bom fits, will bei" (Will aber keine pommes frites, will Brei)

Die Erzieherin: "Aber du magst doch pommes frites so gerne!"

Patrik: "Nein. Will bei. Und dann nicht dauen. Ich muß bei gefüttert giegen" (Nein. Will Brei. Und kann nicht kauen. Ich muß Brei gefüttert kriegen)

Er legt sich auf den Boden, rollt sich zusammen und nuckelt an seinem Stofftier.

Bei einem Kind wie Patrik kann die Erfahrung eines relativ unselbständigen, behinderten Kindes eigene Versorgungs- und Zuwendungswünsche so akut werden lassen, daß es sie durch keine sozial angepaßte Strategie (wie z. B. Dorothe, vgl. Bspl. 27) mehr überdecken kann. In der dargestellten Szene fällt Patrik in eine offene Regression - 'offen' eben in dem Sinne, daß seine Wünsche und Ängste nicht in anderes Verhalten verschoben werden, sondern unmittelbar als Identifikation mit dem behinderten Kind zutage treten. Patrik macht sich klein und pflegebedürftig. Er versetzt sich in eine frühere Kindheitsphase, in der er vermutlich weniger um den Liebesverlust seiner engsten Bezugsperson(en) fürchten mußte. Dies ist seine Strategie der Abwehr von Ängsten, die in der aktuellen, realen Situation mit dem behinderten Kind aktiviert werden. In ihm findet er *seine* gewünschte, emotional gesicherte Situation wieder, die er nur noch im Rückgriff auf eine regressive Phase zu wiederholen weiß.

Behinderung wird hier mit der eigenen Problematik in einer Weise verarbeitet, die die auf psychischer Ebene stattfindende Verschmelzung mit dem behinderten Kind auch nach außen hin sichtbar macht. Die Botschaft, die ein Kind damit seinen Bezugspersonen übermittelt, zeugt in ihrer Deutlichkeit einerseits von der aktuellen Hilflosigkeit des Kindes, einen Weg aus seinem emotionalen Defizit zu finden. Andererseits, wenn die Bezugspersonen zunächst auf seine Bedürfnisse eingehen können, kann das Kind in diesem Rückschritt die Möglichkeit finden, sich zu stabilisieren und sich angstfreier auf Situationen vorzubereiten, in denen die gewünschte Versorgung nicht gegeben wird oder gegeben werden kann. Insofern kann ein Rückschritt in eine regressive Phase auch die Vorbereitung des nächsten Entwicklungsfortschritts darstellen.

7.3 Repräsentation von Versorgungs- und Zuwendungsbedürftigkeit in der Ambivalenz bezüglich des eigenen Wachstums

Bestimmte psychische Situationen mancher Kinder, die in ihren Verarbeitungsstrategien teilweise den bisher dargestellten sehr ähnlich sind, weisen auf einen anderen Ausgangspunkt zurück.

29)

Konrad, 5 J. 1 M.

Claudia, 6 J. 1 M. (s. Bspl. 2, Kap. 5)

Bei einem Spaziergang sitzt Claudia in einem Kinderwagen, den eine Erzieherin schiebt.

Konrad: "Die Claudia hat's gut. Die wird immer gefahren und die Andrea (die Erzieherin) ist dauernd bei ihr." Und einige Minuten später: "Ich, ich bin jetzt bald so groß, daß ich alleine weggehen kann."

Der Wunsch nach Versorgung und Zuwendung kann bei einem Kind wie z. B. Konrad als deutlicher Gegenpol zu dem ebenfalls entwickelten Wunsch nach Groß-Werden und Autonomie vorhanden sein. Damit gerät das Kind in die Situation, zwei existentiellen, aber widersprüchlichen Bedürfnissen nachkommen zu wollen. Es ist weniger ein *aktuelles* emotionales Defizit, das hier zu bearbeiten wäre. Vielmehr bedingt die Perspektive wachsender Selbständigkeit die Angst vor dem Verlust emotionaler Sicherheit, umgekehrt erwächst aus dem Wunsch nach fortdauerndem liebevollen Versorgt-Werden die Angst vor bleibender Schwäche und Abhängigkeit.

Ein Kind, dessen Ich diesen beiden widersprüchlichen Bestrebungen unterliegt, kann in einem behinderten Kind die Seite seiner eigenen Schwäche und Bedürftigkeit, in dessen Betreuung seinen eigenen Wunsch nach Versorgt-Werden wiederfinden. Aus der Projektion auf bzw. Identifikation mit dem behinderten Kind können auch die bereits beschriebenen Bewältigungsstrategien entwickelt werden. Sie bilden jedoch im jetzigen Zusammenhang nur einen Teilaspekt. Über sie hinausgehend, kann sich besonders stark die Ambivalenz des Kindes bezüglich seiner Bedürfnisse bemerkbar machen.

30)

Almut, 6 J. (s. Bspl. 25 u. 26)

Björn, 4 J. 8 M. (s. Bspl. 26)

Almut ist von Anfang an fasziniert von Björn, der ein Jahr später als sie in die Gruppe kommt. Sie ist zärtlich und offen gegenüber Björn, was ihr zu keinem anderen Kind möglich ist. Häufig geht jedoch ihr Streicheln in Zerren oder gar heftiges Stoßen und Schlagen über (vgl. Bspl. 26). Umgekehrt kann sich ihre aggressive Haltung innerhalb weniger Sekunden in liebevolle Zuwendung verändern.

In einer Phase, in der Almut ohne äußerlich erkennbaren Anlaß aggressive Ausbrüche hat, um sich schlägt und boxt, spricht sie eine Erzieherin einmal intuitiv mit "Björn" an. Almut wird sofort ruhiger. Für mehrere Wochen bleibt die Ansprache mit "Björn" für Almut die einzige Möglichkeit, aus ihren aggressiven Ausbrüchen herauszukommen.

Zu Björn ist sie weiterhin meist zärtlich und manchmal feindselig. Häufig verfällt sie im Zusammensein mit ihm in die Baby-Sprache und nuckelt an seiner Trinkflasche.

Nach einigen Wochen, als Almut mit seltener Begeisterung im Freien wild schaukelt, singt sie in immer wiederkehrender Folge vor sich hin: "Ich bin nicht Björn, ich bin Almut ... ich bin nicht Björn, ich bin Almut..."

Für Almuts psychisches Wachstum hat die Auseinandersetzung mit Björn eine Schlüsselfunktion. Mit ihm, der alles bekommt 'ohne etwas dazu tun zu müssen', kann sie ihren Wunsch, klein zu bleiben und versorgt zu werden, ausleben. In weitgehender Identifikation mit ihm tritt sie in eine Regression, wobei häufig innerhalb derselben Szene sich ihre Ambivalenz in aggressiver Wendung gegen Björn geltend macht. Umgekehrt, im Versorgen von Björn, kann sie ihrem Bedürfnis nach Selbständigkeit nachgehen. Oft hat ihr Versorgen von Björn einen sehr demonstrativen Charakter. Betont hebt Almut so ihre Tüchtigkeit hervor, sucht nach Bestätigung dafür. In expliziter Abgrenzung von Björn ("Ich bin nicht Björn, ich bin Almut") vergewissert sie sich ihrer Weiterentwicklung und ihrer Autonomie. Hierin wird offensichtlich, wie auch ein anscheinender Rückschritt in eine frühere Phase eine Regression im Dienste des Ich darstellen kann, das darüber befähigt wird, an Stärke zu gewinnen.

Ein Kind wie Almut, das mit Angst die sich verflüchtigende Phase erlebt, in der es ohne eigene Anstrengung Versorgung und Zuwendung erhielt, andererseits stolz ist auf das eigene Stärker- und Selbständiger-Werden, kann so äußerst komplexe Verarbeitungsstrategien entwickeln. Reaktiviert die Behinderung eines anderen Kindes seine ambivalenten Bestrebungen, wird es mit dem behinderten Kind umgehen wie mit seinen eigenen Anteilen:

- Versorgt-werden-wollen steht unmittelbar neben Versorgen,
- Regression in die Abhängigkeit neben wachsender Autonomie,
- Zuwendung neben Aggression (Pflege der und Wut auf die eigene Schwäche).

Beide Momente bestimmen jeweils die Beziehung zu dem behinderten Kind. Es ist jedoch auch möglich, daß das Kind seine widersprüchlichen Anteile auch in *verschiedenen* Beziehungen spaltet: Es gibt seine Zuwendung dem einen Kind; es lebt seine Aggressionen gegenüber einem anderen Kind aus. Die Behinderung respektive die wahrgenommene Hilfs- und Zuwendungsbedürftigkeit wird darin als Spiegelbild eines eigenen Anteils erfahren, dem nachzugeben oder der abzuspalten ist, der festzuhalten oder über den hinauszugehen ist.

7.4 Repräsentation von Bedrohung der (körperlichen) Unversehrtheit

Relativ selten, dann aber sehr deutlich, zeigen Kinder eine Angst vor behinderten Gruppenmitgliedern, die offensichtlich auf die Gleichsetzung von Behinderung und Krankheit zurückgeht.

31)

Tommy, 5 J. (s. Bspl. 22)

Lena, 4 J. 10 M. (s. Bspl. 7, Kap. 6)

Eines Tages erzählt Tommys Mutter den Erzieherinnen, daß sich Tommy sträube, in den Kindergarten zu gehen. Er habe Angst, sich bei Lena anzustecken. Tommys Mutter erzählt auch, daß sie vor einigen Tagen mit Tommy über Lena gesprochen habe, weil er fragte, warum sich Lena nicht bewegen und nicht sprechen könne. Die Mutter erklärte Tommy, der Grund dafür sei, daß das Mädchen krank sei.

Die Wertschätzung der eigenen Unversehrtheit ist bei einem Kind im Kindergartenalter in der Regel schon gut entwickelt. Die Wahrnehmung eines anderen Kindes, das (sehr) eingeschränkt ist, kann ihm daher die Möglichkeit seiner eigenen Einschränkung und/oder Verletzung so massiv vor Augen führen, daß das andere Kind selbst als Bedrohung erlebt wird.

Ob bzw. wie intensiv solche Beschädigungsängste in diesem Zusammenhang auftreten, wird stark von der sozialen (familiären) Einstellung zu Behinderung bestimmt sein, die das Kind bisher erfahren hat. Wird in der sozialen Umgebung eines Kindes Behinderung mit Krankheit gleichgesetzt, so kann dies - wie bei Tommy - zum Movens von Beschädigungsängsten angesichts eines Kindes wie Lena werden. In der Vorstellung von 'Ansteckung' verbirgt sich die Angst vor der ohnmächtigen, fast schicksalhaften Übernahme der Einschränkungen des anderen Kindes. Als Schutzreaktionen gegen solche Beschädigungsängste kann ein Kind das andere, behinderte Kind vermeiden oder abstoßen.

Der Gefahr, daß hier ein grundlegender Aussonderungsprozeß angestoßen wird, kann andererseits gerade im Zusammensein der Kinder entgegengewirkt werden. Denn die Erfahrung, daß das behinderte Kind die eigene Unversehrtheit nicht verletzt, ist die beste äußere Bedingung, die Angst vor Beschädigung zu verarbeiten und wieder abbauen zu können.

- Kindern gelingt es jedoch auch, Strategien der Abwehr von Verletzungsängsten zu entwickeln, die nicht auf Kontaktvermeidung hinauslaufen, sondern ihnen (weiterhin) die Beziehung zu einem behinderten Kind möglich machen.

32)

Catja, 5 J.

Catja hat einen vorbehaltlosen, partnerschaftlichen Umgang mit fast allen, auch mit den behinderten Kindern. Gegen Ende ihres zweiten Kindergartenjahres scheint sie jedoch einige Tage irritiert zu sein, wenn sie in deren Nähe kommt. Eines Vormittags geht sie in der Gruppe von Kind zu Kind und zu den Erwachsenen und gibt ihnen "eine Spritze" (sie sticht alle mit einer Spielzeugspritze in den Arm).

Die Erzieherin fragt, warum sie das tue.

Catja: "Damit wir nicht behindert werden."

Als wäre nie etwas anderes dazwischen gekommen, nimmt sie ab diesem Zeitpunkt die alten Beziehungen zu den behinderten Kindern wieder auf.

Daß ein Kind wie z. B. Catja in der Lage ist, angstreduzierende Strategien zu entwickeln, die ihr sehr schnell die Nähe zu behinderten Kindern wieder problemlos ermöglichen, setzt eine relativ große Ich-Stärke voraus. Es muß das Gefühl haben, selbst etwas gegen die Bedrohung ausrichten zu können, die es empfindet. In dieser Selbstgewißheit kann das Kind zu magischer Beschwörung greifen, aber auch - wie Catja - zu einer Beschwichtigung der Bedrohung, die bereits realitätsnäher erscheint (wahrscheinlich ist Catja selbst schon gegen Krankheiten geimpft worden), wenn auch die Realität in diesem Beispiel noch gespielt wird. In dieser Form der Bewältigung ist vor allem bedeutungsvoll, daß das Kind zu angstreduzierenden Bewältigungsstrategien greift, in denen das Bedrohliche nicht abgesondert wird, sondern ausgehalten werden kann.

7.5 Repräsentation von Schwäche und Stärke unter der Dominanz sozial-normativer Anforderungen

- Kinder, die in ihrer familiären Umgebung oder im Kindergarten selbst sozial stark angepaßtes Verhalten erleben bzw. dazu angehalten werden, können bereits sehr früh ein 'Helfer-Syndrom' entwickelt haben. Sie sehen in behinderten Kindern die Aufforderung zu Mitleid, Hilfe, Versorgung.

33)

Ulrike im Alter von etwa 3 1/2 - 5 J.

Ulrike kommt bereits mit sehr genauen Vorstellungen richtigen und falschen Verhaltens in den Kindergarten. Genauso gewissenhaft, wie sie anfangs ihre Spielsachen ohne Aufforderung wieder aufräumt oder nach dem Essen die Tische sauber wischt, hilft sie behinderten Kindern immer aufmerksam und geduldig. Streitet ein Kind mit einem anderen, behinderten Kind, weist Ulrike es zurecht: "Das tut man nicht."

Einem behinderten Kind gegenüber zeigt 'man' Liebe und Zuneigung:

34)

Harry, 6 J. 1 M.

Lena, 5 J. 5 M. (s. Bspl. 7, Kap. 6)

Janosch, 3 J. 9 M.

Harry setzt sich neben Lena auf die Matratze und sagt (mit hoher, gekünstelter Stimme): "Guten Tag, mein Schatz."

Janosch ist Harry nachgelaufen und setzt sich neben Lena. Harry nimmt Janoschs Hand und fordert ihn auf: "Mach ei, ei." Er streichelt mit Janoschs Hand Lenas Wange.

Es liegen in solchen Handlungen der Versorgung und Zuwendung viele der bereits besprochenen Aspekte. Dabei scheint das Bedürfnis des Groß-Sein-Wollens oft stark beteiligt zu sein, hier zu verstehen als 'Erwachsen-Sein-Wollen', d. h. die von den Erwachsenen präferierten Verhaltensweisen zeigen.

So sehr Kinder sich hier mit Beeinträchtigungen in einer Form befassen, die behinderten Kindern in anscheinend positiver Weise zugute kommt, so wenig verläßlich ist die 'gute' Wirkung in zweierlei Hinsicht. Das behinderte Kind wird darin eine bevormundende, seine Eigenständigkeit mißachtende 'Hilfe' erleben. Das andere Kind wird seine Hilfe und Zuwendung auf keiner emotional tragfähigen Basis entwickeln können. Zu sehr ist sein Verhalten zu dem behinderten Kind nur durch soziale Normen, d. h. nur durch Über-Ich-Forderungen geprägt, die mit anderen Anteilen des Subjekts nicht vermittelt sind. Eigene Bedürfnisse in der Beziehung zu dem behinderten Kind 'dürfen' von daher per se keine Rolle spielen. Dies wird sich negativ bemerkbar machen. Die Gleichung 'Behinderung = Hilflosigkeit = Anspruch, unter Zurückstellung eigener Bedürfnisse zu helfen' kann selten, erst recht nicht im Kindergartenalter, aufrechterhalten werden, ohne daß sich das Kind selbst überfordert. So kann Wut auf das behinderte Kind entstehen, das einem (dem subjektiven Erleben nach) eigene Bedürfnisse verwehrt. Die Angst und Abwehr dieser verpönten Empfindungen potenzieren den Konflikt. Aggressive Zwischenspiele bleiben daher nicht aus.

Andererseits kann ein Kind auch andere Erfahrungen machen: Es kann erleben, daß sich ein behindertes Kind gegen seine Hilfe wehrt (vgl. Bspl. 27, Kap. 7.2). Bei reflektierender pädagogischer Haltung der Erzieherinnen kann es auch erleben, daß in der Gruppe kein Zwang zum Helfen besteht. Mit diesen Erfahrungen kann ein Kind lernen, eigene Bedürfnisse gelten zu lassen. Darin kann es in einer Beziehung zu einem behinderten Kind die Balance zwischen der Durchsetzung eigener Bedürfnisse und der Hilfe für ein behindertes Kind finden (was ja nicht per se einen Gegensatz darstellt); d. h. es kann lernen, in ein angemessenes Verhältnis zu den eigenen Über-Ich-Forderungen zu treten.

- Wird ein Kind in seiner Sozialisation mit starken Leistungserwartungen konfrontiert, oder erfährt es in seinem sozialen Umfeld eine außerordentliche Idealisierung von Größe und Stärke, so kann sich ein negativer Bezug auf alles einstellen, was es als 'schwach' erlebt.

35)

Bert, im Alter von etwa 3 - 5 J.

Bert ist ein Junge, der von seinen Eltern sehr dazu erzogen wird, früh selbständig zu werden. In Gesprächen über ihren Sohn - von seinen Zahnarztbesuchen bis zu seinen Streitereien mit anderen Kindern - ist von seiner Mutter oft zu hören: "Damit muß er jetzt alleine fertig werden."

War Bert in seinem ersten Kindergartenjahr eher zurückhaltend, manchmal traurig, so schließt er sich im zweiten Kindergartenjahr mit einem etwa gleichaltrigen Jungen zusammen und "macht mit ihm auf 'Macker' in der Gruppe" (die Erzieherin). Ab dieser Zeit fällt auf, daß er generelle Probleme mit behinderten Kindern hat. In Interaktionen mit ihnen - sofern überhaupt welche zustande kommen - ist er ungeduldig und häufig zornig über sie. Gelegentlich stößt oder schlägt er sie auch, wenn er sich unbeobachtet glaubt.

Ein Kind wie Bert wird mit der Erfahrung, daß es wesentlich durch die Leistung, "mit einer Sache selbst fertig zu werden", bei seinen Eltern Anerkennung findet, unter starken emotionalen Druck geraten. Sein Verlangen nach Zuwendung und Unterstützung muß ihm als verpönte Schwäche erscheinen; die Seite seines Noch-Nicht-Könnens wird es als eigene Minderwertigkeit erleben. Aufgrund dieser Selbsterfahrung kann es von der relativen Unselbständigkeit anderer Kinder auf besondere Art betroffen sein. Findet ein Kind wie Bert in einem anderen, behinderten Kind, seine eigene Schwäche repräsentiert, so kann sein negativer Bezug auf die eigenen Anteile von 'Unvermögen' aktiviert und auf das behinderte Kind als Auslöser und Repräsentanten dieser Empfindungen gerichtet werden. Die Wut auf eigenes Unvermögen - Reaktion auf die narzißtische Kränkung, sich als schwach zu erleben - wendet sich als aggressives Verhalten gegen das behinderte Kind.

Behinderung wird so in einer Art und Weise aufgenommen und verarbeitet, die - quasi im Selbstlauf - immer wieder das bestätigt, was Ausgangspunkt des Konflikts war: Schwächeres wird abgelehnt, gar bekämpft, worin subjektiv die eigene Stärke erlebt werden kann, deren Idealisierung dadurch genährt und zum Grund fortdauernder Ablehnung schwächerer Anteile wird. Eigene Größe manifestiert sich in der Herabsetzung des anderen Kindes.

36)

Jörg, 5 J. 1 M.

Jörg sucht beständig durch demonstrative Beweise seiner Kraft die Aufmerksamkeit eines Praktikanten in der Gruppe zu gewinnen. Er stemmt das Dreirad und ruft: "Schau mal, was ich heben kann!", überholt ein Kind, das im Garten herumläuft und brüllt: "Ich bin schneller als du!" ... usw.

Der Praktikant enthält sich jedoch jeder Äußerung, die diesen Tätigkeiten Bewunderung zollen würde. Als er eines Tages den behinderten, kaum bewegungsfähigen Björn im Garten herumträgt, mit ihm schaukelt und liebevoll mit ihm spricht usw., fragt Jörg: "Warum bist du immer bei dem?"

Der Praktikant: "Der Björn kann sonst nicht mitspielen, da muß ich ihm etwas helfen."

Jörg: "Das ist doch doof."

Der Praktikant: "Wieso? Er braucht das doch. Außerdem mag ich ihn und mache das gerne."

Jörg schaut überrascht. Am gleichen Nachmittag schiebt er Björn erstmalig im Wagen herum und spricht mit ihm.

Einige Tage später bittet er den Praktikanten, ihm beim Sägen an der Werkbank zu helfen. Es ist das erste Mal, daß Jörg ihn um Hilfe bittet.

Im unterstützenden und akzeptierenden Umgang mit behinderten Kindern können Kinder wie Bert oder Jörg andererseits auch erfahren, daß es kein Gegensatz ist, etwas nicht zu können und akzeptiert, angenommen zu sein. Die extreme Idealisierung von Größe und Stärke kann dadurch erschüttert und in Frage gestellt werden. In dieser Relativierung seines Idealbildes kann es einem Kind eher gelingen, eigene Schwäche auszuhalten und sich zuzugestehen. Von da aus kann das Unvermögen, was es bisher subjektiv in der Behinderung eines anderen Kindes wahrnahm, allmählich seine negative Wertung verlieren. Die positive Aufmerksamkeit für ein behindertes Kind in der Gruppe spielt in diesem Zusammenhang eine besondere Rolle. Es ist bei Jörg m. E. offensichtlich, daß der Bezug des Praktikanten auf das behinderte Kind unmittelbar auf eigene Anteile bezogen wird und daß daraus eine geänderte Einstellung bezüglich Björn erwächst. Daraus geht hervor, wie sehr die Verarbeitung erfahrener Behinderung von der Art und Weise beeinflußt wird, mit der sich andere bedeutungsvolle Bezugspersonen auf dieses Kind beziehen.

- Was für die eben beschriebenen psychischen Prozesse gilt, die sich aus übersteigerten Leistungsanforderungen entwickeln, gilt modifiziert auch in bezug auf andere Inhalte der kindlichen Sozialisation.

37)

Sophia, 4 J. 11 M.

Sefra, 4 J. 1 M. (s. Bspl. 2, Kap. 5)

Sophia verkündet: "Ich kann die Sefra nicht leiden. Die ißt so schrecklich. Ich kann sie nicht leiden."

38)

Judith, 4 J. 1 M.

Lena, 5 J. 8 M. (s. Bspl. 7, Kap. 6)

Lena liegt auf der Matratze, Judith sitzt daneben. Ein Kissen rutscht auf Lenas Gesicht.

Die Erzieherin: "Judith, willst du nicht 'mal das Kissen von der Lena nehmen?"

Judith beugt sich zu Lena und nimmt das Kissen weg. "Ich hab sie wieder ausgepackt." Sie schaut Lena kurz ins Gesicht. "Iih, das ist da schmutzig."

Erzieherin: "Wieso schmutzig?"

Judith: "Das Tuch, da ist Schleim dran."

Erzieherin: "Was?"

Judith: "Na, so Spucke."

Erzieherin: "Das ist doch nicht so schlimm. Hol halt das Tuch und wisch' es ab."

Judith schaut die Erzieherin an, steht auf und geht wortlos weg. Sie kommt nicht mehr zu Lena zurück.

Ist selbst z. B. für reflektiert arbeitende Erzieherinnen das Kleckern und Sabbern eines Kindes ein heikler Punkt in der Beziehung zu ihm, so werden manche Kinder noch in besonderem Maße dadurch negativ angesprochen. In bezug auf Sauberkeit und Ästhetik kann in ihren Augen das behinderte Kind eine gerade eben verlassene Sozialisationsstufe verkörpern. Sie können an ihm eigene Verhaltensweisen entdecken, die sie im Laufe ihrer Entwicklung gerade aufgegeben haben oder abzulegen gezwungen wurden; es widerspricht einer Norm, die sie selbst erst seit nicht allzu langer Zeit einhalten können.

Starke Abneigung oder Abwehr ist deshalb häufig die Antwort auf die Störung des Sauberkeitsempfindens, der ästhetischen Norm o. ä. Das Kind ist noch nicht so souverän in *seiner* Einhaltung der Norm, daß es deren Verletzung durch andere ertragen könnte. Seine Antwort ist eine Schutzreaktion auf die Angst, schwach zu werden und mit dem behinderten Kind in die gerade vergangene Entwicklungsstufe zurückzufallen.

Aus diesem Zusammenhang heraus läßt sich auch die starke Regelorientierung mancher Kinder verstehen, die sich gegenüber einem behinderten Kind in ungeduldiger oder aggressiver Zurückweisung geltend machen kann. Ein die 'Ordnung' störendes Kind kann von ihnen oft deshalb nicht in ihr Spiel integriert werden, weil sie selbst bezüglich der Regel/Norm noch nicht so gefestigt sind, um sie flexibel handhaben zu können. Schon ein Kind, das einfach mehr Zeit braucht, kann hier als verunsichernder Einbruch erlebt werden. Es kann zum Ausschluß dieses Kindes kommen, um die Destabilisierung des eigenen, ohnehin noch nicht sehr sicher etablierten Reglements sozialer Normen zu verhindern. Die Absonderung des behinderten Kindes ist so als Absonderung der zwar überwundenen, aber noch sehr nahen eigenen Phase früherer Entwicklung zu sehen. Die Angst vor Regression mit dem behinderten Kind wird in der Abgrenzung von ihm abgewehrt.

(Natürlich gibt es auch die Situation, daß ein Kind ein anderes, behindertes Kind evtl. von einem Regelspiel ausschließt, weil ansonsten schlicht sein Bedürfnis zu spielen nicht zum Zuge käme.)

Andererseits kann ein Kind durch das Erleben anderer, weniger den Normen entsprechender Kinder daran gerade die *relative* Gültigkeit von vorgegebenen Regeln erfahren.

39)

Sophia, 5 J. 4 M.,

Sefra, 4 J. 6 M. (s. Bspl. 2, Kap. 5)

Ken, 3 J. 3 M.

Die Kinder machen ein Singspiel, bei dem sie bei je bestimmten Reimen in die Hände klatschen, hüpfen, sich hinsetzen usw.

Ken, neu in die Gruppe gekommen, spielt es zum ersten Mal mit. Er gerät aus dem Takt, verwechselt die Bewegungen und gerät völlig durcheinander. Weinend rennt er aus dem Kreis.

Sophia läuft ihm nach. "Komm doch, du mußt doch nicht dasselbe machen. Die Sefra macht auch immer was anderes, der macht das gar nichts aus. Ich mach' das auch manchmal."

Sofern z. B. behinderte Kinder ihren Möglichkeiten entsprechend und nicht nach generell gültigen Normen gefordert und darin akzeptiert werden (was ja nicht auf solche Kinder beschränkt sein sollte), kann dies auch andere Kinder, die es miterleben, unterstützen. Es kann ihnen helfen, sich eigene, bisher mißachtete Anteile zuzugestehen, ohne sie sich als Versagen anzurechnen.

7.6 Stütze in der Suche nach Geschlechtsidentität

In der Versorgung behinderter Kinder, extrem im Baby-Spielen mit ihnen, wird in vielen Rollenverteilungen die geschlechterspezifische Zuordnung der Kinder sichtbar.

40)

Nicole, 3 J. 3 M.

Sabine, 3 J. 11 M.

Carlo, 4 J. 6 M.

Claudia, 4 J. 9 M. (s. Bspl. 2, Kap. 5)

Nicole und Sabine wollen mit Claudia 'Baby' spielen.

Nicole: "Ich wär' die Mutter und du der Papi."

Sabine: "Ich will aber auch die Mutter sein."

Nicole: "Zwei Mütter geht nicht. Dann wärst du der Papi."

Sabine ist noch einen Moment unentschlossen, stimmt aber schließlich zu.

Auf der Suche nach Spielpartnern stößt Carlo zu ihnen. Er scheint nicht gehört zu haben, was die beiden Mädchen gerade ausgemacht haben. Er spricht sie an, daß er mitspielen will.

Sabine (etwas ratlos wirkend): "Zwei Vater geht nicht."

Nicole erklärt ihm, daß Claudia jetzt das Baby sei. "Und ich wär' die Mutter und Sabine der Papi. Aber du kannst auch der Papi sein und wärst im Büro."

Sabine (weinerlich): "*Ich* wär' der Papi von Claudia."

Nicole: "Aber ich wär' die Mutter und Carlo im Büro und du (Sabine) wärst dann zuhause der Papi von der Claudia."

Sie können sich nicht einigen; Sabine spielt dann alleine mit Claudia Mutter und Baby.

- Zwar sind manche Kinder noch im frühen Kindergartenalter in der Lage, Mutter- wie Vaterrolle problemlos spielerisch zu übernehmen. Die meisten jedoch, erst recht die mittleren und älteren Kindergartenkinder, bestehen darauf, als Mädchen die Mutterrolle und als Junge die Vaterrolle zu übernehmen. Jungen zeigten allerdings insgesamt weniger Interesse an Aktivitäten, in denen Mutter-Vater-Kind-Konstellationen ausgelebt wurden.

Wie in obigem Beispiel definieren aber oft jüngere Kindergartenkinder die weibliche bzw. männliche Rolle nicht unmittelbar in der Dichotomie weiblich/männlich. Sie bestimmen sie vielmehr wesentlich über die Beziehung zum Kind: weibliche Rolle = Mutterrolle = Versorgen, Zuwenden; männliche Rolle = Vaterrolle = Beschützer und derjenige, der für die Familie zur Arbeit geht. Die Abgrenzung von bzw. der spezifische Bezug auf das andere Geschlecht ist so nur bedingt und mittelbar Thema, nämlich indem beide für das 'Baby' oder die Familie etwas Verschiedenes tun (Kind versorgen, kochen usw. / aufpassen, arbeiten gehen).

Es wird hier offensichtlich, wie früh sich die gesellschaftlich dominierende Rollenkonzeption in dem Selbstbild des Kindes niederschlägt. Familiäre Flexibilität der Eltern in dieser Rollenverteilung (von einigen Eltern bejaht und praktiziert) reduziert vielfach die Rollenfixierung einiger Kinder in ihren Spielen, kann aber selten die letztliche Zuordnung des Mädchen und des Jungen jeweils zur Mutter- und Vaterrolle erschüttern. Andere soziale Einflüsse, denen die Kinder bereits unterliegen bzw. die Zuweisung ihrer Funktion durch ein anderes Kind bestätigen in den meisten Fällen die gesellschaftlich vorherrschenden Rolleninhalte.

- Bei anderen Kindern, vor allem solchen im mittleren und älteren Kindergartenalter, wird der *un*mittelbare Bezug zwischen Frau und Mann zu einem bedeutsamen Teil des Spiels.

41)

Sophia, 4 J. 11 M.

Daniel, 5 J. 10 M.

Heribert, 5 J. 8 M.

Sophia will in letzter Zeit gelegentlich Mutter-Vater-Kind spielen. Neben der Suche nach einem geeigneten 'Baby' streitet sie häufig mit ihren Freunden Daniel und Heribert, wer von ihnen der Vater sein darf. Sie argumentiert dabei, wer von beiden ihr besserer Freund sei, wen sie eher heiraten würde, wer ihr Mann sei, wer mit ihr "ausgehen" dürfe. Je nach Stimmung ist es einmal Daniel, einmal Heribert.

Mutter-sein/Vater-sein gewinnt deutliche Züge von Weiblichkeit/Männlichkeit auch im Verhältnis zum jeweils anderen Geschlecht, verständlich aus der ödipalen Phase heraus, die die Kinder in ihrer Entwicklung durchlaufen (haben).

Wie kommt in der Mutter- oder Vaterrolle die Behinderung anderer Kinder ins Spiel? Vermutlich nur in sehr unspezifischer Form. Denn auf die besondere Situation eines behinderten Kindes gehen 'Mutter' oder 'Vater' selten ein. In der Regel wird für es gekocht, wird es gefüttert, schlafen gelegt usw. Wesentlich dabei scheint hier, daß ein Kind in seiner Identifikation mit der Mutter oder mit dem Vater das 'Baby' als Gegenpol seiner Selbst-Definition braucht. Behinderte, betreuungsbedürftige Kinder können dabei ebenso wie jüngere, noch sehr hilfsbedürftige Kinder aus ihrer besonderen Situation heraus den Anreiz bieten, sie bevorzugt in die Rolle des Babys zu versetzen. Behindert-, klein-, hilfsbedürftig-sein wird unterschiedslos als Gelegenheit für mütterliche (väterliche) Versorgung interpretiert.

Natürlich können in diesen Konstellationen auch andere Momente zur Wirkung kommen (vgl. z. B. Kap. 7.2) und sich mit dem Aspekt der gesuchten weiblichen/männlichen Rolle verschränken. Es sollte nun jedoch deutlich geworden sein, daß behinderte Kinder auch im Zuge der Geschlechtsidentifikation eines anderen Kindes in dessen Entwicklung, Krisen und Lösungen miteinbezogen werden können. Dabei kann sich der Bezug eines Kindes zu seinen behinderten Spielkameraden im Laufe solcher Prozesse auch stark verändern:

42)

Ulrike (s. Bspl. 33), ein selbständiges und selbstbewußtes Kind, verhält sich von Anfang an in der Gruppe als 'gutes Mädchen'. (Sie wird von zu Hause sehr stark dazu angehalten.) Neben Putzen und Aufräumen gehört dazu auch, daß sie besonders hilfsbereit zu behinderten Kindern ist. Sie versorgt diese gerne und unaufgefordert. Häufig bezieht sie sie auch als 'das Baby' in ihre Rollenspiele mit ein.

Im Alter von etwa 4 1/2 - 5 Jahren setzt eine deutliche Veränderung bei ihr ein. Den Anregungen der Erzieherin verweigert sie sich jetzt häufig. Sie sucht besonders die Nähe zur männlichen Bezugsperson der Gruppe. Sie äußert den Wunsch, lange Haare zu haben und den Ärger darüber, daß ihre Mutter ihr dies nicht erlaubt. Einige Male bittet sie die Erzieherin, ihr aus ihren bleistiftkurzen Haaren Zöpfe zu flechten. Am Ende dieser Phase initiiert sie mit einem Jungen der Gruppe oft Rollenspiele, häufig mit deutlicher sexueller Tönung. Im Kleider- und gespielten Geschlechtertausch versucht Ulrike außerdem offensichtlich, über ihre eigene Position Sicherheit zu gewinnen.

Mit Beginn dieser Zeit ändert sich auch ihr Verhalten gegenüber behinderten Kindern merklich. Sie, die sich sonst immer um sie kümmerte, weist sie oft ab: "Ich habe keine Zeit." Im späteren Verlauf spielt sie mit anderen, nichtbehinderten Kindern gelegentlich die Rolle behinderter Kinder der Gruppe, wobei sie jedoch mehr dazu überredet wird, als daß sie selbst daran großes Interesse hätte.

Nach knapp einem Jahr ist die Phase der deutlichen Abgrenzung von behinderten Kindern vorbei. Ulrike hat zu vielen wieder liebevolle Beziehungen, ohne jedoch ihre alte Rolle als immer Hilfsbereite, Versorgende einzunehmen.

Definiert sich ein Kind wie z. B. Ulrike als das 'liebe', aufopferungsvolle Mädchen, so kann sich in der Suche nach Geschlechtsidentifikation sein bisheriges zuwendendes Verhalten gegenüber behinderten Kindern in Absonderung wenden. (Auch das Umgekehrte ist denkbar.) Das behinderte Kind, soweit es bisher markanter Orientierungspunkt der Selbstdefinition des anderen, z. B. Ulrike, war, wird gemäß der neuen Entwicklung nun ebenfalls zu einem Angelpunkt in der Absetzung von der alten Rolle.

Die weitere Beziehung zu dem behinderten Kind, das Eingehen auf seine Besonderheit, ist damit nicht endgültig festgelegt. Entscheidend ist hier, wie das andere Kind aus seiner Identitätskrise hervorgeht. Ulrike z. B. gewinnt über ihren psychischen Konflikt an Ich-Stärke. Sie kann die Besonderheiten anderer Kinder akzeptieren und sie unterstützen. Sie ist nun aber in der Lage, auch auf der Durchsetzung eigener Bedürfnisse zu bestehen und auch einmal 'nein' zu einem hilfsbedürftigen Kind zu sagen. Für ihre Definition als Mädchen ist sie nicht mehr darauf angewiesen, das 'brave' Kind, die versorgende Mutter zu sein. Sein Fortschritt in der Geschlechtsidentifikation hat es hier dem Mädchen ermöglicht, eine Balance zwischen eigenen Bedürfnissen und denen anderer, behinderter Kinder zu finden.

Bei ähnlichen Prozessen, die bei Jungen zu beobachten sind, ist die Rolle des starken Beschützers eines behinderten Kindes (oder eines jüngeren Kindes) von ähnlicher Bedeutung wie die der versorgenden Mutter - sei es, daß die Beschützerrolle von Anfang des Kindergartenbesuchs an besteht, sei es (was häufiger vorkommt), daß sie erst gegen Ende der ödipalen Identitätskrise übernommen wird. Auch hier kann so die Behinderung bzw. relative Unselbständigkeit eines behinderten Kindes zum Anhaltspunkt der Geschlechtsidentifikation eines anderen Kindes werden.

- In einer besonderen Situation befinden sich manche ausländische Kinder, die in einer integrativen Gruppe betreut werden. Wie alle anderen sind sie durch ihre spezifische Sozialisation geformt. Es kommt z. B. bei Kindern deutscher wie anderer Eltern vor, daß sie in überzogener Form Männlichkeit oder Weiblichkeit vorstellig machen - "Mackertum oder Koketterie" (eine Erzieherin). Jedoch ist innerhalb mancher Kulturkreise die Rollenzuschreibung und -abgrenzung von Mann und Frau oft noch rigider, z. T. auch von anderen Inhalten bestimmt. Viele darin erzogene Kinder werden deshalb mit noch stärkerem und teilweise anderem Rollenbewußtsein in die Kindergruppe kommen.[45]

43)

Ekrem, 4 J. 6 M.

Ekrem ist ein marokkanischer Junge, der nach Aussage seiner Mutter wegen der Nähe ihrer Arbeitsstelle im integrativen Kindergarten angemeldet wurde. Ekrem spricht bald fließend deutsch und hat keine Verständigungsprobleme.

In der Gruppe ist Ekrem nach kurzer anfänglicher Zurückhaltung schnell 'aufgedreht'. "Er spielt den großen Macker" (die Erzieherin). Ekrem ignoriert Mädchen bzw. jüngere Kinder fast völlig. Wendet er sich ihnen zu, so meist nur in dem Versuch, sie herumzukommandieren. Sie sollen ihm z. B. den Platz freimachen, sein Bastelzeug holen, ihm das Spielzeug abtreten, das er verlangt. Eine nähere Beziehung hat er nur zeitweise zu einem älteren Jungen der Gruppe, mit dem er oft herumbalgt und tobt. Behinderte Kinder ignoriert er ebenfalls bzw. schiebt sie beiseite, wo sie ihn stören. "Er muß immer zeigen, daß er mit Weiberkram nichts zu tun hat und daß jemand gleich stark sein muß, um mit ihm spielen zu dürfen." (Die Erzieherin)

Die Erzieherin berichtet auch, daß seine Mutter, als sie auf das Verhalten ihres Sohnes angesprochen wurde, sehr stolz auf Ekrem war. "Er ist ein Junge", gab sie zur Antwort.

Der Bezug Ekrems auf behinderte Kinder, die Wahrnehmung ihrer Besonderheit, ist deutlich abweisend. Es scheint dies jedoch kein spezifischer Umgang mit diesen Kindern zu sein. In der Reihe seiner Abgrenzungen - von Mädchen sowieso, von jüngeren Kindern, von behinderten Kindern - wird deutlich, daß er sich gegen all das wendet, was ihm vom (bewußten oder erst nur oberflächlich übernommenen) Standpunkt starker Männlichkeit als schwach erscheinen muß. In der Angst, durch Beziehungen zu diesen Kindern selbst als schwach zu erscheinen, zieht er radikal eine Grenze zu ihnen. Wie sehr Ekrem andererseits darin überfordert ist, der 'starke Mann' zu sein, wird darin deutlich, daß er in Situationen (angenommenen) eigenen Versagens oder bei fehlender Anerkennung nur mit hilflosen Wutausbrüchen reagieren kann.

Behinderung kann bei einem Kind wie Ekrem also - wie bereits in vorher beschriebenen Prozessen gezeigt - eigene, nicht-akzeptable 'schwache' Anteile aktivieren. Die Angst vor dem Einbruch des aufgebauten Selbstbildes, stark und souverän zu sein, wird in Abspaltung eigener Anteile bzw. Absonderung schwach erlebter Kinder abgewehrt. Für existentielle narzißtische Kränkungen ist ein solches Kind daher besonders empfindsam (Ausbrüche hilfloser Wut).

Daß insgesamt das Verhalten eines Kindes wie Ekrem besonders extrem erscheint, wird dadurch begründet, daß ihm von Anfang an in der Suche nach seiner Geschlechtsidentifikation vermutlich noch nicht einmal geringfügige Spielräume und Variabilitäten gestattet werden. Alle 'männlichen' Elemente sind anerkannt, alles andere wird mißachtet (so stellt es sich zumindest in der Kindergruppe dar). Das Zusammensein mit behinderten Kindern kann daher nur ein Faktor unter vielen sein, in denen Ekrem vielleicht einen flexibleren Umgang mit eigenen, geschlechtsspezifischen Normvorstellungen findet.[46]

7.7 (Stellvertretendes) Objekt/Delegationsobjekt aggressiver Wünsche

Im Spannungsfeld aggressiver Bestrebungen eines Kindes kann ein anderes, behindertes Kind eine besondere Position einnehmen. Es geht hier nicht um Gesichtspunkte, warum und in welchen Variationen überhaupt ein Kind Aggressionen auf sich ziehen kann. Es geht um die mögliche spezifische Funktion von Behinderung in einem solchen Prozeß.

Wie ein Kind die Behinderung eines anderen in seinem eigenen Entwicklungsprozeß aufnehmen kann, wie sich darin auch die Wut eines Kindes über emotionale Enttäuschungen gerade gegen ein behindertes Kind kehren kann, wurde bereits ausgeführt (vgl. z. B. Kap. 7.2). Hier handelte es sich um aggressive Bestrebungen, die aus Situationen erwachsen können, in denen das Erleben eines behinderten Kindes bei einem anderen bestimmte psychische Situationen (re)aktiviert. Werden darin eigene, verpönte Anteile erfahren (z. B. schwach zu sein) oder wird darin schmerzhaft eine Diskrepanz zwischen dem subjektiv Erlebten und dem idealen Selbstbild (z. B. geliebt und angenommen zu sein) aktualisiert, können sich daraus entwickelte aggressive Wünsche gegen den Auslöser dieser subjektiven Erfahrung, d. h. gegen das behinderte Kind richten.

- Darüber hinaus kann ein behindertes Kind zum bevorzugten Zielpunkt aggressiver Bestrebungen eines anderen werden, ohne daß es selbst auch nur mittelbar in die Entstehung solcher Bestrebungen involviert gewesen wäre.

44)

Beate, 5 J. 11 M.

Kim, 7 J. 2 M.

Konrad, 4 J. 7 M.

Sefra, 5 J. 1 M. (s. Bspl. 2, Kap. 5)

Beate spielt mit Kim an der Eisenbahn. Konrad drängt sich dazwischen. Beate wird ärgerlich und wehrt sich, kann sich aber nicht gegen Konrad durchsetzen, der sie schließlich mit körperlicher Überlegenheit wegschiebt. Beate geht zur Erzieherin und möchte die Fingerfarben haben. Die Erzieherin macht Beate darauf aufmerksam, daß es gleich Essen gibt und sie bis später warten soll.

Beate, inzwischen sehr zornig, beharrt lautstark darauf. "Ich mache jetzt, was ich will. Und essen tu' ich sowieso nicht."

Konrad läuft vorbei, gibt ihr einen Schubs und ruft: "Schlappmaul! Schlappmaul!"

Beate, wütend und kurz vor dem Weinen, rennt weg. Im Flur trifft sie auf Sefra, ein Mädchen mit Down'-Syndrom, und drei andere Kinder. Sefra beachtet Beate nicht, Beate rempelt sie an: "Laß mich bloß in Ruhe."

Sie schüttelt sie heftig; Sefra schaut erschrocken, wortlos. Beate stößt sie unbeherrscht weg und geht. "Der blöde Konrad, das Schlappmaul."

Ein Kind in einer Situation wie Beate kann aus der Erfahrung fruchtlosen Bemühens und ohnmächtiger, wirkungsloser Wut seine Emotionen an einem anderen wie z. B. Sefra auslassen. Über Zufälligkeiten hinaus - auch andere Kinder könnte diese Aggressionsabfuhr treffen - ist für manche gerade die vorweggenommene relative Wehrlosigkeit oder besondere Empfindsamkeit mancher behinderter Kinder Anreiz, hier das zu verletzen, was es bei der eigentlich wutauslösenden Person (z. B. bei Konrad oder der Erzieherin) nicht treffen konnte. Das behinderte Kind wird zum stellvertretenden Aggressionsobjekt.

Auch Kinder in einer anderen Position können in diese Funktion versetzt werden, vor allem solche, die am Rande der Gruppe stehen oder gar eine Außenseiterposition einnehmen. Aus der Ambivalenz heraus, akzeptiertes Gruppenmitglied bleiben zu wollen, hier keine Beziehungen zu zerstören, aber die Spannung gruppenintern verpönter Wünsche nicht auszuhalten, kann ein Kind auf sie seine Aggressionen lenken. Auseinandersetzungen mit einem Außenseiter der Gruppe zerstören nicht die gewünschten Beziehungen mit anderen Kinder, die vielleicht eigentlicher Anlaß oder Grund der Aggression sind. Weitergehend ist es möglich, daß ein Kind über den Konflikt mit einem Außenseiter der Gruppe (unbewußt) auf Anerkennung in der Gruppe zielt.

In der Rolle eines stellvertretenden Aggressionsobjektes wird die Behinderung eines Kindes oder die Außenseiterposition eines Kindes (was nicht identisch ist!) in spezifischer Weise aufgenommen und verarbeitet: Diese Besonderheit erhält ihr Gewicht, indem sie als Angebot erfahren wird, hier ungestraft verpönte Empfindungen auszuleben: physisch 'ungestraft', wo sich das behinderte Kind nicht effektiv wehren kann, sozial ungestraft, wo ein Kind in einer Außenseiterposition nur bedingt in die Gruppenregel miteinbezogen wird, daß man sich z. B. nicht gegenseitig weh tut. Dies ist nicht so zu verstehen, daß ein behindertes Kind quasi automatisch in eine Sündenbockrolle versetzt würde. Hier spielt der Gruppenkonsens, z. B. daß Schwächere nicht drangsaliert werden dürfen, eine bedeutende Rolle. Der Kernpunkt liegt jedoch in der Frage, inwieweit das aggressive Kind durch eine Stärkung seines Ich fähig wird, seine Aggressionen dort auszutragen, wo der Ursprung des Konflikts liegt oder fähig wird, enttäuschende Erfahrungen eher auszuhalten.

- Noch in anderer Weise können unter Umständen aggressionsgehemmte Kinder andere, auch behinderte Kinder, in ihr Spannungsfeld einbauen:

45)

Mikis, 4 J. 1 M., ein stiller Junge, der sich, wenn er angesprochen wird, eher zurückzieht und bisher erst wenige Beziehungen in der Gruppe knüpfen konnte.

Martin, 5 J. 9 M., ein Junge mit allgemeinen Entwicklungsverzögerungen.

Harry, 6 J. 1 M.

Einige Jungen sitzen in der Bauecke mit Harry, den sie beständig provozieren. Sie nehmen ihm die Bausteine weg, machen sich über ihn lustig, tun so, als wollten sie gleich Harrys mühevoll gebauten Turm zerstören.

Mikis und Martin stehen vor der Bauecke. Mikis beobachtet die anderen Jungen; er grinst, wenn Harry aufgeregt versucht, sie wegzudrängen. Martin balanciert eine Kugel in der Hand; er beachtet die Auseinandersetzung nicht.

Mikis schubst Martin; er wirkt jetzt etwas erregt: "Los, roll doch mal die Kugel auf den Turm."

Martin schaut, er wirkt verständnislos.

Mikis: "Los, dann kracht sein Turm zusammen. Schnell, dem Harry sein Turm machen wir jetzt kaputt."

Martin lächelt. Er rollt seine Kugel in die Bauecke, verfehlt aber den Turm. Mikis sagt leise und ärgerlich: "Ach, Mensch!", greift selbst aber nicht weiter ein.

Ein Kind wie Mikis kann ein anderes wie Martin als Delegationsobjekt seiner aggressiven Wünsche wählen. Selbst unfähig, solche verpönten Anteile auszuleben, kann ein Kind in einem anderen die Möglichkeit suchen, ihm seine Bestrebungen zu 'übergeben'. Es läßt das andere Kind stellvertretend für sich agieren. Das 'Böse' in ihm hat es von sich abgespalten, indem es das andere Kind zu seinem Agenten macht. Gleichzeitig bleibt es aktiv und souverän in dem Ausleben der Wünsche, indem es das 'Böse' dirigiert, d. h. das andere Kind zu dem verpönten Verhalten anleitet; das andere Kind agiert die eigene, nicht akzeptable Seite aus.

Die Besonderheit eines behinderten Kindes wird in diesem Zusammenhang so aufgenommen, daß sie nicht an sich, sondern mittelbar als subjektiv vermutete Eigenschaft interessiert: als Bereitschaft zur Übernahme aggressiver Wünsche. Es kommt dies zwar relativ selten vor, dann aber meist bei Kindern, die unter starkem Anpassungsdruck stehen (z. B. wie Mikis, der von der Mutter regelmäßig mit der Aufforderung in den Kindergarten gebracht wird, "brav" zu sein). Neben behinderten Kindern kann es andere gleichermaßen zu seinem Delegationsobjekt wählen, z. B. jüngere oder selbst aggressive Kinder. Aus dieser Austauschbarkeit geht hervor, daß das Kind vor allem eben den einen Aspekt aufnimmt: die (angenommene) Beeinflußbarkeit anderer.

Über den beschriebenen Delegationsprozeß können die aggressiven Wünsche und die damit verbundene Angst, sie auszuleben, für ein Kind - vorübergehend - aushaltbar werden. Längerfristig gesehen kann dadurch die Spannung jedoch nicht aufgehoben werden. Abhängig davon, einen Stellvertreter zu finden, ist das Kind darin weiterhin in der Situation, die eigenen, angstmachenden Aggressionen nicht durch *eigene* Erfahrung abzubauen. Erst recht nicht kann es im Aufbau positiver Beziehungen lernen, sie anders auszutragen, solange sie weiterhin nur als abgespaltener Anteil zugelassen werden können. Es wird also nach Wegen zu suchen sein, wie das Kind sowohl seine Aggressionen wie auch die Angst vor Auseinandersetzungen zugeben und bewältigen kann.

7.8 Repräsentation des Bedürfnisses nach Rückzug auf sich selbst

Es ist relativ häufig zu beobachten, daß ein behindertes Kind zu einer Anlaufstelle für andere Kinder der Gruppe werden kann, wenn diese Phasen der Ruhe suchen.

46)

Leo, 6 J. 1 M.

Lena, 5 J. 1 M. (s. Bspl. 2, Kap. 5)

Leo ist in wildem Cowboyspiel mit Kurt und Mirko. Nach einiger Zeit, ohne daß sich äußerlich etwas geändert hätte, erlahmt Leos Begeisterung. Er entzieht sich mehr und mehr dem Spiel, schaut schließlich den beiden anderen nur noch zu. Dann geht er zu Lena, die auf der Matratze liegt. Leo ruft: "Hallo, Lena." Lena lächelt. Leo schmust mit ihr. Dann legt er sich - an sie gekuschelt - auf die Matratze und bleibt dort ruhig liegen. Nach einer Viertelstunde streichelt er Lena noch einmal über die Wange und läuft wieder zu den anderen Kindern.

Bei einem Kind, das stiller, zurückgezogener ist, kann ein anderes seinem Bedürfnis nach Ruhe und Rückzug nachgehen. Oft handelt es sich um stark bewegungsbeeinträchtigte und auch in ihren sonstigen Äußerungen stark eingeschränkte Kinder, die von anderen als anziehender Ruhepol erlebt werden. Voraussetzung ist natürlich, daß das behinderte Kind das andere annimmt, evtl. auch seine Freude darüber äußern kann. Zu ihnen kann sich ein Kind zurückziehen, kann Körperkontakt suchen und Zärtlichkeiten austauschen, ohne weiter aktiv sein zu müssen. Es kann sich von dem anderen Kind angenommen fühlen, auch ohne unbedingt etwas geben zu müssen.

Solche Situationen können entstehen, wenn ein Kind in dem anderen, behinderten Kind sein eigenes Bedürfnis nach Rückzug wiederfindet. Die Beeinträchtigung des behinderten Kindes wird hier als Selbstbezug dieses Kindes erfahren und darin als eine Möglichkeit, das eigene Bedürfnis anzukoppeln. So findet das ruhebedürftige Kind angstfrei die Möglichkeit, seine Aufmerksamkeit und Energie von seiner Umgebung abzuziehen, für sich zu sein, ohne sich ganz von der Außenwelt abzuschneiden. Im Zusammensein mit dem anderen Kind hält es in diesem die Verbindung nach außen fest, oft als engen Körperkontakt. Die Besonderheit des anderen Kindes wird so als Betreuung und Stütze genommen; sie wird darin zur positiven Grundlage meist nur kurzzeitiger, aber wichtiger und befriedigender Nähe, in der man zusammen auch einmal alleine sein darf.

7.9 Zusammenfassung

Das Zusammenleben mit behinderten Kindern in einer integrativen Gruppe kann bei anderen Kindern eigene psychische Anteile reaktivieren. Sie sind "Niederschlag von Interaktionserfahrungen" (Lorenzer, 1983, S. 105), die das Kind in anderen Zusammenhängen gemacht hat, erhalten also ihre besondere Qualität nicht erst aus dem Erleben eines behinderten Kindes (vgl. Kap. 3.3). Deshalb ist auch davon auszugehen, daß über das Zusammensein mit einem behinderten Kind nicht eigene psychische Anteile ins Spiel kommen, die ansonsten auf jeden Fall und für immer verborgen geblieben wären. Zwar ist die aktuelle Situation - hier: die integrative Gruppe - neben Inhalt und Intensität der vergangenen Erfahrungen die weitere wichtige Komponente, die über die Beteiligung eigener psychischer Anteile mitentscheidet; denn ohne gleiche/ähnliche Aspekte der gegenwärtigen und vergangenen Situation würden keine ähnlichen Erlebensmuster reaktiviert. Doch solche Parallelen sind auch in anderen Zusammenhängen denkbar (z. B. in Beziehungen zu jüngeren Kindern, in Beziehung zu dem Erzieher/der Erzieherin usw.). Im Wechselspiel vergangener und gegenwärtiger Erfahrungen ist das Erleben eines behinderten Kindes also nur *einer* von vielen möglichen Anhaltspunkten, anläßlich derer ein Kind eigene psychische Anteile verstärkt einbringen kann.

Allerdings treten bei behinderten Kindern - im ganzen Spektrum ihrer Verschiedenheiten - besondere Momente stärker oder häufiger hervor. Von daher ist die Wahrscheinlichkeit größer, daß Kinder in einer integrativen Gruppe deutlicher auf bestimmte Dinge hingewiesen werden. Dies läßt sich an jenen Situationen nachvollziehen, die im Zusammensein mit behinderten Mitgliedern der Gruppe häufig zum Angelpunkt der Bedürfnisse eines Kindes werden.

Wie Kinder andere, behinderte Mitglieder ihrer Gruppe subjektiv erfahren, wie sie deren tatsächlichen oder angenommenen Stärken und Schwächen aufnehmen, wie sie die sozialen (Re)Aktionen im Umfeld des behinderten Kindes erleben (vgl. Kap. 7.1 - 7.8), kann zusammenfassend beschrieben werden als die Situation,

- allein und zurückgezogen (*und* evtl. darin aber sicher) zu sein,
- emotional bedürftig - *und* emotional stark zu sein,
- allein, schwach, (emotional) versorgungsbedürftig zu sein, Halt, Unterstützung und Hilfe zu benötigen - *und* die entsprechende Zuwendung und Hilfe zu bekommen,
- der Vorstellung von Wachsen, Groß-werden, Selbständig-Werden nicht zu entsprechen - *trotzdem* angenommen zu sein,
- verpöntes Verhalten zeigen und ausleben zu dürfen - *trotzdem* nicht bestraft, sondern akzeptiert zu werden,
- verletzt oder krank (- vielleicht aber nicht bedrohlich) zu sein,
- verletzbar und beeinflußbar (- trotzdem vielleicht nicht der Spielball anderer) zu sein.

Kinder können darin *eigene Anteile* wiederfinden:

- ihr eigenes Alleine-Sein bzw. ihre Unsicherheit in der Gruppe,
- ihre eigene, der des behinderten Kindes ähnliche (emotionale) Bedürftigkeit, die es wie bei dem behinderten Kind befriedigt sehen will - oft aber auch: deren Befriedigung ihm auch versagt wird; oder
- eigene Bedürfnisse, die es sich aber nicht zugestehen kann, die es für sich nicht akzeptieren kann,

- den Wunsch, ein bestimmtes Verhalten (ungestraft) ausleben zu können - oft aber auch: dieses als 'eigentlich' verpöntes Verhalten nicht zeigen zu dürfen oder zu können,
- die eigene Verletzbarkeit,
- Entwicklungsschritte, die es macht oder überwunden hat und die Möglichkeit, sich dies in der Beziehung zu dem behinderten Kind zu vergegenwärtigen.

Wenn eigene Bedürfnisse im Zusammensein mit behinderten Kindern so ins Spiel kommen können, bedeutet dies - was die dadurch ausgelösten Konflikte betrifft -, daß sich viele Kinder mit *Angstbesetztem und Angstmachendem* auseinanderzusetzen haben:

- mit der Angst aufgrund einer verunsichernden Gruppensituation,
- mit der Angst vor emotionaler Versagung, Angst vor der Situation, selber nicht angenommen zu sein, z. T. zurückgehend auf
- die Angst, eigenen Bedürfnissen/eigenem Verhalten Raum zu geben, die nicht akzeptiert werden können, weil sie das akzeptable Selbstbild zusammenfallen lassen würden.

Angst machen also nicht die behinderten Kinder, sondern die eigenen Anteile, die im Zusammensein mit ihnen angesprochen werden und das psychische Ungleichgewicht, das daraus erwächst. Der Umgang mit den eigenen Empfindungen und Schwierigkeiten wirkt allerdings entsprechend auf den Bezug zu dem behinderten Kind zurück, da es einen Teil dessen repräsentiert, mit dem sich das andere Kind bei sich selbst auseinanderzusetzen hat.

Strategien, mit denen Kinder im konkreten Fall versuchen, ihre psychische Balance zu finden, sind in diesem Sinne gleichermaßen Strategien, mit denen sie die bei anderen Kindern wahrgenommene Behinderung verarbeiten - genauer, mit denen sie die Unsicherheiten und Probleme verarbeiten, die sie selbst im Zusammensein mit behinderten Kindern erleben.

Die neuen Erfahrungen können nach dem gleichen Muster vergangener Konfliktbewältigung verarbeitet werden. Da aber die aktuellen Situationen nie völlig identisch mit den vergangenen sind, die Kinder zudem weitere Schritte in ihrer Gesamtentwicklung gemacht haben, sind auch neue, bedeutend befriedigendere Strategien möglich. In vielen der vorgestellten Auseinandersetzungen (Kap. 7.1 - 7.8) finden die Kinder einen Weg, Irritationen, Unsicherheiten, Ängste *zu bewältigen*. Sie inhaltlich zusammenzufassen, widerspricht dem individuellen Charakter dieser Prozesse. Deshalb können nur die allgemeinsten Modi festgehalten werden:

- Kinder können sich in engem Anschluß an andere, behinderte Kinder, die sie als ähnlich erfahren, Sicherheit und Befriedigung ihrer Bedürfnisse holen, die sie alleine nicht zufriedenstellend erreichen könnten.
- Kinder können aber auch andere, die oder deren Versorgung eigene, unakzeptable Momente repräsentieren, psychisch oder gar physisch aussondern und so auch die eigenen psychischen Anteile abspalten.
- Sie können aber auch in der Erfahrung eines solchen behinderten Kindes, das dennoch von anderen angenommen und akzeptiert ist, lernen, sich eigene Bestrebungen zuzugestehen. Sie können z. B. lernen, daß Bedürftigkeit und Schwach-Sein nicht die Wertschätzung der Person ausmacht, können darüber bisher abgespaltene Eigenanteile integrieren.
- Sie können dann auch im erlebten Unterschied zu behinderten Kindern die eigene, ggf. weiterreichende Entwicklung schätzen lernen und diesen Schritt machen, ohne diejenigen Kinder negativ zu bewerten, die dazu nicht in der Lage sind.

Kurz: Sie können lernen, daß Verschiedenheit 'normal' ist.

8 Einflußgrößen in der Auseinandersetzung mit der Behinderung anderer Kinder

8.1 Einflüsse vor dem und außerhalb des Kindergartens

Mit den Grundannahmen der psychischen Entwicklung habe ich ausgeführt, wie sich die psychische Struktur des Individuums von Anfang an in personalen Beziehungsprozessen ausbildet - und umgekehrt, wie die darin 'produzierte' Subjektivität als eine bestimmende Potenz der Beziehungsprozesse wirkt. Frühere Sozialisationserfahrungen mit den darin eingebundenen bedeutungsvollen Bezugspersonen sind als konstitutive Momente von Persönlichkeit also auch grundlegende Einflußgrößen des Prozesses, in dem ein Kind aus seiner gegenwärtigen Entwicklung heraus die Behinderung eines anderen aufnimmt und mit ihr umgeht. Die allgemeinen Gesichtspunkte dieser frühen Sozialisationsprozesse wurden bereits ausgeführt (vgl. Kap. 3.3), deshalb erinnere ich nur in Kürze daran, was von ihrem Resultat her für die Verarbeitung von Behinderung bedeutungsvoll wird.

Aus früheren Sozialisationsprozessen bringt das Kind die Beziehungsmuster mit, die es auf neue Konstellationen anwenden kann. Ebenso wichtig ist aber auch die Fähigkeit zur Flexibilität, d. h. zur (produktiven) Modifikation erworbener Beziehungsmuster in neuen Situationen. Letzteres hängt wesentlich davon ab, wie sicher sich das Kind über sich selbst ist. Es wird darauf ankommen, mit welcher Wertschätzung das Kind im Zuge der Ich/Über-Ich-Differenzierung die eigene Person belegt, wie es andere, überhaupt Anders-Sein werten kann. Für Behindert-Sein und konkret im Sinne des kindlichen Vorstellungsvermögens ausgedrückt, dreht es sich hier um die Frage, wie das Kind anderen gegenübertreten kann, die z. B. nicht laufen oder nicht sehen können oder die z. B. unvertraute Verhaltensweisen zeigen, wie es mit deren Individualität umgehen kann, wie es für sich diese Verschiedenheiten akzeptieren kann.

Mit sich erweiternder Lebenswelt des Kindes werden seine Möglichkeiten auch immer stärker mit außerfamiliären Faktoren konfrontiert oder durch sie beeinflußt sein; gesellschaftliche Normen werden ihm auf breiter werdender Basis vermittelt. (Ich denke hier z. B. an die Darstellung der Verschiedenheiten/Besonderheiten von Kindern und Erwachsenen in den Medien.) Auf diese Einflußgrößen im einzelnen einzugehen, ist nicht Thema dieser Arbeit. Mir ist es jedoch wichtig, daran zu erinnern, daß das Kindergartenkind nicht mehr nur über spezifische familiäre Bezugspersonen vermittelt die gesellschaftlichen

Normvorstellungen erfährt, sondern in immer vielschichtigere Prozesse eingebunden wird.

8.2 Gruppenprozesse[47]

Die Gruppe, hier die integrative Gruppe, ist die wichtigste außerfamiliäre Sozialisationsinstanz des Kindergartenkindes. In diesem Rahmen trifft es zudem in den meisten Fällen erstmals auf behinderte Kinder. Von daher sind fraglos die Gruppe und evtl. einzelne ihrer Mitglieder, die vorherrschenden Beziehungsstrukturen und besonders die Position des behinderten Kindes in der Gruppe von großer Bedeutung für die Verarbeitung des hier Erlebten.

Die integrativen Kindergartengruppen sind altersheterogen zusammengesetzt.[48] Dieser Erfahrungshintergrund kann in spezifischer Weise auch die psychische Auseinandersetzung mit Behinderungen anderer Kinder prägen. Indem sich die Gruppe aus gleichaltrigen, älteren und jüngeren, entwicklungsgleichen, weiter und weniger weit entwickelten Kindern zusammensetzt, kann ein breites Spektrum unterschiedlicher Fähigkeiten täglich erlebt werden. Damit wird selbstverständlich nicht aufgehoben, daß Kinder von individuellen Zügen anderer Kinder in besonderer Weise angesprochen werden können. Eine altersgemischte Gruppe wird jedoch eher als eine altersgleiche die Erfahrung befördern, daß auch größere Verschiedenheiten alltäglich sind. Zudem wird eine größere Bandbreite unterschiedlicher Fähigkeiten und Interessen in der Gruppe einem behinderten Kind die Eingliederung erleichtern. So kann auch die andere Erfahrung begünstigt werden, daß bei allen Verschiedenheiten auch ähnliche Bedürfnisse und Interessen vorhanden sind.

Durch die Altersmischung ergibt sich eine weitere bedeutungsvolle Einflußgröße. Die erstmals in die Einrichtung kommenden Kinder treffen auf eine bereits existierende Kerngruppe, d. h. auf diejenigen, die bereits seit ein bis zwei Jahren in einer Gruppe zusammen sind. Sie haben in der Regel für die neu hinzukommenden Kinder eine Orientierungsfunktion. Ihr Umgang miteinander kann für die neuen Kinder zur Richtschnur des eigenen Verhaltens werden. Beziehungen, die sich in der Kerngruppe auch zwischen behinderten und nichtbehinderten Kindern entwickelt haben, können für die neuen Kinder zum Modell eines ähnlichen Bezugs werden. *Welche* Beziehungen die älteren Kinder vorleben, ist damit noch offen. Allerdings sind sie durch die bereits stattgefundenen gemeinsamen Erfahrungen schon mit den jeweiligen individuellen Besonderheiten der anderen vertraut, können oft einfühlsam auf behinderte Gruppenmitglieder eingehen, spielen gleichrangig mit ihnen usw. Für neu hinzukommende Kinder wird so häufig am Beispiel der anderen erfahrbar, welche Gemeinsamkeiten möglich sind.

Innerhalb der Gesamtgruppe werden sich mit der Zeit die unterschiedlichsten Konstellationen herausbilden, neue Gruppenprozesse werden in Gang kommen, Veränderungen werden sich sowohl durch die jährlichen Zu- und Abgänge wie auch durch die ständige Weiterentwicklung der Kinder in der Gruppe ergeben. Häufig haben hierbei ältere Kinder einen besonderen Einfluß. Aufgrund ihrer relativ großen Sicherheit und Selbständigkeit, gelegentlich aber auch aufgrund aggressiven Durchsetzungsvermögens übernehmen einige von ihnen in manchen Gruppen die Rolle des Wortführers und/oder Initiators vieler Aktivitäten. Wie sie sich in dieser Position auf andere, auch auf behinderte, Kinder beziehen, kann den Rest der Gruppe zu ähnlichem Bezug auf behinderte Kinder anregen. Auch wo kleinere Untergruppen von einzelnen dominiert werden, können sich Vorbild und Nachahmung entsprechend paaren. Überhaupt wird ein Kind, das auf ein zweites aus irgendeinem Grund besonders anziehend wirkt, dessen Beziehungsgefüge beeinflussen.

Die Prozesse, die hier möglich sind, sind so vielfältig wie die Kinder, die sie in Gang setzen und wären nur in konkreten Abläufen näher zu beschreiben (vgl. Klein, Kreie, Kron und Reiser, 1987, S. 224 - 280 und S. 318 -340). Der kurze Aufriß sollte jedoch einen Aspekt betonen, der für die Verarbeitung von Behinderung hier relevant wird: Innerhalb einer Gruppe, die einen wichtigen Lebensabschnitt für ein etwa drei- bis sechsjähriges Kind darstellt, können ihm andere Kinder zu bedeutungsvollen Bezugspersonen werden und seine Beziehungen stark beeinflussen. Für die Verarbeitung der wahrgenommenen Behinderungen anderer Kinder kann es in diesem Zusammenhang richtungsweisend sein, welche Zugangs- und Umgangsweisen mit behinderten Kindern über andere, bedeutungsvolle Dritte erfahrbar werden. Deren Annäherungen, Abgrenzungen, Aussonderungen können als Spiegelbild eigener psychischer Prozesse aufgenommen werden und so die eigenen Verarbeitungsstrategien mitformen.

8.3 Die besondere Rolle der erwachsenen Bezugspersonen

Was zuletzt für bedeutungsvolle peers festgehalten wurde, gilt in besonderem Maße für die Erzieher/innen in der Gruppe. In der Regel haben sie für jedes einzelne Kind wie für die gesamte Gruppenatmosphäre ein immenses Gewicht.

Aus den konkreten Beispielen der Kap. 6 und 7 geht hervor, wie entscheidend ihr Umgang mit den unterschiedlichsten Bedürfnissen, Interessen und Konflikten von Kindern sein kann. Im Gesamtzusammenhang des Kindergartenalltags werden weitere Momente wichtig, die die Erzieher/innen zu zentralen Figuren sowohl für einzelne Kinder wie für die Gruppe werden lassen.

In den Trennungsschwierigkeiten z. B. die viele Kinder bei dem Eintritt in den Kindergarten haben, aber auch bei allgemeineren Krisen der Kinder im Hinblick auf ihre Beziehung zu Mutter und Vater, erhalten die erwachsenen Bezugspersonen in der Gruppe in zahlreichen Fällen eine besondere Funktion. Vielfach werden sie von den Kindern in die Rolle der Mutter (oder anderer enger familiärer Bezugspersonen) versetzt; Kinder projizieren auf sie - mit gleichem oder entgegengesetztem Vorzeichen - die Erfahrungen und Erwartungen, die sie in Beziehung zur Mutter erleb(t)en.

Wie die Erzieher/innen darauf eingehen können, wird in starkem Maße von ihrer eigenen Persönlichkeit und ihrer pädagogischen Sicherheit abhängen. Die Möglichkeiten sind zahlreich (vgl. Klein, Kreie, Kron und Reiser, 1987, S. 318 - 340). Auf jeden Fall wird darin die Grundlage der Zufriedenheit oder Unzufriedenheit der Erzieher/innen gelegt, damit aber auch ihre Möglichkeit, sich Neuem gegenüber zu öffnen und sich auch bisher Unvertrautem anzunähern. Eine Erzieherin kann sich z. B. einem verunsicherten Kind als Hilfs-Ich anbieten, kann es unterstützen, wenn es auf ein anderes, behindertes Kind zugeht und sich mit wachsender Ich-Stärke des Kindes allmählich wieder zurücknehmen. Sie kann aber auch (was nach meinen Beobachtungen glücklicherweise nicht vorgekommen ist) über die evtl. vorhandene Angst des Kindes hinweggehen und seine Hilfe oder Beteiligung im Spiel mit dem behinderten Kind einfordern, ohne zu bedenken, daß dies die Unsicherheit der beiden Kinder eher vergrößert. Sie kann z. B. auf die emotionale Bedürftigkeit eines Kindes eingehen, die angesichts der Versorgung eines behinderten Kindes aktualisiert wird und ihre Zuwendung teilen; sie kann dem Kind allmählich vermitteln, daß seine wachsende Selbständigkeit auch Vorteile hat. Sie kann aber auch dem Kind zu verstehen geben (was nach meinen Beobachtungen ebenfalls nicht vorgekommen ist), daß ihr die Betreuung des anderen, behinderten Kindes eine Last ist, die es ihr nicht erlaubt, sich noch näher mit anderen Kindern zu befassen. Sie kann die große Bandbreite von Unterschieden zwischen den Kindern als Schwierigkeit der Gruppenbeziehungen betrachten und dies nach außen hin zur Kenntnis geben, sie kann sie aber auch als Ansatzpunkt vieler positiver Möglichkeiten aufnehmen. In jedem Fall vermittelt sie dem Kind eine bestimmte Erfahrung von Behinderung, von Verschiedenheit überhaupt, die gerade angesichts der besonderen Bedeutung der Erzieherin für das Kind von großem Einfluß sein wird.

Es ist hierin auch schon die Relevanz der Modellfunktion angesprochen, die die erwachsenen Bezugspersonen für die Kinder der Gruppe haben. In der ständig notwendigen Abwägung der Erzieher/innen zwischen hilfreicher Unterstützung und vertrauensvollem Loslassen der behinderten wie nichtbehinderten Kinder, in ihrer Zuwendung und Ablehnung, in ihrem Einfühlungsvermögen oder in ihrer Unsicherheit wird für die Kinder auch unmittelbar die Stellung der Erwachsenen zu den (behinderten) Kindern sichtbar. Sie erfahren darin, wie sich die Erzieherin/der Erzieher selbst mit der Realität von Behinderung auseinanderzusetzen weiß. Dies können die Kinder in ihrem Lernprozeß zur Orientierung heranziehen. In seiner Modellfunktion übernimmt der Erwachsene hier also große Verantwortung.

Um ihren Einfluß auf die Kinder adäquat reflektieren zu können, aber auch um ihrer eigenen psychischen Stabilität willen, ist es daher notwendig, daß die Erzieher/innen sich Klarheit über ihre Empfindungen gegenüber behinderten Kindern verschaffen. Sie haben selbst zahlreiche, z. T. auch widersprüchliche Normvorstellungen bezüglich sozialen Verhaltens, Leistung, Ästhetik etc. verinnerlicht, haben ihre Idealvorstellungen über die eigene Person, über ihre Rolle als Erzieher, sie haben ihre eigenen Erfahrungen von 'Normalität' und 'Behinderung'. Diese Faktoren werden in ihre Beziehungen zu den Kindern eingehen. Sie können z. B. in Unsicherheit, möglicherweise sogar in Ablehnung gegenüber dem behinderten Kind resultieren oder zu großer Zuwendung, evtl. auch zu übermäßiger Betreuung und Beschützung des behinderten Kindes führen. Entscheidend ist, ob die Erzieher/innen in der Lage sind zu erkennen, welche eigenen Anteile sie dabei auf das Kind projizieren. Dies setzt voraus, daß sie Ehrlichkeit gegenüber ihren eigenen Gefühlen entwickeln können, daß sie sich zugestehen können, daß sie evtl. auch widersprüchliche Empfindungen und Bestrebungen haben. Ob und wie dies dann zu bearbeiten ist, wäre ein anderes Thema.[49] Für den Einfluß der Erzieher/innen auf die Kinder, genauer, auf deren Verarbeitung von Behinderung, ist aber - so hoffe ich - kenntlich geworden, daß er an den Umgang der Erzieher/innen mit den eigenen Bedürfnissen, Ansprüchen, Stärken und Schwächen gebunden ist.

Diese Möglichkeiten und Fähigkeiten der Erzieher/innen bestimmen wesentlich die pädagogische Atmosphäre in der Kindergruppe. Ihre besondere Erziehungskonzeption, nach der die Erzieherinnen in einer Gruppe arbeiteten, erscheint demgegenüber zweitrangig. In einer breiten Untersuchung des Deutschen Jugendinstituts wird dies bestätigt. Die Reflexion der pädagogischen Arbeit in integrativen Einrichtungen, die sich je nach Gruppe unterschiedlich stark an die unterschiedlichsten Konzeptionen anlehnten (Montessori-Pädagogik, Situationsansatz, Aneignungstheorie, Waldorf-Pädagogik, psychotherapeutische Orientierung), ergab hier:

"Weit entscheidender für die Gestaltung der pädagogischen Arbeit sind die Personen, die in einer Einrichtung zusammenleben und -arbeiten, wobei sie auch bei der Anlehnung an die gleiche Konzeption eine völlig unterschiedliche Atmosphäre schaffen können." (Deutsches Jugendinstitut, 1985c, S. 3)

8.4 Anmerkungen zu sonstigen Einflußgrößen des Kindergartens

Die Beziehungen der Kinder untereinander hängen grundsätzlich auch von der sachlichen oder personellen Ausstattung der Einrichtung bzw. der jeweiligen Gruppe ab. Zum Beispiel muß der Raum für Ruhe und Rückzug wie für Aktivitäten jederzeit gleichzeitig verfügbar sein, wenn den unterschiedlichsten aktuellen Bedürfnissen der Kinder Rechnung getragen werden soll. Geht aufgrund einer engen Personaldecke Zeit und Kraft der Erzieherinnen wesentlich in der nötigen pflegerischen Betreuung von Kindern auf, wird die pädagogische Unterstützung der Kinder zu kurz kommen. Ob ein behindertes Kind innerhalb einer Kindergartengruppe eine Therapie erhält oder ob es dafür regelmäßig aus der Gruppe herausgenommen wird, wird den Blick der Kinder für die Probleme und Möglichkeiten eines behinderten Spielkameraden beeinflussen.

Der Zusammenhang der Gruppe mit anderen Gruppen des Kindergartens wie auch die Stellung der Erzieher/innen dieser Gruppe im Gesamtteam der Einrichtung, die Unterstützung oder die Vorbehalte, die ihnen hier entgegengebracht werden, können sich ebenfalls den Kindern vermitteln; sie erfahren darin möglicherweise die Wertschätzung, mit der sie bzw. die behinderten Kinder der Gruppe von den übrigen Mitgliedern der Einrichtung gesehen werden. Unterschiedliche weltanschauliche Ausrichtungen des Trägers der Kindergärten erscheint dagegen in den Beziehungen innerhalb der Gruppe selbst nur bedingt zur Geltung zu kommen. Im wesentlichen hängt dies an der Frage, wie es den Erziehern/innen gelingt, authentisch zu arbeiten, d. h. ihre eigenen pädagogischen Vorstellungen zu verwirklichen (vgl. Klein, Kreie, Kron und Reiser, 1987, S. 284).

Diese exemplarischen Hinweise sollen genügen, um daran zu erinnern, daß auch die Kindergartengruppe kein isolierter Raum ist, in dem die Gruppenmitglieder, nur beschäftigt mit eigenen psychischen Prozessen und isoliert von ihrer Umgebung, den Umgang miteinander pflegen und ausprobieren können. Nichts wäre realitätsfremder als das. Sollen die Kinder eine tragfähige Basis finden, auf der sie sich bei aller Verschiedenheit als gleichwertig erleben können, müssen sie auch fähig werden, die Unterstützungen und Störungen von anderen Seiten in ihre Auseinandersetzung miteinzubeziehen.

9. Schlußfolgerungen

9.1 Replik

In den vorangegangenen Kapiteln wurde auf Basis kognitionstheoretischer und psychoanalytischer Annahmen versucht, ein Verständnis für spezifische psychische Prozesse bei Kindern zu gewinnen. Gegenstand waren Prozesse, die in Gang kommen, wenn Kinder in konkreten Situationen der Begegnung und Interaktion andere, behinderte Kinder erleben.

Nun geht es darum, aus den in den Einzelanalysen offengelegten psychischen Verarbeitungsstrategien Schlußfolgerungen zu ziehen und die bisherigen Überlegungen zu einer Konzeption (gelungener) psychischer Verarbeitung von Behinderung (bei anderen wahrgenommener Behinderung) hinzuführen. Damit soll ein Rahmen vorgeschlagen werden, der es erlaubt, die Entwicklung der Kinder und ihrer Beziehungen in einer integrativen Kindergruppe weitgehend und produktiv zu reflektieren.

Dazu ein kurzer Rückblick auf Aspekte bisheriger Ausführung, die den Nachvollzug der folgenden erleichtern können:

Es geht um die Auseinandersetzung von Kindern mit Behinderungen anderer Kinder, die als ein Wesensbestandteil der gemeinsamen Sozialisation im Kindergarten betrachtet wird. Die dabei ablaufenden psychischen Prozesse stehen in dynamischem Wechselspiel mit interpersonellen, institutionellen und gesellschaftlichen Vorgängen. Bezüglich Integration - diese zunächst als Nicht-Aussonderung verstanden - entsprechen die Prozesse auf innerpsychischer Ebene der subjektiven Akzeptanz anderer, behinderter Menschen (vgl. Kap. 1.3).

Die psychischen Prozesse, die durch das Erleben anderer, behinderter Kinder in Gang kommen, stehen im Gesamtzusammenhang der Lebenswirklichkeit des Kindes. Sie knüpfen an die Erfahrungen an, die das Kind in seinem bisherigen Beziehungszusammenhang gemacht hat und deren Basis nach Lorenzer in der Mutter-Kind-Dyade gelegt wird. Diese Erlebniskomplexe schlagen sich als Interaktionsformen, d. h. als soziale Grundformeln im Individuum nieder und bilden darin die vergangenen Realitätserfahrungen wie auch die Realitätserwartungen ab. An ihnen entlang vollzieht sich die psychische Strukturbildung des Kindes. Die Ausgestaltung seiner (neuen) Beziehungen ist vor diesem Hintergrund zu sehen. Es bringt seine Vorerfahrungen in die aktuellen Bezüge ein, kann hier frühere Erfahrungen reproduzieren, *und* es kann in Interaktion mit dem Partner neue Beziehungsstrukturen entwickeln, die es auch in zukünftige Zusammenhänge einbringt. Werden darin die eigenen Bedürfnisse wie die des anderen angenommen und auch ihre Verschiedenheit akzeptiert, dann haben gelungene interpersonelle Einigungen stattgefunden. In diesem Sinne wird der Prozeß, in dem ein Kind ein anderes, behindertes Kind erlebt, zu einem Schritt seiner eigenen Weiterentwicklung. Das gleiche gilt für das behinderte Kind (vgl. Kap. 3.3.2).

Aus der Sichtweise Piagets, in der wesentlich der kognitive Strang in der Entwicklung des Kindes betont wird, kann die Auseinandersetzung des Kindes mit (neuen) Situationen - also auch mit Behinderung - als Neustrukturierung seiner (subjektiven) Umweltrealität und/oder seiner kognitiven psychischen Plattform verstanden werden. Beide Prozesse zielen auf einen Zustand des Gleichgewichts, in dem das Kind eine subjektive Entsprechung von Umweltrealität und seiner psychisch-kognitiven Strukturen findet. Darüber gelangt das Kind, ausgehend von einem kognitiven Egozentrismus, in dem beide Seiten nicht ausdifferenziert sind (d. h. der Unterschied von Ich und Außenwelt noch nicht bewußt ist), zu wachsender tatsächlicher Souveränität in seiner Lebensrealität (vgl. Kap. 3.3.2).

9.2 Entwicklungschancen in der gemeinsamen Sozialisation behinderter und nichtbehinderter Kinder

Anknüpfend an die eben noch einmal aufgerissene Auffassung der kindlichen Entwicklung wird ein erster Schritt in der Begegnung von behinderten und nichtbehinderten Kindern - die erste Wahrnehmung des anderen - verständlich: Kinder nehmen die Besonderheiten anderer aus der Gruppe als einzelne Aspekte und vorrangig dort wahr, wo sie die Bedeutung aus ihrer eigenen Entwicklung heraus erkennen können (beim Sitzen, Laufen, Essen, Sprechen; vgl. Kap. 5.2).

Hierin wird erkenntlich, was nur gemeint sein kann, wenn davon die Rede ist, daß sich Kinder mit 'Behinderung' auseinandersetzen (vgl. Kap. 5.1): Sie erleben die konkrete Besonderheit eines anderen Kindes, seine besondere Weise oder Einschränkung, wie sie im Zusammenleben in der Gruppe zutage tritt. Allgemeine Vorstellungen oder Wertungen von Behindert-Sein existieren kaum, oder sie stehen, sofern sie das Kind bereits übernommen hat, meist noch unvermittelt neben solchen Wahrnehmungen. Ist die Vorstellung von Behinderung bei vielen von uns Erwachsenen mit dem Gedanken von Unglück und Tragik verknüpft, müssen wir uns also umstellen in der Überlegung, wie Kindergartenkinder sich diesem 'Thema' nähern.

Die wahrgenommenen Besonderheiten anderer können von einem Kind auf verschiedene Weise interpretiert werden: Sie (vor allem jüngere Kindergartenkinder) können sie in ihre bestehenden affektiv-kognitiven Strukturen eingliedern, indem sie sie mit bereits Bekanntem gleichsetzen und dies als Ausnahme der eigentlich vorhandenen Gleichheit/Ähnlichkeit betrachten. Sie können jedoch auch, angeregt durch die neuen Erfahrungen, ihre bisherige Vorstellungswelt modifizieren. Ausgelöst wird dieser Prozeß durch die erlebten Widersprüche zwischen ihrem subjektiven Weltbild und der Wirklichkeit (vgl. Kap. 6.).

Diese kognitiven Auseinandersetzungen sind nicht zu denken ohne die darin eingebundene affektive Komponente. Wird die bisherige Vorstellungswelt vieler Kinder durch die neuen Erfahrungen (z. B. daß es auch Kinder gibt, die älter werden und trotzdem nicht laufen können, oder die groß sind, aber trotzdem nicht alleine essen können) in Frage gestellt, kann dies eine mehr oder weniger weitreichende Verunsicherung bedeuten. Vor allem bei Kindern, die noch stark einem egozentrischen Weltbild verhaftet sind, kann es zu angstmachenden Einbrüchen führen. Die Auseinandersetzung damit - über Fragen bis hin zum Imitieren behinderter Kinder - ist von daher als Bewältigungsversuch kognitiver wie affektiver Irritationen zu verstehen. Die Kinder machen sich darüber mit dem Neuen vertraut und lernen die Situation des anderen kennen. So können sie durch die Konfrontationen mit den ihnen ungewohnten Realitäten erfahren, daß sich die Verschiedenheit von Individuen über ein ungemein breites Spektrum erstreckt, daß dies oder jenes zu können keine Selbstverständlichkeit ist. Gerade die Irritation in der gewohnten Vorstellungswelt ermöglicht ihnen erst, zu einer offeneren, realitätsgerechteren Sichtweise von Personen und Situationen zu gelangen und darin immer mehr ihren Egozentrismus zu überwinden.

Dieser Prozeß macht also zum einen die Situation, in der ein Kind ein anderes, behindertes erfährt, zum Impuls für dessen eigene Weiterentwicklung. Zum anderen erhält die Beziehung zu dem behinderten Kind dadurch neue Chancen. Es ist zwar mit einer differenzierteren Sichtweise des Kindes noch nicht festgelegt, welche emotionale Tönung der Bezug auf das andere Kind annimmt; doch sie ist die Voraussetzung dafür, daß das Kind die als unterschiedlich erkannten Fähigkeiten und Bedürfnisse des anderen gegen die eigenen abwägen kann. Damit ist erst seine Möglichkeit gegeben, eine für beide Seiten befriedigende Beziehung zu gestalten. Auch dort, wo keine Interaktionen zustande kommen, sondern beide Kinder eher nebeneinander in der Gruppe agieren, muß dies nicht negativ sein. (Im übrigen haben ja auch nicht alle nichtbehinderten Kinder untereinander dichte Kontakte.) Entscheidend dafür, ob die psychische Auseinandersetzung mit der Situation behinderter Kinder in förderlicher Weise verläuft, ist nicht die Enge der Beziehungen. Wesentlich ist, ob das Kind die Position des anderen versteht, ob es sich (teilweise) in dessen Position hineinversetzen kann, ob es lernt, daß Verschiedenheit nicht gleichbedeutend ist mit Unverträglichkeit und Konflikt.

Über diese Auseinandersetzungen hinaus kann die Situation eines behinderten Kindes bei einem anderen tieferliegende psychische Gegebenheiten berühren. Die Besonderheiten behinderter Kinder und ihrer Betreuung können bei einem anderen frühere psychische Erlebnisse aktualisieren, indem sie als Spiegelbild eigener Bedürfnisse und Erwartungen, Schwächen und Stärken erfahren werden. Die Reaktivierung verdrängter, weil nicht akzeptabler eigener Anteile, auch die Vergegenwärtigung aktueller Bedürfnisse oder Konflikte, wenn sie über das Erleben eines behinderten Kindes noch stärker ins Spiel kommen, können zu Unsicherheiten führen, können Ängste neu aufleben lassen. Die Beziehung zu dem behinderten Kind kann so stark durch den Bezug auf eigene Anteile geprägt werden bis hin zu der Möglichkeit, daß die Auseinandersetzung mit dem behinderten Kind wesentlich ein Umgang mit dem eigenen psychischen Ungleichgewicht ist. Der Strategie, mit der das Kind versucht, seine psychische Balance zu finden, entspricht die Form der Beziehungsgestaltung mit dem behinderten Kind. Kernpunkt der Auseinandersetzung ist hierin die Widersprüchlichkeit psychischer Bestrebungen: das Bedürfnis nach emotionaler Sicherheit *und* die (Versagens-)Angst, sie sich bei engeren Bezugspersonen zu holen; das Bedürfnis, klein und versorgt zu sein *und* die Wertschätzung der eigenen wachsenden Selbständigkeit; seiner Schwäche nachgeben *und* normativen Anforderungen gerecht werden zu wollen usw. (vgl. Kap. 7).

Für das Aushalten oder Auflösen dieser Spannungen kann das Erleben der Situation des behinderten Kindes unmittelbare Impulse geben:

An einem behinderten Kind, sofern es in den Gesamtzusammenhang der Gruppe eingebettet ist, kann ein anderes Kind erfahren, daß Anteile, die es selber nicht akzeptiert, von anderen nicht verpönt werden. Voraussetzung dafür ist natürlich, daß z. B. die Erzieher/innen nicht strafend auf ein Verhalten nichtbehinderter Kinder reagieren, das aus deren psychischen Schwierigkeiten resultiert und das auch bei behinderten Kindern toleriert wird. Darüber kann ein Kind das Zutrauen fassen, nicht akzeptierte eigene Bestrebungen langsam zuzulassen. Wichtig hierbei ist, daß vor allem die erwachsenen Bezugspersonen ihre emotionale Unterstützung des Kindes darauf ausrichten, seine ambivalenten Bestrebungen nicht nach einer Seite hin zu bestätigen, sondern in der Akzeptanz beider Anteile eine Entwicklung zum Aushalten von und produktiven Umgang mit beiden Seiten zu erlauben (indem sie es z. B. im Spielen unterstützen oder es zulassen, wenn das Kind engen Körperkontakt sucht *und* es in anderen Situationen, die es vermutlich bewältigen kann, zur Selbständigkeit auffordern).

Der zweite wesentliche Strang ist die direkte Beziehung zu dem behinderten Kind selbst. Bringt ein Kind seine psychischen Konflikte im Umgang mit einem behinderten Kind zur Darstellung, kann dies zunächst als eine Instrumentalisierung seines Bezugspartners aufgefaßt werden. Erfährt es ein anderes, behindertes Kind als Repräsentation eigener Anteile, so gibt es dessen Besonderheiten zunächst erst einmal eine Bedeutung, die nicht aus der Situation jenes Kindes herrührt, sondern einzig der eigenen Sichtweise, ohne Berücksichtigung anderer, entspringt. Hier kommt es entscheidend darauf an, wie das behinderte Kind von seiner Seite aus die Beziehung mitgestaltet - ob es sich z. B. gegen Versorgung oder Aggression wehrt, wie weit es überhaupt auf das andere Kind eingehen will oder kann, welche Interessen es äußert. Ist es in seinen Kommunikationsmöglichkeiten sehr eingeschränkt, haben auch die übrigen Kinder der Gruppe - sofern sie dazu in der Lage sind - und die Erwachsenen eine wichtige Funktion. Sie können darauf aufmerksam machen, daß das behinderte Kind evtl. andere Bedürfnisse und Fähigkeiten hat. Es kommt hier darauf an, daß das andere Kind lernt, das behinderte wie sich selbst differenzierter wahrzunehmen. Dies verschränkt sich mit der Tatsache, daß das Ausleben ansonsten unterdrückter Anteile in der Beziehung zu einem behinderten Kind darin resultieren kann, eigene Bedürfnisse neu zu werten und anders damit umzugehen (s. o.).

Diese Beziehungen, auch wenn sie oft zunächst deutlich durch eine einseitige Interpretation des nichtbehinderten Kindes geprägt sind, enthalten jedoch noch einen anderen Aspekt. Schon in der Umkehr vom passiven Erleiden zum aktiven Handeln kann ein Ansatzpunkt zur Entwicklung befriedigender Bewältigungsstrategien eigener Probleme liegen und damit die Voraussetzung zum Bezug auf die tatsächlichen Bedürfnisse und Fähigkeiten des anderen, behinderten Kindes. Fühlt sich ein Junge oder ein Mädchen beispielsweise zu einem behinderten Gruppenmitglied hingezogen, weil er/es darüber an der Zuwendung und Versorgung der Bezugspersonen partizipieren kann, gewinnt das Kind darüber evtl. soviel an emotionaler Sicherheit, daß es auf dieser neuen Basis offener für die Bedürfnisse des behinderten Kindes werden kann. Erst recht wird die Beziehung dort fruchtbar werden, wo sie unter Berücksichtigung der Bedürfnisse beider gestaltet werden kann. Kann das Kind die Ähnlichkeiten und Verschiedenheiten von sich und dem anderen, behinderten Kind so aufnehmen, daß es beiden möglich ist, ihre Bedürfnisse und Interessen in der Beziehung auszuleben, hat es bzw. haben sie für sich die hier besten Entwicklungsspielräume gefunden.

In Erinnerung an die theoretischen Grundlagen dieser Ausführungen kann also gesagt werden:

Wie Kinder ihre Erfahrung von Behinderungen anderer verarbeiten, fällt mit der Bearbeitung eigener psychischer Diskrepanzen zusammen, die das Kind im Erleben neuer Realitäten erfährt und/oder die sich im Laufe ihrer Sozialisation niedergeschlagen haben - Erfahrungen emotionaler Befriedigung und Versagung, (mangelndes) Vertrauen in Beziehungen, gleichzeitig positive und negative Erfahrungen bzgl. Abhängigkeit und Wachsen/Autonom-Werden, Identifikationen und Identifizierungsschwierigkeiten aus der ödipalen Krise.

1. Auf dieser Basis kann eine *gelungene psychische Verarbeitung* der Fremdwahrnehmung von Behinderung als ein Prozeß verstanden werden, der eine persönliche Weiterentwicklung hin zu wachsendem Vertrauen in die eigenen Bedürfnisse und Fähigkeiten, also wachsendes Vertrauen in sich selbst einschließt. Damit ist der Prozeß charakterisiert, in dem sich das Kind seiner wachsenden Autonomie *mit* (nicht gegen) seinen z. T. ambivalenten Bestrebungen gewahr wird und fähig wird, mit ihnen produktiv umzugehen. Wenn über das Erleben eines behinderten Kindes bisher abgespaltene psychische Eigenanteile eingestanden werden können, ist dies ein erster Schritt in diese Richtung; er bedeutet, daß das Kind seine bisher unterdrückten Anteile in seine psychische Verfügung zurückholt. Die bisher mißachteten Anteile zu akeptieren, zu lernen, damit umzugehen oder an ihrer Auflösung zu arbeiten, wäre die nächste Stufe des Prozesses.

Von einer gelungenen psychischen Auseinandersetzung kann also dann gesprochen werden, wenn das Kind die in der Beziehung zu einem behinderten Kind auftretenden Widersprüche zu seinem bisherigen Weltbild, seine vergangenen und nun wiederauflebenden Erfahrungen wie seine sich weiterentwickelnden Bedürfnisse und Emotionen in die Gesamtheit seines Lebensvollzugs integrieren kann, wenn also

"*Emotionen und Bedürfnisse nicht unterdrückt werden, sondern ... sich in ihrem dynamischen Zusammenhang entlang der Lebensinteressen des Kindes strukturieren. Hauptkriterium der humanen Entwicklung ist die wachsende Verfügung des Individuums über sich selbst und das Wachstum selbstregulierender Kräfte.*" *(Klein, Kreie, Kron und Reiser, 1987, S. 37)*

2. Gelungene psychische Verarbeitung schließt weiterhin ein, daß es sich um einen Prozeß handelt, in dem das Kind die gemeinsamen Möglichkeiten mit anderen, behinderten Kindern erkennt und auch wahrnehmen kann; oder in dem es unverträgliche Bedürfnisse/Interessen feststellen kann, ohne dies dem anderen Kind anzulasten. Gelungen ist die Auseinandersetzung also dann, wenn das Kind nicht nur die eigenen, sondern auch die Bedürfnisse anderer akzeptieren kann und immer mehr befähigt wird, die darin enthaltenen Entwicklungschancen für die Beziehung zwischen beiden auszuschöpfen.

Um auf den Unterschied hinzuweisen: in vielen Fällen, wenn nicht gar in der Regel, sind die Beziehungen zwischen Behinderten und Nichtbehinderten in unserer Gesellschaft anders strukturiert. Hier dominiert die abwehrende Haltung gegenüber Behinderten (damit sind auch die spezifischen Weisen angeblicher Förderung gemeint, die Behinderte in separierenden Einrichtungen erhalten oder die Versuche, Behinderung wegzutherapieren). Milani-Comparetti (1985) beschreibt sie aus psychoanalytischer Sicht als den gängigen Umgang mit dem 'Übel', als das eine Behinderung häufig erlebt wird. Er sieht darin den Ausdruck einer Negationshaltung, aus der heraus omnipotente Verteidigungsmechanismen in Gang gesetzt werden: auf individueller Ebene Verdrängung, Verleugnung, Projektionen, denen auf der Ebene der Beziehung das Nicht-wahrhaben-Wollen von Behinderung (z. B. auch in der Auffassung von Behinderung als nur vorübergehender Beeinträchtigung) ebenso entspringt wie die Tatsache, daß Kontakte mit Behinderten vermieden werden, daß sie in gesonderten Einrichtungen betreut werden, kurz - daß sie aus der sog. Normalität ausgeblendet werden. Demgegenüber kann eine gelungene Auseinandersetzung mit dem Faktum Behinderung nach den bisherigen Überlegungen entlang der Beziehungen von behinderten und nichtbehinderten Kindergartenkindern als ein Prozeß verstanden werden, in dem das 'Anders-sein' anderer nicht verfolgt wird, sondern als deren Lebenswirklichkeit anerkannt wird:

Anerkennung der Gleichwertigkeit des anderen als Anerkennung seiner individuellen Verschiedenheit, auf die ich mich beziehen muß,

- um meine Position und die des anderen zu erkennen,

- um der darin möglichen Gemeinsamkeiten gewahr zu werden und sie zu praktizieren,

- um die nicht gemeinsamen Bedürfnisse/Interessen zu erkennen und die Möglichkeiten zu finden, um Nebeneinander den Unterschieden Raum zu lassen.

In diesem Sinne können hier gelungene psychische Verarbeitungen, wie sie sich in den Beziehungen (der Kinder) ausdrücken, in Anlehnung an Lorenzer (1972, 1973, 1974, 1977, 1981) als "Einigungen" genauer beschrieben werden.

"Einigungen erfordern nicht einheitliche Einschätzungen, Ziele und Vorgehensweisen. Nötig ist vielmehr die Bereitschaft, die Positionen des jeweils anderen gelten zu lassen, ohne sie oder die eigene Position als Abweichung zu verstehen ... Als innerer Vorgang läßt sich dies auch so beschreiben, daß ich die Wirklichkeit meines Interaktionspartners aus seiner Position heraus erfassen kann, ohne meine Wirklichkeit und meine Sicht der Dinge aufzugeben." (Klein, Kreie, Kron, Reiser und Ziller, 1986, S. 17)

Hier fallen beide Aspekte des Prozesses psychischer Verarbeitung - der Umgang mit den subjektiven Eigenanteilen wie die Gestaltung der Beziehung mit dem behinderten Kind - zusammen: Unterschiedliche bzw. gegensätzliche Bedürfnisse und Interessen ergeben sich nicht nur in der Verschiedenheit der beiden Beziehungspartner, sondern können auch bei dem Kind selbst als widersprüchliche Bestrebungen nebeneinander existieren. Die Akzeptanz der Verschiedenheit des anderen und der Verschiedenheit eigener Bedürfnisse bedingen sich gegenseitig.

"Einigungen bedeuten also, daß Widersprüche aufgelöst werden oder ohne Schaden für das Individuum und seine Beziehungen ausgehalten werden können." (ebd.)

Der Prozeß der Einigung kann also nicht damit verwechselt werden, daß sich ein Kind in der Beziehung zugunsten des anderen aufgibt. Wie aus den Analysen verschiedenster Situationen hervorgeht (vgl. Kap. 6 und 7), liegen in jenen Prozessen größte Entwicklungsmöglichkeiten, in denen die Kinder von ihrer jeweils eigenen Position aus agieren. Dies bedeutet, daß sich das Kind in einer gelungenen Auseinandersetzung mit den anderen sowohl abgrenzen (d. h. sich seiner eigenen Position sicher werden) wie annähern (d. h. die Position des anderen verstehen und berücksichtigen) kann. Andernfalls droht der Prozeß in Entfremdung/Absonderung oder symbiotische Verschmelzung zu münden und damit zu mißlingen. Der dialektische Prozeß der Einigung als Abgrenzung und Annäherung läßt uns daher auch Situationen scheinbarer Ablehnung behinderter Kinder neu verstehen. Vor allem für Kinder, die aufgrund eigener Probleme stark verunsichert sind, kann eine zeitweise Distanz zu anderen unabdingbar sein, um die eigene Basis (wieder) zu finden und von dieser sicheren Position her Annäherungen einzuleiten. Damit ist ausgedrückt, daß eine differenzierte Selbstwahrnehmung und wachsende Selbstsicherheit Voraussetzungen dafür sind, offen für die Position des anderen zu werden, ihn differenziert wahrzunehmen und sich entsprechend auf ihn zu beziehen. Über diese Entwicklung der Fremdwahrnehmung wiederum ergeben sich neue Impulse, im Unterschied zu dem anderen sich seiner eigenen Bedürfnisse und Fähigkeiten sicherer zu werden.

"In diesem wechselseitigen Prozeß verliert der Umgang mit dem anderen an Bedrohlichkeit dadurch, daß ich immer mehr weiß, wer ich bin und wer der andere ist, was ich will und was der andere will." (Kreie, 1985, S. 119)

Zusammenfassend kann *eine gelungene psychische Verarbeitung* des mit behinderten Kindern Erlebten also als eine Auseinandersetzung betrachtet werden, die eine *integrative Wirkung* entfaltet - integrativ in dem Sinne,

- daß das Kind über seine neue Erfahrung seine kognitiven Strukturen weiter ausdifferenziert, so daß es in der Lage ist, Gleichheit wie Verschiedenheit zu dem behinderten Kind zu erkennen; daß es also Ungleichheiten in seine Sicht der Subjekte und Verhältnisse eingliedern kann, ohne darüber vorhandene Gemeinsamkeiten zu verlieren;

- daß das Kind sich eigene, auch ambivalente Bestrebungen eingestehen kann, also auch sich zu seinen bisher abgespaltenen psychischen Anteilen stellen und lernen kann, damit umzugehen;

- daß es in seinem Bezug auf das behinderte Kind sowohl Gleichheit wie Ungleichheit beider zu einer beide Partner befriedigenden Beziehungsgestaltung nutzen kann; daß es auch unverträgliche Bedürfnisse und Fähigkeiten beider im Nebeneinander stehen lassen kann und beiden Seiten den Raum zugesteht, sich unabhängig voneinander zu entwickeln; daß dies ohne negative Wertung der eigenen oder der anderen individuellen Besonderheit geschieht, also die unterschiedlichen Bedürfnisse als gleichwertig gesehen werden.

- daß das Kind in der Lage ist, die (Erfahrung der) besonderen Situation behinderter Kinder in seinen Lebensvollzug so einzugliedern, daß ein befriedigendes Miteinander im Unterschied möglich ist.

Die Entwicklungschancen in der Auseinandersetzung mit der Situation behinderter Kinder sind also sowohl solche der persönlichen Weiterentwicklung wie solche der produktiven Beziehungsgestaltung mit behinderten Kindern. Oft ist dabei aber unser Verständnis darüber, was die förderlichen Momente ausmacht, zu erweitern. Geht ein Kind auf ein anderes, behindertes Kind ein, bringt es auch in schwierigen Situationen Verständnis auf, wird es darüber noch sensibler für andere Bedürfnisse, so wird der Gewinn für beide Seiten kaum bezweifelt. Findet ein Kind in einem behinderten Kind einen Spielpartner und ergänzen sie sich positiv, geben sie sich offensichtlich gegenseitig Anstöße zu weiteren Entwicklungen, ist leicht einzusehen, daß diese Beziehung von beiderseitigem Vorteil ist. Werden dann gar die Kinder enge Freunde, scheint das Ideal erreicht zu sein.

Aber auch gerade in Auseinandersetzungen, die schmerzlich sind, zu Enttäuschungen führen, Aggressionen beinhalten, liegen bedeutende positive Entwicklungsmöglichkeiten. Kinder können darin nicht nur den Umgang mit eigenen Schwierigkeiten (und evtl. denen anderer) lernen, sondern sie in meist längerfristigen Auseinandersetzungen auch bewältigen. Schon wenn es ihnen gelingt, Enttäuschungen auszuhalten, haben sie einen bedeutenden Schritt gemacht. Sie können auch lernen, sie zu überwinden, realitätsgerechtere Maßstäbe für sich und andere zu setzen; sie können lernen, die 'Zumutung' zur Selbständigkeit, die sie selbst erfahren, anders zu sehen. Selbst eine deutliche Abgrenzung von behinderten Kindern kann gelegentlich ein positives Resultat sein (s. o.). Viele Kinder brauchen zunächst diesen Schritt als Sicherheit, um von da aus im weiteren Zugang zu den behinderten Altersgenossen wie überhaupt zu anderen zu versuchen.

Vor dem Hintergrund solcher Überlegungen ist festzuhalten, daß es kaum sinnvoll ist, den Bezug behinderter und nichtbehinderter Kinder aufeinander schlicht nach dem Kriterium sichtbar praktizierter Gemeinsamkeiten zu beurteilen. Es ist auf dieser Ebene nicht unmittelbar zu erschließen, was die Kinder in diesen Beziehungen gewinnen oder nicht gewinnen oder was Behinderung für sie bedeutet.

Sucht z. B. ein Kind die Nähe eines anderen, behinderten Altersgenossen, kann dies Verschiedenstes ausdrücken: Es kann Ähnlichkeiten und gemeinsame Interessen beim Spielen entdeckt haben; die Behinderung des anderen Kindes mag dabei von untergeordneter Bedeutung sein. Es kann in dem anderen einen Partner gefunden haben, dessen Behinderung es wie die Besonderheit anderer Kinder einfach als Verschiedenheit akzeptiert. Möglicherweise sucht aber auch das Kind über den Anschluß an ein behindertes Gruppenmitglied die Zuwendung der Erzieherin, die es aus Angst vor Versagung nicht auf anderem Weg zu erreichen versucht. In einem anderen Fall verweigert z. B. ein Kind einem anderen, behinderten Spielkameraden Aufmerksamkeit und Hilfe. Hat dieses Kind bisher unter beständiger Zurückstellung eigener Interessen andere unterstützt, kann seine Verweigerung ein erster Ausdruck davon sein, nun behinderte Kinder wie sich selbst als eigenständig zu sehen. Reiht sich hingegen die Zurückweisung in eine Folge prinzipieller Ausgrenzung behinderter Kinder ein, wäre zu fragen, ob bzw. welche Ängste sich möglicherweise in dieser Verweigerung äußern.

An solchen Beispielen wird klar, wie wichtig es ist, ein angemessenes Verständnis für den Bezug der Kinder aufeinander zu finden. Nur unter Berücksichtigung der psychischen Vorgänge bei den Kindern können diejenigen, die ihre Entwicklung begleiten, verstehen, welche Bedeutungen ihnen zukommen. Ein solches Verständnis ist jedoch nur an konkreten Prozessen inhaltlich aufzuzeigen, soll es seine Aussagekraft nicht über Verallgemeinerungen verlieren. Aus diesem Grund will ich im folgenden exemplarisch an den längerfristigen Entwicklungen zweier Kinder konkretisieren, wie dieses Verständnis für den Bezug von Kindergartenkindern auf ihre behinderten Gefährten aussehen kann.

9.3 Kinder beziehen sich im Vollzug ihrer Entwicklung auf andere, behinderte Kinder - zwei Beispiele -

9.3.1 Konrad

Konrad ist ein altersgemäß entwickelter Junge, als er, 3 J. 2 M. alt, im Sommer in die integrative Kindergartengruppe kommt.

a) Konrad überrascht die Betreuer/innen durch ein ungewohnt lebhaftes Verhalten. Er scheint völlig unbelastet von Ablöseschwierigkeiten von den Eltern, ebenso von Eingewöhnungschwierigkeiten in die Gruppe. Von Anfang an spielt er ungehemmt und lautstark, hat dabei ein großes Bedürfnis nach körperlichem Ausagieren. Eine der ersten Äußerungen der Erzieherin über ihn: "Er ist eine Kraft- und Energiekanone."

Zu den Kindern hat Konrad zunächst nur lose und wechselnde Beziehungen, die meist aus einem zufälligen Nebeneinander entstehen und von Konrads Seite aus nicht lange, manchmal noch nicht einmal bis zum Ende eines Spiels gehalten werden können. Des öfteren kommt er auch in Konflikt mit anderen Kindern, wenn er sie durch seine Lautstärke oder Heftigkeit (meist ungewollt) stört. Er scheint auch oft nicht die Grenze zu kennen, wann er einem Kind weh tut.

53)

Konrad, 3 J. 4 M.

Betty, 5 J. 11 M.

Betty steht still vor der Bauecke und schaut anderen Kindern zu. Plötzlich rast Konrad laut hupend in den Gruppenraum, stürmt zur Bauecke, rempelt dabei Betty und fällt selber um. Betty schaut erschrocken, sagt aber nichts.

Konrad setzt sich strahlend auf Betty, zerrt an ihr und hupt lautstark.

Betty beginnt heftig zu weinen.

Der Erzieher hebt Konrad von Betty und sagt, er solle das bleiben lassen.

Konrad wirkt völlig überrascht. Zum Erzieher: "Warum weint die denn?"

Der Erzieher: "Du hast Betty ganz schön weh getan!"

Konrad: "Nein! Nein, ganz wirklich nicht. Sie ist bloß das Auto!"

Konrad wird täglich von seiner Mutter zum Kindergarten gebracht und mittags wieder abgeholt. Häufig weist sie dabei Konrad auf 'gutes Benehmen' hin. In einem Gespräch mit der Erzieherin gibt sie mehrmals ihrer Befürchtung Ausdruck, daß man ihren Sohn wohl für schlecht erzogen halten müsse. Konrad finde bei seinem Vater zu viel Verständnis, "die beiden hängen dauernd zusammen". Der Vater "mache es dem Jungen noch vor", weil er selbst gerne wild Fußball spiele und herumrase.

b) Wenige Wochen nach Konrads Kindergarteneintritt spricht die Mutter ein Problem an, das sie stark belastet: Konrad sei für sein Alter zu klein. Das habe bereits auch der Arzt festgestellt. In der Kindergruppe ist dies bisher noch nicht als Besonderheit bemerkt worden. Konrad ist sehr kräftig, nicht ganz so groß wie einige andere Kinder seines Alters, aber auch nicht der Kleinste unter ihnen. Aus dem Gespräch mit der Mutter geht jedenfalls hervor, daß Konrad selbst nach der letzten ärztlichen Untersuchung auch erfahren hat, daß sich seine Eltern um sein Wachstum sorgen.

In diese Zeit fällt das intensive Bemühen Konrads, zu den 'Großen', den ein bis zwei Jahre älteren Jungen der Gruppe, Anschluß zu finden. Dabei versucht er nicht nur, sich deren Spiel anzuschließen, sondern auch seine Vorstellungen darin durchzusetzen. Er hat dabei allerdings nur bedingt Erfolg. Die älteren Jungen lassen ihn häufig mitspielen (wie andere Kinder auch), lassen sich jedoch von seinen Anweisungen nie beeindrucken bzw. weisen ihn zurecht, wenn er sich nicht an die abgesprochenen Spielregeln hält. Konrad ist in solchen Situationen sehr wütend und beleidigt; er steigt dann regelmäßig heftig schimpfend aus dem Spiel aus.

Nach einigen Monaten im Kindergarten beginnt Konrad beim Frühstück und Mittagessen, große Mengen in sich hineinzuschlingen. Die Mutter bittet die Betreuer, wie sie zuhause Konrad auch im Kindergarten etwas beim Essen zu bremsen.

54)

Konrad, 3 J. 5 M.

Die Kinder sitzen am Mittagstisch.

Konrad hat seinen Teller vollgeladen und in kürzester Zeit leer gegessen. Er zieht sich die Schüssel heran, um sich mehr zu nehmen.

Die Erzieherin: "Konrad, ich glaube, du hast schon genug gegessen!"

Konrad: "Nein, ich habe Hunger!"

Er schöpft aus der Schüssel. Gegen den Widerstand der Erzieherin versucht er, noch mehr auf seinen Teller zu laden - ohne Erfolg. Er wird sehr wütend und schlägt mit dem Löffel um sich, läßt sich auf seinen Stuhl fallen und brüllt mit aller Kraft: "Die lassen mich hier verhungern! Verhungern tu' ich!"

Und schreiend, an die Erzieherin gewandt: "Du dumme, dumme Andrea! Du Blöde, du!"

Er braucht lange, um sich wieder zu beruhigen.

c) Nachdem Konrad ein halbes Jahr im Kindergarten ist, entwickelt sich eine erste Freundschaft zu einem anderen Kind. Er schließt sich der etwa gleichaltrigen Sabine an, einem zu dieser Zeit ruhigen, schüchternen Mädchen, das bisher am Rand der Gruppe stand. Über Konrad wird sie erstmals im Gruppengeschehen aktiv. Konrad selbst wirkt ausgeglichener. Er spielt jetzt konzentrierter als früher, führt auch Tätigkeiten zu Ende, was ihm anfangs kaum gelang. Über Wochen sind Sabine und Konrad unzertrennlich. Die beiden spielen partnerschaftlich zusammen. Plötzlich, nach etwa zwei Monaten, bricht Konrad diese Beziehung ab, ohne daß ein äußerer Grund ersichtlich wäre. Versucht Sabine, den alten Kontakt weiterzuführen, wird er sehr böse auf sie.

55)

Konrad, 3 J. 9 M.

Sabine, 3 J. 11 M.

Einige Kinder sitzen an einem Tisch und basteln. Konrad, ungewöhnlich wortkarg, faltet konzentriert ein Stück Buntpapier. Sabine sitzt ihm gegenüber, bastelt selber nichts und beobachtet ihn.

Lautstark ruft Konrad jetzt nach einer Schere; er fordert ein Mädchen am oberen Tischende auf, ihm eine herunterzureichen. Sabine bietet ihm schnell ihre Schere an: "Hier, Konrad!" Konrad beachtet sie nicht.

Sabine: "Hier, Konrad, da hast du die Schere!"

Konrad stößt mit einer heftigen Bewegung ihren Arm beiseite und wartet, bis er die andere Schere bekommt. Dann bastelt er weiter.

Sabine schaut traurig aus. Sie schweigt.

Kurz darauf kommt Beate, ein fünfjähriges Mädchen aus der Gruppe. Eher beiläufig betrachtet sie Konrads Blatt und sagt: "Du schneidest die falsche Seite auf!"

Konrad wird ärgerlich: "Ich *will* die Seite aufschneiden! Ich will so, das geht dich gar nichts an!"

Es entwickelt sich ein wütendes Wortgefecht mit Beate, das Konrad beendet, indem er sein Buntpapier zusammenknüllt und aus dem Raum läuft. Nach etwa fünf Minuten kommt er, wieder ruhiger geworden, an den Tisch zurück und ruft so laut, daß es alle hören, "Ich heirate die Beate!" Sehr zufrieden wirkend bastelt er weiter.

In der Folgezeit gibt es häufig Situationen, in denen Konrad mit anderen, meist älteren Jungen oder Mädchen in Streit gerät, aber daneben oder danach lautstark seine Sympathien für sie zur Kenntnis gibt.

Allmählich kann Konrad auch konstruktive Spielbeziehungen initiieren und dabei bleiben. Vor allem in der letzten Hälfte des Kindergartenjahres macht er hier kontinuierliche Fortschritte. Er ist nun insgesamt ruhiger und gelassener geworden.

Außerdem bezieht sich nun Konrad, der bisher zu den Betreuungspersonen der Gruppe ein offenes, aber nicht besonders enges Verhältnis hatte, wochenlang stark auf die Erzieherin. Im Kindergarten verteidigt er z. B. beim Essen regelmäßig vehement und offensiv gegen andere Kinder einen freien Platz neben sich, auf den sich dann Andrea, die Erzieherin, setzen muß; auf Spaziergängen ist es ihm äußerst wichtig, neben ihr zu gehen. Die Mutter berichtet, daß er zuhause ständig von Andrea erzählt. Bei seinen Spielen allerdings wendet er sich selten an die Erzieherin. Diese kommt ihm teilweise entgegen, setzt sich z. B. auf den Platz, den er für sie neben sich erkämpft hat. In anderen Situationen weist sie jedoch Konrad auch darauf hin, daß sie z. B. mit einem anderen Kind etwas machen möchte. Nach einigen Wochen flaut die Begeisterung des Jungen für Andrea wieder etwas ab.

d) Gegen Ende seines ersten Kindergartenjahres häufen sich wieder Konrads Wutanfälle. Anlässe sind fast immer Situationen, in denen er sich zurückgesetzt sieht. Seine Mutter berichtet in dieser Zeit, daß sie mit dem Jungen wieder beim Arzt war. Dort sei ein deutlicher Wachstumsrückstand diagnostiziert worden. Im Vergleich zu den Kindern seiner Kindergartengruppe fällt dies auch jetzt kaum auf. Zwar gibt es zwei vormals kleinere Altersgenossen, die ihn in den letzten Monaten etwas im Wachstum überholt haben. Doch der Unterschied ist nicht bemerkenswert bzw. fällt nur denjenigen überhaupt auf, die von der Mutter darauf aufmerksam gemacht wurden. Konrads Mutter weiß das Wachstum ihres Sohnes genau in Zentimetern zu beziffern, was darauf schließen läßt, daß der Junge zuhause mit einer gewissen Regelmäßigkeit gemessen wird.

Konrad selbst reagiert stark auf Anlässe, die dieses Thema in irgendeiner Weise berühren.

56)

Konrad, 4 J.

An einem Vormittag sollen die Kinder in zwei Gruppen in eine 'Rhythmik-Stunde' gehen. Die älteren Kinder werden als erste abgeholt. Als es Konrad bemerkt, fragt er aufgeregt nach und will hinterherlaufen. Ein Mädchen seiner Gruppe hält ihn an und sagt beruhigend: "Jetzt sind doch die Großen in Rhythmik. Nachher kommen erst die Kleinen dran."

Konrad schaut völlig verständnislos.

Das Mädchen wiederholt noch einmal, was es gesagt hat.

Konrad stampft wütend auf, verzieht das Gesicht zum Weinen, weint aber dann doch nicht, sondern beginnt, wütend zu schreien: "Ich wollte aber mit. Ich bin auch groß. Ich will nicht nachher. Ich will jetzt, dann will ich auch!"

Er läßt sich auch von der Erzieherin kaum beruhigen. Nach einer Weile wird er stiller und zieht sich schmollend in eine Ecke zurück.

Auffällig ist, daß Konrad in dieser Zeit die Erzieherin oder den Erzieher verstärkt um Hilfen bittet; er läßt sich z. B. die Hosen auf- und zumachen, wenn er zur Toilette muß, obwohl er dies bereits selbständig kann bzw. konnte. Gelegentlich spricht er babyhaft in einfachen Sätzen: "Ich bing was dutes" (Ich bring was Gutes). Dies ist deshalb besonders bemerkenswert, da Konrad ein außerordentlich gut entwickeltes Sprachvermögen besitzt, in anderen Situationen geradezu ein 'Argumentationskünstler' ist, wenn er damit etwas erreichen will.

e) Nach den Sommerferien, in seinem zweiten Kindergartenjahr, ist Konrad wieder ruhiger geworden. Die Erzieherin meint, daß ihm die Ferien mit seinen Eltern gut getan haben. Konrads Beziehungen zu den anderen Kindern werden beständiger. Er ist inzwischen anerkannter und beliebter Spielpartner. Auch zu Sabine nimmt er wieder gelegentlich Kontakt auf, ohne daß allerdings die Freundschaft so eng würde, wie sie einmal war. Immer wieder jedoch macht sich für diese Beziehungen störend bemerkbar, daß Konrad zeitweise chaotisch aktiv wird, stark auf Dominanz drängt und Konkurrenzgesichtspunkte einbringt. Dann ist häufig von ihm zu hören: "Ich bin der Stärkste!", "Ich habe den dicksten Stein!", "Ich kann am schwersten heben!" ... Die anderen Kinder lassen sich von Konrads 'Angeberei' nicht besonders beeindrucken. Konrad selbst kann auch sehr schnell wieder auf die Ebene partnerschaftlichen Spiels wechseln.

Insgesamt erscheint das zweite Kindergartenjahr Konrads sehr wechselhaft: An Phasen ruhiger Tätigkeit und kooperativer Spiele schließen sich Tage an, an denen Konrad "chaotisch und flippig" (die Erzieherin), scheinbar ziellos agiert, leicht verletzlich ist und mit anderen schnell in Konflikt gerät. Der Umschwung in Phasen produktiver Aktivitäten und gelassener Selbstsicherheit geschieht dann ebenfalls ohne äußerlich erkennbaren Anlaß.

Einige besondere Ereignisse fallen in Konrads zweites Kindergartenjahr:

- Kinder der Gruppe verbringen mit ihren Eltern gemeinsam einen Abend im Kindergarten. Anschließend übernachten alle dort. Nur Konrad ist 'alleine'; er hat es gegen seine Eltern durchgesetzt, daß sie, entgegen ihrer Absicht, nicht im Kindergarten übernachten. Konrad ist stolz darauf, der einzige zu sein, der ohne Eltern die Nacht im Kindergarten verbringt.

- Im September muß Konrad für einige Tage ins Krankenhaus; er bekommt die Polypen entfernt. Im November hat er eine weitere kleinere Operation. Einige Monate später wird er wieder wegen seines Wachstums medizinisch untersucht. Ungefähr ab dieser Zeit (bis weit in das dritte Kindergartenjahr hinein) initiiert er sehr häufig Arztspiele. Am liebsten spielt er den helfenden und tröstenden Arzt. Soll er Patient sein, blockt er meist ab. Nur gelegentlich übernimmt er diese Rolle, beendet dann aber nach wenigen Minuten das Spiel.

f) Schließlich bahnt sich in seinem zweiten Kindergartenjahr noch eine neue Entwicklung an: Konrad zeigt jetzt erstmals Interesse an behinderten Kindern der Gruppe. Bisher schien er sie nicht zu beachten bzw. kam anscheinend nur zufällig mit ihnen in Kontakt (wie übrigens mit einigen nichtbehinderten Kindern auch). Nun beginnt er häufig zu fragen: "Warum läuft die Sefra so komisch?", "Warum spricht Betty nichts?", "Warum wird Claudia immer noch im Stühlchen gefahren?" (Vgl. auch Bsp. 14, Kap. 6.3)

Besonders zu Claudia (vgl. Kap. 9.3.1) entwickelt Konrad allmählich eine engere Beziehung. Zunächst achtet Konrad hilfsbereit auf sie, schiebt sie in ihrem Stühlchen zum Tisch usw. Dann spielt er gelegentlich auch mit ihr, bringt ihr z. B. Dinge zum Anschauen oder bittet die Erzieherin, Claudia in die Bauecke zu legen. Dort baut er dann z. B. etwas in Claudias Gesichtskreis, worüber sie sich immer sehr freut. Fragen bezüglich Claudias Behinderung kommen bald nur noch selten. Konrad hat sie inzwischen in den Kreis seiner selbstverständlichen Spielpartner aufgenommen. (Dies bleibt so auch im nächsten Kindergartenjahr.)

Am Ende des dritten Kindergartenjahres komme ich nach einigen Monaten wieder in die Gruppe; die Zeit der regelmäßigen Besuche und Beobachtungen liegt etwa ein halbes Jahr zurück.

57)

Die Kinder sitzen am Mittagstisch und essen. Patrik ruft mir laut zu: "Du bist ja auch wieder da! Ich bin jetzt größer geworden!"

Konrad, der neben ihm sitzt, schaut zunächst verdutzt. Dann ruft er noch lauter als Patrik: "Und ich, ich bin älter geworden!"

Interpretation

In der Beschreibung von Konrads Situation wird aufgefallen sein, daß behinderte Kinder zunächst keine erkennbare Relevanz für den Jungen besitzen. Erst relativ spät ziehen sie die Aufmerksamkeit Konrads auf sich. Da gerade dies jedoch keine Seltenheit bei Kindergartenkindern ist, kann Konrads Entwicklung exemplarisch verdeutlichen, was die Basis solcher (Nicht-)Bezugnahme auf behinderte Altersgefährten aus seiner Gruppe ist.

a) Konrad beginnt seine Kindergartenzeit selbstbewußt und aktiv. In diesen Aktivitäten scheinen jedoch andere Kinder kaum Platz zu haben - es sei denn, daß Konrad sie als Instrument seiner Tätigkeiten einbaut, ohne sie selbst als Kinder mit eigenen Bedürfnissen wahrzunehmen. Konrad scheint so in seinem Weltbild noch starken egozentrischen Momenten verhaftet. Obwohl er aufgrund seines Aktivismus zu der Kindergruppe nicht isoliert wirkt, lebt er in einem starken Selbstbezug. Dessen Inhalt besteht wesentlich darin, *aktiv zu sein.* Ob er auf einem Xylophon herumhämmert, im nächsten Augenblick als Auto durch den Raum rast, dann plötzlich wild auf der Matratze herumhopst usw. - nichts scheint ihm an der je besonderen Betätigung wichtig zu sein, außer dem einen: wild und heftig muß es zugehen.

Sicherlich spielt darin ein großes Bedürfnis des Jungen nach körperlichem Ausagieren eine Rolle. Ich meine jedoch, daß Konrads Mutter noch einen anderen Hinweis gibt. Konrad hat eine enge Beziehung zu seinem Vater, den er verehrt und bewundert. Ohne auf die Familienkonstellation hier näher einzugehen, geht aus den Bemerkungen der Mutter hervor, daß Konrad den Vater als den Starken, Aktiven, sportlich Engagierten erlebt. Die Bedeutung der Beziehung für den dreijährigen Konrad ist evident, sie manifestiert sich klar ersichtlich in Konrads Verhalten. Als Aktivist setzt er sich mit dem Vater gleich. In der Identifikation mit ihm reproduziert er die Stärke des bewunderten Rivalen in seinem eigenen Verhalten.

Kein Wunder daher, daß Konrad zu dieser Zeit kaum ein Spiel zu Ende spielt. Ihn hat weder der Inhalt oder das Ziel des Spiels noch das Interesse an den Mitspielern zum Mitmachen bewogen. 'Etwas los machen' ist das, was ihn fasziniert. Gerät das Spiel in seinem Verlauf in ruhigere, gleichförmigere Bahnen, verliert es für Konrad jede Attraktivität.

b) Die Tatsache, daß der Junge - zunächst vielleicht nur andeutungsweise - erfährt, daß sich seine Eltern um sein Wachstum sorgen, muß sein Selbstbild schwer erschüttern. Gerade bei Kindern diesen Alters ist ja Wachstum als Stark-Sein, Autonom-Sein unmittelbar sinnlich erfahrbar. Nicht (bzw. wenig) zu wachsen heißt daher auch in den Augen des Kindes, nicht (bzw. wenig) stark zu werden, dem Rivalen unterlegen zu sein. Konrad, der sich als der Starke imaginiert, sieht sich in den Augen derjenigen, für die er stark sein will, klein gemacht.

Konrads erste Reaktion im Kindergarten auf diese Erfahrung hin ist die erstmalige absichtsvolle Beziehungsaufnahme - zu den großen, starken Jungen der Gruppe. Indem er in ihre Domäne einzudringen versucht, scheint er die Eltern widerlegen zu wollen: ich bin groß und stark, weil ich mich bei den großen und starken Jungen behaupte. Das, was ihm Angst macht - vor Mutter und Vater klein zu sein -, versucht er so mit dem Mechanismus der Verleugnung abzuwehren. Letztendlich kann sich jedoch der etwa Dreijährige bei den Fünf- bis Sechsjährigen nicht durchsetzen; er ist auf die angstmachende Ausgangssituation zurückgeworfen. An diesem Punkt, wo sich der vermeintliche Ausweg als Teufelskreis schließt, kann er nur noch mit hilfloser Wut reagieren.

Konrads plötzlich auftretende 'Eßgier' wird aus diesem Zusammenhang heraus verstehbar. Zum einen ist es eine sinnvolle Handlung auf die Erfahrung hin, daß er (in den Augen anderer) nicht schnell genug wächst: Essen, 'um groß und stark zu werden'. Daß ihn gerade seine Mutter bzw. in ihrer Vertretung auch die Erzieherin darin hindern will, muß ihm wie ein Verrat derjenigen erscheinen, für die er doch wachsen und stark werden will. Wut ist auch hier wieder die letzte Aktion, mit der er sich gegen diejenigen wendet, die sich anscheinend gegen ihn verbündet haben.

Zum zweiten enthält die Eßlust Konrads noch einen anderen Aspekt: Der Rückgriff auf exzessive orale Befriedigung ist aktuell ein Rückschritt in seiner Entwicklung. Die Regression auf eine frühere Phase, die frei von den beschriebenen negativen Erfahrungen war/ist, ist die Form der Abwehr von Ängsten, die ihm aus der aktuellen, realen Situation erwachsen. Im Rückgang auf die Phase, in der er klein sein durfte, nicht stark sein mußte, kann er seine Problematik auf anderer Stufe bearbeiten.

c) Die regressive Phase Konrads erweist sich so im Zusammenhang zu den nachfolgenden Ereignissen als Vorbereitung eines weiteren Entwicklungsschrittes. In der Beziehung zu der gleichaltrigen Sabine steht Konrad erstmals dazu, daß er Gleicher unter Gleichaltrigen oder jüngeren, also auch schwächeren Kindern ist. Seine erwünschte starke Männlichkeit wird in dieser Beziehung gleichzeitig relativiert und bestätigt: Er spielt *mit* einem Mädchen, das zudem auch noch unauffällig und schüchtern ist, bekennt sich also zu dem Anteil in ihm, der gar nicht 'mutig' und 'stark' ist. Und er spielt *für* das Mädchen, zieht es in gemeinsame Aktivitäten, macht es also über seine Stärke zum Spielpartner.

Die Ambivalenz, in der Konrad nun steht, kann er jedoch noch nicht lange aushalten. Abrupt bricht er nach einigen Wochen die Beziehung ab. Mehr noch, er wendet sich gegen Sabine, an die er *seine* Schwäche delegiert und so von sich abweist. In anderer Weise setzt sich sein ambivalentes Verhältnis zu seinen eigenen Anteilen fort: Von Kindern wie z. B. Beate sieht er sich klein gemacht und wird wütend auf sie. Gleichzeitig fasziniert ihn deren Dominanz. Er versucht, daran zu partizipieren, sich ein Stück von deren Stärke zu holen. Lautstark gibt er seine Einvernahmungswünsche (Heirat) und seine Sympathien für diese Kinder bekannt, gelegentlich in ausdrücklicher Absetzung von Sabine (vgl. Bsp. 55). In diesem Zusammenhang steht wohl auch seine plötzlich aufflammende Bewunderung und Zuneigung für die Erzieherin, wobei sicherlich noch ein weiteres Moment hinzutritt: Im 'Kampf' um die Erzieherin (z. B. um ihren Platz neben sich) wiederholt sich die Thematik seiner rivalisierenden Männlichkeit.

In solchen Beziehungen - weit weniger dicht als sein vorhergehendes Verhältnis zu Sabine - scheint er den Widerspruch seiner eigenen psychischen Anteile besser aushalten zu können. Er kann nun seine Problematik zeitweise hinter neuen (Spiel-)Interessen zurückstellen und auch länger Beziehungen zu anderen Kindern aufrecht erhalten.

d) Immer wieder einmal, z. B. in einer Phase am Ende seines ersten Kindergartenjahres, bricht seine so aufgebaute Identität jedoch zusammen. Die Erfahrung von Klein-Sein gewinnt Oberhand (Anlässe gibt es zur Genüge, s. o.), und Konrad weiß die Wut nur ungezielt nach außen zu kehren. Auch hier wiederholt sich, wie schon in einer früheren Zeit gehäufter 'Mißerfolge', ein Schritt zurück. Das Beharren darauf, daß er groß und stark *ist,* ist die eine Reaktion, das Sich-Selbst-Klein-Machen die zweite. Als wolle er darum werben, daß er auch als Kleiner liebenswert und der Zuneigung würdig ist, verfällt er zeitweise in babyhafte Sprache und regressives Verhalten. Er läßt sich zurückfallen, um so für sich die Diskrepanz zwischen Wachstum und Stärke aufzuheben. Darin erweist sich, wie sehr auch Klein-Sein für ihn befriedigend ist. Das heißt, daß das Bedürfnis nach Versorgt-Werden einerseits und Autonom- (= Stark-)Sein andererseits der Ausdruck des ambivalenten Verhältnisses Konrads zu seinem Wachstum ist - zu seinem Wachstum, in dem zwar das eine, Autonomie, erreicht werden kann, dies aber nur unter Verlust des anderen, des Versorgt-Werdens.

e) Auch nach dieser regressiven Phase macht Konrad wieder einen Schritt nach vorn (möglicherweise noch gefördert durch die Zeit der Sommerferien mit den Eltern). Er kann seinen Konflikt nun besser aushalten und beständige Beziehungen zu anderen Kindern, sogar wieder zu Sabine, aufnehmen. Daß immer wieder der alte Widerspruch zwischen seinem real erfahrenen Selbst (relativ klein sein) und seinem idealen Selbst (stark sein) in 'Angeberei' und besonderer Verletzlichkeit aufbricht, kann nicht verwundern. Der Konflikt besteht ja tatsächlich weiter, und von dem nun vierjährigen Konrad kann kaum erwartet werden, daß er sich mit diesem Widerspruch endgültig versöhnt hätte. Bemerkenswert und bezeichnend für seinen Fortschritt in dieser Hinsicht ist vielmehr Konrads Fähigkeit, sich relativ schnell wieder zu stabilisieren und seine Beziehungen zu anderen Kindern darüber nicht scheitern zu lassen, wie es noch vor einem Jahr der Fall war.

Ein weiteres Moment in dieser Richtung ist die Übernachtung im Kindergarten, die Konrad ohne Rückhalt der Eltern alleine durchsteht. Dieses Ereignis ist nicht nur Ausdruck seines *Wunsches* nach Stärke, sondern auch seiner *realen* Autonomie, soweit er sie inzwischen erreicht hat. Dieses Erlebnis ist für Konrad sicher auch ein produktives Moment für die weitere positive Bearbeitung seiner Schwierigkeiten.

In diesem Zusammenhang muß auch sein Bemühen als deutliche Weiterentwicklung gesehen werden, das, was durch dicht aufeinanderfolgende medizinische Eingriffe und Untersuchungen bei ihm ausgelöst wurde, im Spiel zu bearbeiten. Ohnehin werden bei Kindern in solchen Situationen starke Beschädigungsängste und Verlustphantasien aktiviert. Bei Konrad stehen sie zusätzlich in Verbindung zu seiner grundlegenden Problematik, der Angst vor dem Klein-Bleiben. Hat er früher bei weniger 'sensationellen' Berührungen dieser Thematik seine Betroffenheit in realen Beziehungen ausgelebt und die Beziehungen darüber häufig zerstört, so kann er nun diese Betroffenheit konstruktiv wenden. Jetzt bearbeitet er seine Problematik im Spiel und zerstört nicht, sondern gestaltet damit konstruktiv die Interaktionen mit anderen Kindern. Die Thematik seiner Spiele - er ist der Arzt - trägt dabei deutlich die Züge der Identifikation mit dem Aggressor. Es gelingt ihm, diesem die (phantasierten) angstmachenden Aggressionen zu nehmen, indem er ihn wesentlich als den Helfenden präsentiert.

f) Über diese Prozesse gelingt es Konrad allmählich, seine widersprüchlichen psychischen Anteile in sein Ich zu integrieren, das darüber an Stärke gewinnt. Damit erhält er auch die Fähigkeit, sich der Realität anderer Kinder mehr zuzuwenden. Im Vergleich zu seinem bisherigen Verhalten fallen seine Aufmerksamkeit gegenüber behinderten Kindern, seine Fragen bezüglich deren Situation, seine Öffnung gegenüber Claudia besonders auf. Denn bisher schenkte er den behinderten Kindern generell keine Beachtung. Dies hängt eng mit seiner eigenen Problematik zusammen. Seine angstmachenden Phantasien von Klein- und Abhängig-Bleiben haben ja gerade in den besonders pflege- und betreuungsbedürftigen Kindern unmittelbare Realität. Von daher kann es nicht verwundern, daß er zunächst diese Kinder ignoriert. Je weniger er seinen Ängsten freien Lauf läßt, je mehr er sie bearbeitet und fähig wird, damit umzugehen, desto eher kann er die tatsächlich von Erwachsenen stark abhängigen Kinder bewußt wahrnehmen. Seine eigene emotionelle Betroffenheit von der Thematik des Klein-Seins kann er in Bezug auf diese Kinder deutlich kognitiv geprägt angehen. Er stellt viele Fragen, die gerade auf die Diskrepanz zwischen deren Alter und ihren Fähigkeiten zielen, wie: "Warum wird die Claudia immer noch im Stühlchen gefahren?" In der besonderen Hinwendung zu Claudia zeigt sich (vor allem im Vergleich zu der früheren Beziehung zu Sabine) der enorme Fortschritt, den Konrad inzwischen gemacht hat: Damals hat er einen Kontakt zu der schüchternen, kleinen Sabine abgebrochen. Die Angst, in der Hinwendung zu ihr selbst schwach zu sein/zu werden, hat sich gerade über seine nachfolgende extreme Bewunderung für die großen, überlegenen Kinder als Grund seiner Beendigung der Beziehung offenbart. Dieses Problem hat er nun in bezug auf Claudia nicht mehr. Weiter noch, die Zufriedenheit darin, für sie etwas zu initiieren, mit ihr ruhige Spielphasen zu verbringen, gelegentlich sogar als expliziter Rückzug von 'wilderen' Spielen anderer Kinder, zeigt, daß er diesen seinen Bedürfnissen nachgeben kann, ohne daß andererseits darin unmittelbar die Angst vor eigener Schwäche aufbricht.

Hier wird deutlich, wie sehr die Akzeptanz anderer, hier: behinderter Kinder und wie das einfühlsame Eingehen auf sie von dem Prozeß abhängt, in dem Konrad mit seinen eigenen 'Schwächen' umgehen lernt. Erst die (relative) Sicherheit in der Bewältigung seiner Ängste vor dem Klein-Bleiben macht es ihm möglich, auch die Besonderheiten von Kindern zu berücksichtigen, die in ihrer Entwicklung vergleichsweise hinter ihm zurückstehen; erst dann kann er sie in sein Bezugsfeld integrieren. Was also fast zwei Jahre lang oberflächlich als Ablehnung oder Ignoranz der behinderten Altersgenossen erscheinen konnte, erweist sich im Nachhinein als die nötige Distanz, die Konrad brauchte, um seine eigenen Schwierigkeiten zu bearbeiten, die denen der behinderten Kinder in vielen Aspekten sehr ähnlich waren. Konrad ist es gelungen, aus dieser Distanz heraus und während er sich selbst sicherer wurde, Annäherungen einzuleiten und zumindest mit Claudia eine beiderseits befriedigende Beziehung zu finden.

Konrads drittes Kindergartenjahr verläuft in ähnlichen Bahnen. Dabei zeigt die letzte Szene (vgl. Bsp. 57 dieses Kapitels), wie Konrad das Autonom- und Stark-Werden punktuell auch schon von tatsächlicher Körpergröße trennen kann und weiß, daß es sich mit dem Älter-Werden einstellen wird. Jedoch tauchen auch in dieser Zeit die zeitweise schon bewältigt gewähnten Probleme und Ängste immer wieder einmal auf. Die klare, lineare Entwicklung eines Kindes ist ja nicht nur bezogen auf Konrad ein realitätsfernes Ideal. Was aber aktuell als Rückschritt erscheinen mag, tritt (wie in seinem zweiten Kindergartenjahr) über größere Zeitspannen gesehen, hinter den Entwicklungsfortschritten Konrads zurück.

9.3.2 Nicole

Nicole, 3 J. 6 M., kommt im Dezember in die Kindergartengruppe, in der behinderte und nichtbehinderte Kinder gemeinsam betreut werden.

In dieser Kindergruppe ist auch **Claudia,** 4 J. 6 M. Bei Claudia wurde eine cerebrale Bewegungsstörung diagnostiziert.
Claudia kann nicht stehen und nicht ohne Halt sitzen. Sie sitzt angeschnallt in einem Wagen mit spezieller Sitzschale oder liegt auf einer Matratze, einem Kissen oder auf dem Boden. Ihr Muskeltonus ist allgemein stark herabgesetzt. Es fällt ihr schwer, den Kopf hochzuhalten; sie muß ihn dazu angestrengt strecken, nach wenigen Sekunden läßt sie ihn wieder auf die Brust sinken. Ihre Arm- und Beinbewegungen sind unkontrolliert, ihre Feinmotorik ist kaum entwickelt.

Claudia muß gewindelt werden.

Claudia kann nicht sprechen. Sie kann sich durch Weinen, Quengeln, Schreien, Lächeln und Lachen ausdrücken. Der Umfang ihrer Hörfähigkeit und ihres Sprachverständnisses ist unklar, ebenso der ihres Situationsverständnisses. Auf lautere Geräusche reagiert sie häufig durch leichtes Kopfdrehen oder kurzen Blickkontakt. Sie liebt Geräusche und eine lebhafte Umgebung.

Ihr Äußeres und ihr Lächeln erwecken meist spontane Sympathie bei Erwachsenen und bei Kindern.

a) Als Nicole in die Kindergruppe kommt, scheint sie von Anfang an die morgendliche Loslösung von zu Hause gut zu bewältigen. Sie zeigt keine Anzeichen von Traurigkeit, wenn die Mutter sie zum Kindergarten gebracht hat und wieder weggeht.

In der Gruppe ist Nicole zunächst still und zurückhaltend, wirkt bei Unruhe anderer gelegentlich auch etwas ängstlich. Sie schließt sich den Kindern kaum an, auf Ansprache antwortet sie kurz und leise. Sie spielt alleine mit ihrer Puppe oder sitzt am Tisch, kritzelt oder bastelt.

Schon in den ersten Tagen fällt Nicoles Aufmerksamkeit auf Claudia und bald schließt sie sich ihr enger an. Sie setzt sich z. B. beim Frühstück neben sie. Auch wenn die Erzieher/innen sich mit Claudia beschäftigen, schließt sich Nicole oft an. Neben Claudia wirkt sie sicher. Eine besondere Aufmerksamkeit für deren Behinderung ist nicht zu erkennen.

47)

Nicole, 3 J. 1 M.

Claudia, 4 J. 7 M.

Die Kinder werden zum Frühstück gerufen. Die Erzieherin hat Claudia schon in ihrer Sitzschale neben den Frühstückstisch gesetzt. Nicole setzt sich zielstrebig neben Claudia und faßt ihre Hand. Leise sagt sie: "Hallo, Claudia." Es ist nicht ersichtlich, ob Claudia es hört. Sie reagiert nicht auf Nicole. Nicole ißt langsam und ohne ein Wort zu sagen ihr Frühstücksbrot. Die ganze Zeit hält sie dabei Claudias Hand.

b) Nach wenigen Wochen wird Nicole lebhafter. Sie nimmt zwar wenig eigeninitiativ an den Gruppenaktivitäten teil, betätigt sich aber auf Angebote der Erzieher/in hin beim Basteln oder Brettspielen mit anderen Kindern. Dabei beginnt sie jetzt von sich aus Gespräche mit den Erziehern/innen und den Kindern. Auch gegenüber Claudia wird Nicole aktiver. Ganz selbstverständlich schiebt sie Claudia im Wagen herum oder gibt ihr Hilfestellungen. Dabei spricht sie mit Claudia, ohne sich darin beeinträchtigen zu lassen, daß Claudia nicht sprachlich antworten kann und auch sonst kaum auf Nicoles Ansprache reagiert.

48)

Nicole, 3 J. 2 M.

Claudia, 4 J. 8 M.

Nicole schiebt Claudia im Wagen im Gruppenraum herum und spricht mit ihr: "Jetzt gucken wir in die Puppenecke ... guck', da ist Ken..."

Der Erzieher ruft, daß Claudia bald etwas essen muß. Daraufhin schiebt Nicole Claudia in den Nebenraum zum Tisch; sie spricht weiter mit ihr: "So, jetzt gibt es Essen." (vgl. auch Bsp. 10, Kap. 6.1)

c) Bis zum Ende des ersten Vierteljahres in der Kindergruppe hat Nicole ihre anfängliche Zurückhaltung fast ganz aufgegeben. Sie beteiligt sich von sich aus an den Spielen anderer Kinder und wird von anderen gerne zum Mitspielen aufgefordert. Sie ist in der Gruppe zum beliebten Partner geworden, auch bei älteren Kindern. Besonders Sabine, ein acht Monate älteres Mädchen (vgl. auch Kap. 9.3.1), schließt sich enger an Nicole an. Nicole nimmt die Annäherungsversuche auf und initiiert auch von sich aus den Kontakt. Während der nächsten Monate entsteht eine enge Freundschaft zwischen Sabine und Nicole. Beide spielen fast immer zusammen, andere Kinder werden öfter miteinbezogen. Dabei ist Nicole gegenüber Sabine meist in der Rolle der Initiierenden, Anleitenden, ohne jedoch ihre Dominanz gegen Sabine auszuspielen; Sabines Vorschläge werden in die Spiele miteingebaut. Während dieser Zeit ändert sich Nicoles Beziehung zu Claudia etwas: Die Häufigkeit der Beschäftigung mit Claudia nimmt leicht ab, aber immer noch bleibt Claudia neben Sabine der bevorzugte Bezugspunkt Nicoles. Dabei fällt auf, daß ihre Aufmerksamkeit gegenüber Claudia eher noch wächst.

49)

Nicole, 3 J. 6 M.

Claudia, 5 J.

Nicole hüpft in den Gruppenraum, Sabine läuft hinterher. Nicole schwenkt ein Perlenarmband, das sie sich gerade aufgefädelt hat. Strahlend geht sie zu Claudia und zeigt es ihr: Sie hält das Armband dicht vor deren Augen und bewegt es leicht hin und her. Dabei spricht sie Claudia an: "Guck mal. Siehst du das?" Nicole läßt das Armband an Claudias Wange heruntergleiten und fährt ihr damit über die Hand. Claudia lächelt und streckt sich. Nicole gibt ihr einen Kuß, streichelt ihre Hand und ruft leise ihren Namen. Dann geht sie mit Sabine weg.

Über Nicole kommt auch Sabine in enge Beziehung zu Claudia. Während ihrer wachsenden Freundschaft zu Claudia befragt Sabine manchmal die Erzieher über Claudia. Sie fragt z. B., warum Claudia nicht laufen kann oder ob sie einmal sprechen können wird. Nicole stellt solche Fragen auch jetzt nicht. Sie scheint Sabines Interesse selbst dann nicht zu teilen, wenn sie die Fragen hört.

Claudia kann sich inzwischen differenzierter äußern. Sie kann ihrer Umgebung deutlicher als früher Freude oder Mißmut mitteilen, ist aber noch sehr darauf angewiesen, daß andere auch ihre leichten Andeutungen wie Lächeln oder leichtes Wimmern verstehen. Besonders Nicole gegenüber wird Claudia offener, auf deren Zuwendung reagiert sie mit Lächeln oder freudigem Strecken.

d) Im Laufe des Herbstes bis gegen Ende des Jahres (Nicole wird inzwischen vier Jahre alt) zeigen sich in Nicoles Stimmung und Verhalten zeitweilig deutliche Veränderungen. Tageweise ist sie sehr still, wirkt häufig traurig und sucht oft die Nähe der Erzieherinnen. Nicoles Mutter und die Erzieherinnen führen die Veränderungen auf familiäre Umstände zurück. Nicoles Vater mußte aus beruflichen Gründen im Herbst ins Ausland, seine geplante baldige Rückkehr verschiebt sich immer mehr. Nicoles Mutter erzählt den Erzieherinnen, daß ihre Tochter zuhause immer wieder nach der Rückkehr des Vaters frage und sich an männliche Bekannte der Familie 'anhänge'.

Zusammen mit Sabine beginnt jetzt Nicole im Kindergarten intensiv Mutter-Vater-Kind-Konstellationen auszuspielen. Dabei bekommt Claudia beständig die Rolle des zu versorgenden Babys zugewiesen. Sie wird gefüttert, gewickelt, spazierengefahren (im Spiel). Während dieser Zeit wird Claudia verschlossener. Nicole scheint es nicht zu bemerken.

In der gleichen Zeit erzählt Claudias Mutter den Erzieherinnen, daß ihre Tochter in den letzten Tagen immer quengele, wenn der Kindergartenbus komme, um sie abzuholen. Daraufhin unterbinden die Erzieherinnen konsequenter das Babyspiel. Claudia beendet in der Folge ihre morgendlichen Unmutsäußerungen.

e) In Nicoles Beschäftigung mit Claudia wird nun über drei bis vier Monate hinweg ein starker Akzent des Interesses an Besonderheiten Claudias deutlich. Besonders wenn Erwachsene bei Claudia sind, sie füttern, mit ihr Bewegungsübungen machen oder sie in ein Stehbrett stellen, gesellt sich Nicole dazu und beobachtet alles mit gespannter Aufmerksamkeit. Sie erkundigt sich nie direkt über Claudia, fragt aber oft die Erwachsenen: "Warum machst du das?" Daneben registriert sie genau Claudias Bewegungen und Äußerungen und gibt sie den Umstehenden bekannt, ohne mit dieser Mitteilung weitere Absichten zu verknüpfen. Die Erzieherinnen haben den Eindruck, daß Nicole in diesen Bemerkungen sich selbst ihre Beobachtungen vergegenwärtigt.

In der gleichen Zeit spielt Nicole mit ihrer Puppe sehr häufig nach, was sie bei Claudia beobachten konnte.

50)

Nicole, 4 J.

Claudia, 5 J. 6 M.

Die Kinder gehen ins Freie. Nicole bleibt allein im Gruppenraum zurück. Sie legt eine Puppe auf den dicken Gymnastik-Ball und rollt sie darauf hin und her - eine Übung, die die Erzieherinnen des öfteren mit Claudia machen. Nicole ist sehr konzentriert und ruhig. Nach etwa einer Minute hört sie auf und geht zu den anderen ins Freie.

In dieser Phase sind die früheren Spiele mit Beschäftigungen, in denen Nicole Claudia im Wagen herumschob, ihr Dinge zeigte oder sie in ein Spiel mit Sabine einbaute, seltener geworden.

f) Im März, Nicole ist jetzt 4 J. 3 M., kommt Nicoles Vater wieder nach Hause. Nicole fehlt in den folgenden Wochen oft in der Gruppe. Ihre Mutter erzählt, daß das Mädchen sehr viel mit dem Vater zusammen sein will.

Im Kindergarten ist Nicoles Interesse an Claudias Behinderung abgeebbt. Sie wendet sich Claudia wieder verstärkt *so* zu, daß sie sie in ihre Spiele miteinbezieht. Ihre Möglichkeiten der Situationsgestaltung mit Claudia sind weiter gewachsen.

51)

Nicole, 4 J. 3 M.

Claudia, 5 J. 9 M.

Die Kinder sind im Freien auf der Rutsche. Claudia steht im Rollstuhl daneben.

Nicole zur Erzieherin: "Kann die Claudia gar nicht rutschen?"

Die Erzieherin: "Doch, ich halte sie gleich fest, dann kann die Claudia auch rutschen."

Nicole: "Du mußt sie vor mich setzen, und ich halte sie fest."

Die Erzieherin setzt Claudia vor Nicole auf die Rutsche.

Nicole zu Claudia: "Ich halte dich fest, Claudia. Guck mal, los!"

Die beiden rutschen zusammen die Rutsche hinunter. Claudia gefällt es sehr, sie schreit vor Vergnügen. Sie strahlt immer schon in den Armen der Erzieherin, wenn sie Nicole auf die Rutsche klettern und oben sitzen sieht. Nicole rutscht mehrmals mit Claudia hinunter; später setzt sie noch eine Puppe vor Claudia und sie rutschen im "Dreierbob" hinunter.

Daneben vollzieht sich jetzt eine völlige Umkehrung in der Dreierbeziehung Nicole - Claudia - Sabine. Das bisherige, nach der Anlaufphase sehr partnerschaftliche Verhältnis von Nicole und Sabine ändert sich immer mehr zu einer von Sabine stark dominierten Beziehung, in der sich Nicole widerspruchslos "unterbuttern" (eine Erzieherin) läßt. Von der Erzieherin einmal darauf angesprochen, warum sie sich von Sabine so herumkommandieren läßt, antwortet Nicole: "Ich hab' sie lieb. Darum mache ich das." Die Initiative in Bezug auf Claudia läßt sich Nicole mehr und mehr von Sabine aus der Hand nehmen. Wann und was die drei Kinder machen, bestimmt jetzt Sabine. Sie denkt sich auch vieles aus, was Claudia Spaß machen könnte.

Claudia reagiert inzwischen mindestens genauso stark auf Sabine wie auf Nicole. Ihr scheinen die sehr lebhaften Spiele Sabines zu gefallen, sie freut sich, wenn viel um sie herum passiert. Nicole bleibt bei einem mehr ruhigeren Umgang mit Claudia und legt Wert darauf, daß Claudia vieles kennenlernt.

52)

Nicole, 4 J. 5 M.

Claudia, 5 J. 11 M.

Sabine, 5 J. 1 M.

Sabine und Nicole holen Bastelsachen. Sabine zu Nicole: "Wir basteln etwas bei Claudia."

Sabine schwenkt heftig eine Kiste mit Perlen und läßt sie laut klappern. Claudia lacht, als sie den Lärm hört. Sabine schießt nun die Kiste vor Claudias Augen über den Tisch. Jedes Mal, wenn die Kiste an Claudia vorbeisaust, ruft Sabine: "Aufgepaßt, Claudia!"

Claudia lacht und streckt immer wieder den Arm nach der Kiste. Nach einigen Malen legt Sabine die Kiste in Claudias Arme, hält ihre Arme fest und schwenkt sie mit der Kiste hin und her. Claudia strahlt. Anschließend bringt Sabine die Kiste wieder weg.

Nicole, die während dieser Zeit am Tisch saß und einige Materialhäufchen gebaut hat, packt jetzt einen Watteberg und geht zu Claudia: "Guck mal, Claudia!" Sie fährt mit Claudias Hand durch die Watte. Claudia lächelt.

Nicole: "Gell, das kitzelt!" Du kannst es auch *so* machen." Sie nimmt Claudias Hand mit einem Wattebausch und fährt Claudia damit unter der Nase herum.

Claudia verzieht das Gesicht und juchzt vergnügt.

Nicole: "Da muß man manchmal nämlich niesen."

Sabine kommt mit etlichen Scheren zurück.

Nicole, fragend zu Sabine: "Schneiden wir jetzt Hasen mit der Claudia aus?"

Sabine: "Hm. Oder auch Deckchen."

Nicole: "Ich mache ein Deckchen für die Claudia."

Im Frühsommer fährt die Kindergruppe für einige Tage in eine Freizeit. Claudia, die kränkelt, kommt erst drei Tage später. Nie ist Nicoles Abhängigkeit von Sabine offener gewesen als in diesen ersten drei Tagen: Nicole spielt nicht mit anderen Kindern, nur mit Sabine. Wendet sich ihre Freundin anderen Kindern zu, steht Nicole untätig und bedrückt herum. Einige Male näßt sie ein - ein Novum in Nicoles Kindergartenzeit. Auf die Fragen, ob sie Heimweh habe oder nach Hause wolle, schüttelt sie stumm den Kopf. Als Claudia dann gebracht wird, ändert sich Nicoles gedrückte Stimmung etwas. Sie schiebt Claudia oft herum, spielt und erzählt mit Sabine, mit Claudia und mit anderen Kindern.

Zurück zuhause und im Kindergarten setzt sich dieses Verhältnis Nicoles zu Sabine, Claudia und den anderen Kindern bis zum Sommer hin fort, wenn auch weniger ausgeprägt als in der Kindergartenfreizeit.

g) Nach den Sommerferien kommt Nicole, inzwischen 5 J. 8 M., wesentlich selbstbewußter in den Kindergarten. Ihre Beziehung zu Sabine gestaltet Nicole jetzt wieder bedeutend aktiver, ebenso ihre Freundschaft zu Claudia. Bis zum Herbst hin hat sie, was die gemeinsamen Spiele mit Sabine und Claudia angeht, wieder die Initiative übernommen. Sie ist lebhafter geworden und macht mit Claudia jetzt auch geräuschvolle und wilde Spiele, wie z. B. Fangen, bei dem sie laut schreiend mit Claudia im Wagen anderen Kindern nachjagt. Claudia ist davon begeistert. Nicole geht auch des öfteren (wie im übrigen auch einige andere Kinder) mit Claudia zur Krankengymnastik, die in einem Gebäude neben dem Kindergarten stattfindet. Mit Claudia macht sie häufig Spiele und Bewegungen, die sie dort bei der Krankengymnastin gesehen hat.

Nicole fragt auch jetzt nicht nach Claudias Behinderung, weist aber gelegentlich andere darauf hin, wie sie auf Claudia zuzugehen haben, z. B.: "Claudia kann nicht gut greifen. Du mußt es ihr in die Hand drücken." Die Erzieher/innen haben den Eindruck, daß sich Nicole inzwischen nicht nur gut überlegt, was Claudia gefallen könnte, sondern auch, wie sie es Claudia erleichtern könnte, selber mit aktiv zu werden.

Wenn bisher nicht von Nicoles Beziehungen zu anderen Kindern die Rede war, dann deshalb, weil Nicole sich ihnen weder besonders zuwandte noch von ihnen abrückte. Neben Claudia und Sabine waren andere Kinder oft Spielpartner von Nicole, sie war akzeptiertes und beliebtes Gruppenmitglied, auch ohne daß daraus weitere intensivere Beziehungen erwuchsen. Den Behinderungen einiger anderer Kinder der Gruppe schien Nicole keine Beachtung zu schenken. (In der Gruppe waren die Zeit über ein körperbehinderter Junge, ein körperbehindertes Mädchen, ein sprach- und entwicklungsverzögertes Mädchen, ein Mädchen mit Down'-Syndrom.) Sie ging mit diesen Kindern wie mit anderen Kindern um, zeigte keine Anzeichen einer inneren Auseinandersetzung mit den Besonderheiten dieser Kinder. Wir konnten während unserer Beobachtungen nicht feststellen, wie weit die Behinderung anderer Kinder für Nicole von Bedeutung war.

Interpretation

a) Als Nicole in die Kindergruppe kommt, ist sie die Kleinste und Jüngste. Die Gruppensituation scheint sie zu verunsichern. In dieser Lage schließt sie sich schnell und zielstrebig Claudia als erstem Kind an. Dabei ist es offensichtlich, daß ihr die *Nähe* zu Claudia am wichtigsten ist. Der von ihr geduldete Körperkontakt - wie z. B. Hand-halten am Frühstückstisch - vermittelt Nicole die Geborgenheit und den Halt, die sie in der zunächst verunsichernden Umgebung braucht. Einen Interaktionspartner im Sinne eines Spielpartners sieht Nicole in Claudia zunächst nicht. Auch ihre Behinderung nimmt sie nicht als solche wahr. Es scheint, als interpretiere Nicole Claudias Situation wie ihre eigene, nämlich klein und zuwendungsbedürftig zu sein. Über diese Projektion findet sie ihre eigenen Emotionen in dem behinderten Mädchen wieder. So wird es verstehbar, daß sich Nicole durch Claudias eingeschränkte Reaktionen bzw. durch ihre Nicht-Reaktionen nicht davon abhalten läßt, ihre Nähe zu suchen. Claudias eingeschränkte Möglichkeiten sind gerade die Basis, auf der Nicole die Gemeinsamkeit sucht und findet. In projektiver Identifikation setzt sie sich Claudia als Hilfs-Ich. Darüber holt sie sich die Stärke und den Rückhalt, die sie für die Bewältigung der neuen Situation braucht.

b) Von dieser Ausgangsposition her gewinnt Nicole schnell Sicherheit in der Kindergruppe und kann aktiver werden. Dies bedeutet in bezug auf Claudia, daß sie sie mehr und mehr als eigenständig, mit eigenen Bedürfnissen und Absichten sieht. Sie bezieht sich nun auf sie als einen ihrer wichtigsten Dialogpartner. Diesem Bezug kommt eine besondere Bedeutung zu. Tatsächlich kann Claudia zu dieser Zeit kaum Angebote an Nicole machen und ihr auch nur sehr eingeschränkt antworten. Auf der Ebene sprachlicher Kommunikation kann sie sich nicht bzw. nur sehr undifferenziert (Quengeln, Schreien) verständigen. Sie kann nicht erkennbar zwischen den Dingen ihrer Umgebung unterscheiden, scheint auch Nicole nicht als besondere Person wahrzunehmen. Dennoch kommuniziert Nicole sprachlich und handelnd mit ihr, erlebt sie als Interaktionspartner. Was spricht Nicole in Claudia also an? Zum einen interpretiert sie manches von Claudias unspezifischem Verhalten als spezifische Kommunikation mit ihr (Nicole). Mißverständnisse liegen hier in der Natur der Sache, wie es z. B. sehr deutlich die Situation beim Lätzchen-Anziehen (Bsp. 10, Kap. 6.1) zeigt. Hier versteht Nicole Claudias unkontrollierte Kopfbewegungen offensichtlich als deren absichtsvolle Mithilfe (Sie sagt ihr zum Schluß: "Jetzt kannst du den Kopf wieder hoch tun.")

Solche und ähnliche Situationen sind - einmal unter dem kognitiven Aspekt betrachtet - zu erwarten. Nicole ist aufgrund ihrer Entwicklung noch nicht in der Lage, sehr ähnliches Verhalten zu differenzieren, es auf verschiedene Ursachen oder Absichten zurückzuführen. Claudia kann ihr dabei auch nur wenig helfen, weil sie sich nicht für Nicole deutlich genug äußern kann. In analogiehafter Schlußfolgerung gibt daher Nicole den Äußerungen Claudias einen ihr einsichtigen Sinn. Zum anderen kann dieses enge, aber sehr einseitige Verhältnis nur auf der Grundlage einer sehr starken emotionalen Bindung Nicoles an Claudia existieren. Wesentlich ist, daß Nicoles Zuwendungen und Hilfen einen selbstverständlichen, ganz un-demonstrativen Charakter haben, auch frei von jenem mütterlich-dominanten Zug sind, der vielfach in den Hilfestellungen anderer Kinder anzutreffen ist. In ihrer emotionalen Zuwendung sieht Nicole Claudia als Partner. Sie findet bei ihr Anteile, über die sie sich mit ihr identifizieren kann (auch über ihre emotionale Befindlichkeit bei ihrem Kindergarteneintritt hinaus). Am ehesten erscheinen mir diese Anteile durch das Bedürfnis und die Fähigkeit beschrieben, Zuwendung zu nehmen und zu geben, *ohne* darin Bedingungen zu stellen - der ausgeprägte Wunsch nach liebevoller, unumschränkter Akzeptanz. Dieses Wunschbild trägt auf der einen Seite das Moment weitergehender Autonomie in sich. Zum anderen schließt es jedoch auch das Gegenteil ein, nämlich das (psychogenetisch vorgängige) Angewiesensein auf die bedingungslose Zuwendung der geliebten Person.

Aus diesem Erklärungszusammenhang heraus wird auch verständlich, wie sich Nicole insgesamt in der Gruppe bewegt. Zu den Erzieherinnen hat sie ein offenes, freundliches Verhältnis. Die Erzieherinnen mögen Nicole sehr gerne. Nicole umgekehrt nimmt ihre Spielangebote auf, konkurriert jedoch nie um die Zuwendung der Betreuerinnen. Sie nimmt sie an und geht wieder ihrer eigenen Wege, wenn sich die Erzieherinnen anderen Kindern zuwenden. Inzwischen ist sie anerkannter und beliebter Spielpartner anderer Kinder, weil sie grundsätzlich bereit ist, auf deren (Spiel-)Bedürfnisse einzugehen. Sie wird mit ihnen verstärkt aktiv, zieht sich aber auch schnell zu Claudia zurück, wenn das Spiel durch gegensätzliche Interessen zu zerfallen droht. Die partnerschaftliche Beziehung zu Claudia erweist sich so von Nicoles Seite aus zudem als ständiges Ausprobieren, wie weit die Balance zwischen Autonomie und Angewiesensein trägt. Des weiteren wird einsichtig, weshalb Nicole zwar auf Claudias Besonderheiten eingeht, sie aber anscheinend nicht als etwas Außergewöhnliches wahrnimmt. In kognitiver Hinsicht sind sie auch in ihr bisheriges Weltbild integrierbar. Unter dem Aspekt ihrer emotionalen Beziehung sind sie einerseits völlig unbedeutend, da sie Nicole nicht als eine ihr (neu) gesetzte Bedingung erfährt, andererseits sind sie dieser Beziehung eher noch förderlich; die noch sehr undifferenzierten Äußerungen Claudias geben Nicole die Möglichkeit, sie so zu interpretieren, daß sie darüber ihre emotionale Zufriedenheit stärken kann.

c) In der Annäherung seitens der um ein halbes Jahr älteren, zunächst noch ruhigen und schüchternen Sabine findet Nicole ebenfalls die Gewißheit, geliebt und anerkannt zu sein. Das gibt ihr die Möglichkeit, eine zweite enge Freundschaft (neben der zu Claudia) aufzubauen. Daß sich parallel dazu die Beschäftigung mit Claudia verringert, ist von daher nicht verwunderlich. Nicole zieht sich nicht emotional von Claudia zurück, sondern teilt nun ihre Aufmerksamkeit zwischen ihr und Sabine. Es gelingt ihr auch, sie in einer Dreierbeziehung (Nicole, Sabine, Claudia) zusammenzuführen.

Parallel zu den verstärkten Aktivitäten mit Sabine wächst Nicoles Sensibilität für Claudias Bedürfnisse. Offensichtlich erweitert Nicole in der engen Beziehung zu Sabine das Spektrum ihrer Vorstellungen über mögliche Interessen und Bedürfnisse. Sie lernt verstärkt, sich emotional in den *anderen* hineinzuversetzen, also weniger das eigene Erleben und Empfinden auf alles andere zu projizieren. Diesen Prozeß kann Sabine, die allmählich auch selbstbewußter ihre Wünsche und Empfindungen äußert, mehr beschleunigen als Claudia. Sie kann Nicole eine verständlichere, in den Verhaltensweisen vertrautere Rückmeldung geben. Nicole weiß dies für die Beziehung zu Claudia zu nutzen, wird hierin auch von Claudia unterstützt, die ihre Befindlichkeit inzwischen auch etwas differenzierter äußern kann. Bemerkenswert ist bei alledem, daß Nicole auch in dieser Zeit durch Claudias Besonderheiten nicht irritiert scheint. Dabei ist sie nun über Sabine (die in Nicoles Beisein z. B. die Erzieherin fragt, warum Claudia nicht laufen kann, oder warum sie nicht sprechen kann) unabweisbar darauf hingewiesen, daß Claudia anders ist als andere Kinder. Für Nicoles Bezug auf sie ist es jedoch immer noch von dominierender Bedeutung, daß sie die beständig zuwendungsempfängliche und (zumindest imaginiert) zuwendungsgebende Partnerin ist. Andere Seiten Claudias scheinen sie weniger zu berühren.

d) Im Alter von etwa vier Jahren erlebt Nicole durch die monatelange Abwesenheit ihres Vaters eine schwere Erschütterung. Gerade in ihrem Alter ist eine solche Trennung von größter Tragweite. Die ödipalen Wünsche, die sich auf den Vater richten, verlieren nicht nur ihren konkreten Bezugspunkt. Der Weggang des Vaters muß seitens des Kindes als härteste Bestrafung verpönter Bestrebungen, als Verstoß durch die geliebte Person erlebt werden. Daß sich Nicole zuhause distanzlos, ganz entgegen ihrem sonstigen Verhalten, an männliche Besucher anschließt, deckt auf, unter welcher Anspannung sie steht. Sie sucht den Vater(ersatz), sucht den von ihr (ihren unbewußten Wünschen) verursachten Schaden durch die imaginierte Rückholung des Vaters ungeschehen zu machen.

Die tiefe narzißtische Kränkung (das anscheinende Verlassen-werden durch den Vater) bedeutet für Nicole eine immense Verletzung ihrer bisher aufgebauten Identität. Sie, die eine beständige, sichere Zuwendung, eine unumschränkte Akzeptanz als Basis befriedigender Aktivitäten braucht, sieht sich erstmals gänzlich zurückgewiesen. Die emotionale Sicherheit, in der sie sich wähnte, bricht zusammen. Was ihr bisher ein großes Stück Autonomie ermöglichte, kehrt sich nun - festgemacht am Weggang des Vaters - in stärkste Abhängigkeit um. Im Kindergarten tritt neben ihrer großen Traurigkeit die plötzliche, zeitweise Unfähigkeit zutage, selbst auf andere aufmerksam und liebevoll einzugehen. Dies macht sich besonders gegenüber Claudia geltend. Trotz deren deutlichen Äußerungen von Unbehagen verändert sich Nicoles bisher partnerschaftlicher Bezug auf sie zu einer beengenden, bemutternden Einvernahme.

Aus dem Verlust des Vaters heraus wird die Funktion des Mutter-Vater-Baby-Spiels nachvollziehbar. Claudias vergleichsweise geringe Selbständigkeit ist ihr in diesen Situationen der Spiegel ihrer eigenen Situation. Claudia aktiviert bei Nicole das Zuwendungsbedürfnis, das sich bei ihr gerade nach Weggang des Vaters massiv entwickelt hat und nicht in der erhofften Weise befriedigt werden kann. In der Bemutterung Claudias spielt sie ihren Versorgungswunsch in der Umkehrung aus. Sie gibt ihr die Zuwendung, derer sie selbst bedarf.

Im Vergleich zu den vorhergehenden Interaktionen mit Claudia erscheinen diese Baby-Spiele als Rückschritt in Nicoles Ich-Entwicklung. Es ist für sie jedoch eine notwendige Phase der Regression. In der Imagination des Babys fordert sie das Recht auf unbedingte Zuwendung, lebt es aus und befriedigt dieses Bedürfnis spielerisch. So ist diese regressive Phase ein Rückgang, um auf einer neuen (alten) Basis ihre Erfahrung des Vater-Verlustes zu bearbeiten.

e) Im Zuge dessen findet gleichzeitig die Vorbereitung für einen großen Entwicklungsschritt Nicoles hinsichtlich der Wahrnehmung und Verarbeitung von

Claudias Behinderung statt. Daß ausgerechnet Claudia in die Rolle des Babys versetzt wird, zeigt, daß Nicole ihre Besonderheiten auch bisher - bewußt oder unbewußt - registriert hat. In Verbindung zu ihren eigenen Schwierigkeiten dieser Zeit nimmt Nicole nun Claudias relative Unselbständigkeit zum Anhaltspunkt, ihr die Rolle der 'Kleinen' zuzuweisen, eine Rolle, in der sie sich selbst sieht.

Diese Beziehung geht, nachdem die Baby-Spiele beendet werden, in eine mehrere Monate dauernde offensichtliche Bearbeitung der erfahrenen Besonderheiten Claudias über. Gerade Nicoles regressive Beziehung zu dem behinderten Mädchen hat also einiges bewirkt. Die Verschmelzungsphantasien - selber auch so pflege- und zuwendungsbedürftig, d. h. wie Claudia zu sein - haben auf der anderen Seite auch die Diskrepanz für Nicole deutlich zutage treten lassen. Nicole ist stark genug, sich damit näher zu befassen. Im Beobachten und Nachspielen versucht sie, sich eine Vorstellung von Claudias Besonderheiten zu machen, sucht sie für sich faßbar zu machen. In Verbindung mit ihrer eigenen Problematik erhält nun auch die Aufmerksamkeit, die das behinderte Mädchen erfährt, ein anderes Gewicht und zieht das besondere Interesse Nicoles auf sich. Es fällt auf, daß sie besonders das 'Warum' interessiert, wenn Erwachsene sich jeweils helfend und unterstützend mit Claudia befassen. Denkbar ist, daß sie so ihren Verschmelzungsphantasien, die durch die besonders zuwendungsbedürftige Claudia aktiviert werden, entgegenarbeitet. In der Suche nach spezifischen Gründen für den jeweiligen Bezug Erwachsener auf Claudia führt sich Nicole deren besondere Bedürftigkeit vor Augen. Sie kann sich damit auch ihrer eigenen relativen Stärke und Autonomie sicherer werden. Auffällig ist jedenfalls, daß Nicole in dieser Zeit allmählich wieder ausgeglichener wird und weniger oft traurig ist. Daß unmittelbare Spiele mit Claudia in dieser Phase seltener sind, ist verständlich. Nicole braucht in dieser Zeit die Distanz, aus der heraus sie sich mit ihr auseinandersetzen kann, ohne darüber selbst (wie in der Phase vorher) in eine tiefe Regression gezogen zu werden. Aus diesem Abstand heraus kann Nicole die Wahrnehmung von Claudias Besonderheiten positiv bewältigen. Das Interesse an Claudias Besonderheiten ebbt ab. Auf der neu erarbeiteten Erfahrungsebene kann Nicole das behinderte Mädchen - jetzt mit erweiterten Möglichkeiten - wieder in ihre Spiele einbeziehen.

f) Diese neue Orientierung wird durch die Rückkehr von Nicoles Vater zumindest gefördert, wenn nicht gar ausgelöst. Nicoles Verunsicherung ist zunächst aufgehoben, da sich ihr Vater bereitwillig viel Zeit für sie nimmt. Die Erzieherinnen erleben jedoch eine große Überraschung: Ausgerechnet in der Zeit, in der sich Nicoles Probleme doch eigentlich zu lösen scheinen, machen sich in ihrem Verhalten im Kindergarten neue Widersprüche bemerkbar. Nicole ist fröhlicher und gelöster, überläßt aber mehr und mehr ihrer zweiten Freundin Sabine die Initiative, bis hin zu Punkten, an denen sie sich in völlige Abhängigkeit von ihr begibt. Ihre Erklärung "Ich hab sie lieb. Darum mache ich das" ist ein Schlüsselsatz. Er offenbart, wie sehr sie (noch) unter den Ängsten leidet, daß ihr Vater sich von ihr getrennt hat bzw. sich wieder von ihr trennt. In der Aufgabe eigener Wünsche, die denen der geliebten Person entgegenstehen könnten, sucht sie die Zuwendung des Vaters zu erhalten und einer erneuten Trennung (Bestrafung) zu entgehen. Der Druck dieser beängstigenden Situation ist offensichtlich so groß, daß er darüber hinaus auch in anderen Beziehungen greift, an denen Nicole viel gelegen ist.

Dabei ist m. E. eine Differenz sehr bedeutsam: die "Unterwürfigkeit" (eine Erzieherin) Nicoles zeigt sich in ihrem Verhältnis zu Sabine und in dem zu Claudia, insofern hier Sabine bestimmt, was sie zu dritt spielen wollen. In der Zweierbeziehung zu Claudia hingegen bleibt Nicole weiterhin initiativ. So sehr Nicole also auf der einen Seite ihre bisherige Ich-Entwicklung zurücknimmt, so kann sie doch in Bezug auf Claudia ihre Autonomie festhalten. Die Besonderheiten des behinderten Mädchens erhalten so - obwohl und gerade darin, daß sich Nicoles Verhalten ihr gegenüber *nicht* ändert - eine neue Bedeutung in Nicoles Entwicklung. Sie aktivieren Nicoles Eigenständigkeit und Initiative auch zu einem Zeitpunkt, an dem ihr Ich zusammenzufallen droht. Claudia als beständige zuwendungsempfängliche und inzwischen auch deutlich zuwendungsgebende Partnerin ermöglicht es Nicole, zumindest partiell ihre Angst vor neuem Verlassen-Werden soweit zurückzustellen, daß sie selbständig handlungsfähig bleibt. Zeitweise ist die Beziehung zu Claudia die einzige wirksame Anknüpfung an ihre bereits schon einmal erreichten Ich-Potentiale.

Wie bedeutsam diese Verbindung ist, zeigt sich noch einmal in der Kindergartenfreizeit. Hier, auch noch in ungewohnter Umgebung und erneut getrennt vom Vater, fällt Nicole in den Tagen, in denen Claudia abwesend ist, in eine tiefe Regression. Sie wird handlungsunfähig, näßt wieder ein, verliert fast völlig die Sprache. Mit Claudias Abwesenheit ist der Faden zu den von ihr bereits schon einmal erreichten Kompetenzen gerissen. Sie kann ihn jedoch noch rechtzeitig wieder aufnehmen, als Claudia nach drei Tagen wieder in die Kindergruppe kommt. Das behinderte Mädchen ist und bleibt über Wochen hinweg also Nicoles einziger Anknüpfungspunkt an ihre früheren Entwicklungen.

g) Was Nicole in den Sommerferien ihres zweiten Kindergartenjahres erlebte, wie es ihr möglich wurde, wieder ihr früheres Selbstvertrauen zu gewinnen, ist nicht herauszufinden. Im Kindergarten ist es nur als Resultat feststellbar. Ihr Bezug auf Claudia und deren Behinderung entwickelt sich im weiteren positiv in dem Sinne, daß Nicole Spiele und andere Situationsgestaltungen findet, in denen sie selbst *und* Claudia ihre Bedürfnisse zur Zufriedenheit ausleben können.

Nicole hat in der Bearbeitung eigener Probleme und - im Zusammenhang damit - in der Auseinandersetzung mit Claudia ein weitgehendes Einfühlungsvermögen für Claudia entwickelt. Sie hatte lange Phasen, in denen sie Claudia gerade aufgrund von deren Besonderheiten auch als Sicherheit und Unterstützung erfahren konnte. Dadurch wird nachvollziehbar, daß und wie Nicole (wieder) zu einer partnerschaftlichen, selbstverständlichen Beziehung gefunden hat, auch und gerade nachdem ihr die offensichtlichen Unterschiede bewußter geworden sind.

9.4 Psychische Prozesse mit Folgewirkungen?

Im Zusammenhang mit den frühen Behandlungen behinderter Kinder und ihrer späteren speziellen Betreuung und Erziehung in Sondereinrichtungen, bemerkt Milani-Comparetti (1980, S. 138):

"All das macht das Kind zu einem 'Behinderten' an Stelle eines Menschen, der eine Behinderung hat, macht ihn zu einem andersartigen und besonderen Menschen, setzt ihn außerhalb der Gemeinschaft und bereitet so seine endgültige Zurückweisung aus der Gesellschaft vor. Wenn endlich die langersehnte Integration möglich erscheint, ist das Kind älter und die Barrieren sind viel schwieriger zu überschreiten, und die Gesellschaft macht das Versagen akeptabel, indem sie goldene Käfige bereitstellt."

Die gemeinsame Erziehung, so hat sich m. E. gezeigt, ist eine Möglichkeit, wie sich Kinder auf andere, die nicht laufen können, blind sind oder sich nicht verbal äußern können u. a. m., so beziehen können, daß sie sie nicht mit ihrer Behinderung identifizieren, sondern sie als Gesamtperson wahrnehmen. Sie erfahren sie als Kinder, die bestimmte Einschränkungen, aber auch bestimmte Fähigkeiten haben.

Wie weit diese Erfahrungen aus der Kindergartenzeit tragen werden, ist schwer einzuschätzen. Die Segregation auf anderen Ebenen, die Macht gesellschaftlicher Normvorstellungen scheint mir noch groß genug, die in Gang gekommenen psychischen Prozesse ins Leere laufen zu lassen oder sie wieder umzuformen; mit der gemeinsamen Erziehung im Kindergarten sind die Barrieren, von denen Milani-Comparetti spricht, noch längst nicht überwunden.

Allerdings - durch die gemeinsame Sozialisation im Kindergarten haben die Kinder frühzeitig die Möglichkeit, eigene Schwierigkeiten, die im Zusammenhang mit Behinderung auftreten oder aktualisiert werden, zu bearbeiten; sie haben auch die Gelegenheit, problemlos und selbstverständlich neben- und miteinander aufzuwachsen. Durch die hier initiierten integrativen Prozesse auf psychischer Ebene (die an sich schon einen Eigenwert haben), besteht auch die

Chance, daß die Betroffenen zukünftig etwas von dieser Selbstverständlichkeit in die gesellschaftliche Ebene hineintragen - und dies nicht nur auf die Akzeptanz gegenüber Behinderten bezogen.

Anmerkungen

[1] Ein plastisches Bild der Situation von Behinderten in unserer Gesellschaft gibt Klee (1980); zur Sozialgeschichte des Behindertenbetreuungswesens vgl. Jantzen, 1974, 1983, vgl. Bleidick, 1984; zur bildungsökonomischen und -politischen Situation vgl. Deppe-Wolfinger, 1985b; zur gesellschaftlichen Integration Behinderter vgl. Jetter, 1986.

[2] Bzgl. der integrativen Praxis in den genannten Ländern (auch im Bereich Schule) vgl. Hössl, 1982; Kastantowicz, 1982; Kleber, 1982; Miedaner, 1982; Radigk, 1982; Roser, 1983; Schöler, 1983, 1987; Deppe-Wolfinger, 1985a.

[3] Vgl. z. B. die in Kap. 2.4 erwähnten Praxisberichte, außerdem die Berichte wissenschaftlicher Begleitungen und Projekte wie: Der Senator für Schulwesen, Jugend und Sport Berlin, 1982; Evangelische Französisch-reformierte Gemeinde Frankfurt am Main, 1983, 1984; Diakonisches Werk Bremen e. V., 1984; Deutsches Jugendinstitut, Projektgruppe 'Integration von Kindern mit besonderen Problemen', 1985a, 1985b, 1985c, 1985d; Hüffner und Mayr, 1985; Ministerium für Soziales, Gesundheit und Umwelt Rheinland-Pfalz, 1984; ders., 1986; Klein, Kreie, Kron und Reiser, 1987.

[4] Zur Bestimmung des Stellenwertes psychischer Prozesse im Rahmen von Integration beziehe ich mich in der folgenden Darstellung auf die Annahmen, die im Verlaufe des Projektes "Interaktionsprozesse in integrativen Kindergartengruppen mit behinderten und nichtbehinderten Kindern" von der wissenschaftlichen Begleitung entwickelt wurden (vgl. Klein, Kreie, Kron und Reiser, 1987, S. 37 - 40).

[5] Einen Überblick über verschiedene Definitionen von Einstellungen gibt z. B. Bierhoff (1984, S. 195 - 202).

[6] Auf die Problematik von Einstellungsuntersuchungen, besonders auf ihre Untersuchungshypothesen und -methoden einzugehen, würde den Rahmen dieser Arbeit sprengen. Nur auf die beiden Haupteinwände sei hingewiesen: Zum einen werden Einstellungen häufig als Prädispositionen für Verhalten hypostasiert, ohne den angenommenen Zusammenhang bzw. seine bestimmte Qualität aufzuzeigen. Zum anderen - dies ist der wesentliche meßmethodische Einwand - gibt es größte Schwierigkeiten, den Einfluß der 'social desirability', der sozialen Erwünschtheit, auf die *geäußerten* Einstellungen zu kontrollieren (weshalb sich viele Untersuchungen gleich ganz dieser Kontrolle enthalten). Diese und weitere Kritikpunkte sind näher ausgeführt z. B. bei Cloerkes ([3]1985, S. 144 - 165 und S. 369 - 393).

[7] Ehrlich (1979) befaßt sich mit ethnischen Einstellungen, geht aber davon aus, daß sich Einstellungen gegenüber körperlich und geistig behinderten Menschen davon nicht grundlegend unterscheiden (vgl. ebd., S. 17).

[8] Ich verweise auf einen Überblick bei Cloerkes ([3]1985, S. 322 - 360).

[9] Die empirischen Untersuchungen zu Reaktions- und Verarbeitungsformen von Geschwistern Behinderter erstrecken sich auf Gruppen im Kindesalter bis hin zu Gruppen Erwachsener. Die jüngsten der einbezogenen Kinder waren nach meiner Kenntnis sieben Jahre alt (Untersuchung von Hackenberg, 1983).

[10] Die genannten Einflußfaktoren stellen nur eine Auswahl dar. Ohne im Rahmen dieser Arbeit näher darauf einzugehen, verweise ich auf Untersuchungen zu weiteren bedeutsamen, modifizierenden Bedingungen: Die Rolle der sozialen Schichtzugehörigkeit wird z. B. von

Grossmann (1972) belegt, ebenso die des Alters und der Altersunterschiede der Kinder. Abhängigkeiten von Ausmaß und Art der Behinderung des Geschwisters fanden z. B. Mühling und Schenk (1967), Kew (1975) und Seidler (1981). Abhängigkeiten vom Geschlecht der Geschwister wurden mit unterschiedlichen, z. T. sich widersprechenden Resultaten überprüft (vgl. Hackenberg, 1983).

11 Mit 'positiv' und 'negativ' ist hier und im folgenden die *Gefühlsqualität* bezeichnet und *keine Bewertung* der Emotionen.

12 Angesichts der relativ wenigen wissenschaftlichen Untersuchungen integrativer Praxis beziehe ich mich auch auf Erfahrungsberichte von Bezugspersonen in integrativen Gruppen, zumal sie häufig ohnehin in die Dokumentation wissenschaftlicher Begleitungen aufgenommen worden sind.
Als Erfahrungsberichte von unmittelbar Beteiligten sind solche Darstellungen natürlich stark von dem eigenen subjektiven Erleben bzw. den Alltagstheorien (vgl. Roth, 1987) geprägt. In allgemeinerem Sinne gilt deshalb auch hier, was punktuell über die subjektive Beteiligung der Beobachtenden bzw. Untersuchenden ausgeführt wird.

13 Im Rahmen des hessischen Modellprojekts "Gemeinsame Erziehung behinderter und nichtbehinderter Kinder im Kindergarten" wurde eine wissenschaftliche Begleitung - "Interaktionsprozesse in integrativen Kindergartengruppen" - eingerichtet. Sie wurde in der Zeit vom 1.5.82 bis 30.6.85 im Auftrag des Hessischen Ministers für Arbeit, Umwelt und Soziales durchgeführt, gefördert vom Bundesminister für Bildung und Wissenschaft. Meine jetzige Arbeit über die psychischen Verarbeitungsstrategien der Kinder ist als Weiterführung *eines* thematischen Aspektes zu verstehen, der in der Untersuchung der Interaktionsprozesse nur angerissen werden konnte.

14 Zur bisherigen erziehungswissenschaftlichen Reflexion des Zusammenhangs von Leib/Körper, Identität und Identitätsentwicklung vgl. Mollenhauer, 1987.

15 Verschiedene psychoanalytische Aspekte werden in weiteren Kapiteln dieser Arbeit (Kap. 3.3, Kap. 7) expliziert.

16 "Unter dem Paradigma wird ein grundlegender Erklärungsansatz verstanden, der im Sinne zwar eine Annahme über die Wirklichkeit enthält, aber noch nicht durch Beobachtung und Experiment bestätigt ist. Das Paradigma hat einen empirisch-apriorischen Status insofern, als es vorgängig seinen Gegenstand entwirft, als erfahrbares Bezugssystem für weitere Entdeckungen." (Bleidick, 1977, S. 208)

17 Jantzen (1985, S. 335) spezifiziert die Logik des heutigen Klassifikationszusammenhangs von Behinderung im Gesamtzusammenhang gesellschaftlicher Verhältnisse als (1) "Arbeitskraft minderer Güte... (2) reduzierte Geschäftsfähigkeit... (3) Ästhetik des Häßlichen... (4) subjektiv bzw. objektiv reduzierte Ausbeutungsbereitschaft... (5) Minderwertigkeit im Sinne weiter existierender ideologischer Momente aus vorausgegangenen klassenteiligen Gesellschaftsformationen; (6) reduzierte soziale Konsumfähigkeit... (7) sozialen Ausschluß." (Nähere Darstellung ebd., S. 335/336)

18 Nähere Darstellung der Konzeption des "Fünf-Bereiche-Modell(s) von Behinderung im erziehungswissenschaftlichen Sinne" in Heese und Solarová, 1985, bes. S. 760 - 763).

19 Vernooij (1986, S. 235) kritisiert Heeses und Solarovás Begriffsbestimmung als "unscharf" und "wenig differenzierend"; es seien z. B. sowohl das schwer geistig behinderte Kind als auch das leistungsfähige, aber verhaltensauffällige Kind in ihrer Erziehbarkeit behindert und bedürften sonderpädagogischer Hilfen (vgl. ebd.).

Diese Kritik geht m. E. an der Sache vorbei. Denn einerseits will der Begriff ja die Allgemeinheit der je besonderen Phänomene erfassen; ihm seine Besonderungen entgegenzuhalten, ist von daher unsinnig. Andererseits verweisen ja gerade Heese und Solarová selbst darauf, daß Behinderung konkretisiert werden muß, wo es um den behinderten Menschen geht.

20 Ich fürchte nicht, durch die Verwendung des Begriffs "Behinderung" oder "behindert" eine vorgefaßte Haltung gegenüber den so gekennzeichneten Menschen zu bestätigen. Dies ist m. E. *kein terminologisches* Problem.

21 Dies wird z. B. dort deutlich, wo inkommensurable Faktoren wie psychische oder soziale Einschränkungen genauso als "Schwerbehinderung" zusammengefaßt werden, wie andererseits die physiologische Tatsache der Blindheit als "Schwerbehinderung" gilt, die völlig getrennt von der Situation der Person konstatiert werden kann.

22 Meine hier vorgestellte Vorgehensbasis ist unter anderem auch Resultat von Diskussionsprozessen innerhalb unserer Forschungsgruppe zu Interaktionsprozessen in integrativen Kindergartengruppen. Was dort für die Untersuchung von Interaktionsprozessen festgehalten wurde, muß auch für diese Arbeit betont werden: Die Grundannahmen der psychoanalytischen Interaktionstheorie verstehe ich als offenen Erwartungshorizont, ohne die psychoanalytische Entwicklungstheorie als geschlossenes System zu übernehmen. In dem neuen Rahmen integrativer Gruppen wird auch Neues zu beobachten sein, das im Verlauf des Untersuchungsprozesses dann theoretisch präziser gefaßt werden kann (vgl. Klein, Kreie, Kron und Reiser, 1987, S. 52).

23 Ausführungen dazu vgl. Lorenzer (1972/1973/1974/1977/1981/ ^{2}1984); Leber (1979); Trescher (1978/1985); Kreie (1985).

24 Als sinnlich-unmittelbare Interaktionen sind interpersonale Beziehungen wie auch sinnliche Erfahrungen von Gegenständen und Bedeutungsträgern (Texte z. B., die jüngere Kinder als erzählte Geschichten erfahren) zu verstehen (vgl. Lorenzer, ^{2}1984, S. 135).

25 Zur Konstitution der basalen Interaktionsformen vgl. Lorenzer ^{2}1984.

26 Trescher (1978) führt umfassend aus, inwieweit symbolische *und* desymbolisierte Interaktionsformen (mit je individuumsspezifischer Gewichtung) in die Subjektstruktur eingehen.

27 Schneider (1981, S. 11) verweist auf Aussagen Piagets, in denen dieser selbst von der Möglichkeit der Verbindung seiner kognitiven mit der psychoanalytischen Entwicklungstheorie ausgeht. Im übrigen stellt Schneiders Abhandlung selbst einen Versuch dar, psychoanalytische Konzeptionen im Bezugsrahmen des Piagetschen Ansatzes zu formulieren.

28 Zur kritischen Rezeption vgl. z. B. Selman und Byrne (^{2}1980); Turiel (^{2}1980); Kohlberg (^{2}1980).

29 Mit (psychischen) Anteilen bezeichne ich hier und im folgenden
- psychische Erfahrungsinhalte (vgl. Kap. 3.3),
- die im weiteren bestimmte psychische Zustände erzeugen oder konservieren, wesentlich Bedürfnisse, Ängste, Gefühlseinstellungen, Wertvorstellungen,
- und zu bestimmten Handlungsbestrebungen führen können.

Diese Anteile können bewußt oder unbewußt sein. Nach psychoanalytischer Annahme werden aber vor allem diejenigen Momente unterdrückt - bis zu Verdrängung ins Unbewußte -, die Unlust und Angst bewirken und die das Subjekt aufgrund anderer, ihnen widersprechender psychischer Bestrebungen nicht für sich akzeptieren kann. Diese abgespaltenen

Persönlichkeitsanteile können in einer Situation, in der subjektiv ein Zusammenhang zu ihnen herzustellen ist, wieder akut wirksam werden (z. B. kann die Versorgung eines behinderten Kindes die emotionale Bedürftigkeit eines anderen Kindes aktualisieren).

30 "Entscheidendes Merkmal qualitativer Forschung ist allerdings, daß die vorhandenen Erwartungen und theoretischen Überzeugungen nach Möglichkeit offenen Charakter haben sollen. Sie sollen - idealiter - in einem steten Austauschprozeß zwischen qualitativ erhobenem Material und zunächst noch wenig bestimmten theoretischen Vorverständnis präzisiert, modifiziert oder revidiert werden." (Hopf 1979, S. 15)

31 "Ohne 'preconceptions' und vorgängige Einschätzungen der Relevanz einzelner Gesichtspunkte und Problembereiche und ohne die Explikation dieser Einschätzungen wird man Schwierigkeiten haben, irgendwelche, angesichts begrenzter zeitlicher und personeller Ressourcen immer nötige Selektionsentscheidungen zu begründen. Entscheidendes Merkmal qualitativer Forschung ist allerdings, daß solche vorgängigen Einschätzungen nach Möglichkeit offenen Charakter haben sollen." (Hopf, 1979, S. 27) Auch sollen sie erst im Rückbezug auf das erhobene Material ausdifferenziert werden (vgl. ebd.).

32 Sinn und Zweck dieser wissenschaftlichen Beobachtungen ist so schon im Ausgangspunkt klar von dem jener Verfahren abzugrenzen, wie sie z. B. von Innerhofer (1984) unter dem Stichwort 'Verhaltensdiagnostik' zusammengefaßt werden. Innerhofer stellt klar heraus, daß er das Beobachtungsverfahren als eine *Meß*methode versteht (z. B. für den Bereich der wissenschaftlichen Forschung; vgl. ebd., S. 75 ff), die in bestimmten Zusammenhängen aufschlußreichere *Meß*daten als psychometrische Tests erbringen kann (vgl. ebd., S. 74). Die Quantifizierung des Untersuchungsgegenstandes ist hier von vorrangigem Interesse. Der Untersuchungsgegenstand ist das Verhalten selbst, nicht die ihm zugrundeliegenden Ursachen.
Auch Faßnacht (1979), dem die Besonderheiten menschlicher Beobachtungsvorgänge durchaus bewußt sind (vgl. ebd., S. 42 - 44), hält fest:
"*Prinzipiell gesehen, unterscheiden sich Beobachtung und das Ablesen einer artifiziellen Anzeigeanordnung nicht. Die Unterschiede, die jedoch bestehen, machen die Schwierigkeiten in der Verhaltensbeobachtung deutlich.*" (ebd., S. 42)
Und als erstes charakteristisches Merkmal für seine Auffassung von Beobachtung führt er aus:
"*Beobachtung soll allgemein betrachtet genauso ein Anzeigevorgang sein wie das Messen der Lufttemperatur oder das Wägen eines Gegenstandes.*" (ebd., S. 45)
1. Den Idealismus einmal eingeführt, daß menschliches Verhalten (Beobachten) prinzipiell und allgemein dasselbe sein soll wie sein Gegenteil (rein physikalisches Messen und Wiegen), kommen die realen Unterschiede nur noch mit einem relativierenden "jedoch" vor. Schwierigkeiten in der Verhaltensbeobachtung auf *dieser* Basis sind wissenschaftliche Artefakte, geschaffen durch den unsinnigen Maßstab, daß der Mensch auch eigentlich wie eine un-menschliche Anzeigeanordnung funktionieren müßte.
2. Wenn Aktionen und Interaktionen als Ausdruck subjektiver Beweggründe verstanden werden, erweist sich die Quantifizierung des Verhaltens als gänzlich unsinnig. Das deterministische Entsprechungsverhältnis zwischen psychischen Prozessen und Verhalten, das im Messen vorausgesetzt werden müßte, widerspricht jeder Kenntnis um die Individualität solcher Vorgänge.

33 Selbstverständlich waren wir auf Fragen der Kinder nach dem Grund unserer Anwesenheit vorbereitet. Für diesen Fall hatten wir sinngemäß folgende Erläuterung abgesprochen: "Wir sind hier, um zu schauen und aufzuschreiben, was ihr miteinander macht und spielt. Wir können dann anderen, die einmal im Kindergarten arbeiten wollen, erzählen, was Kinder dort tun."

Tatsächlich wurden wir aber in der ganzen Zeit von drei oder vier Kindern danach befragt. Die Kinder nahmen uns und unsere Tätigkeit weit weniger wichtig als wir selbst; sie schenkten uns glücklicherweise keine besondere Beachtung. Dies ist vermutlich auf die (noch) hervorgehobene Position integrativer Gruppen zurückzuführen; denn fremde Erwachsene im Kindergarten waren nicht selten (eher sogar üblich), weil sich andere Erzieher/innen, Eltern und sonstige Interessierte über integrative Erziehung informierten, die Gruppen besuchten, Praktika durchführten.

34 Vor Beginn der Untersuchung übten wir uns als Beobachterinnen in diese Arbeit ein. In verschiedenen anderen Kindergruppen wurden Beobachtungen durchgeführt, die Protokolle wurden verglichen, bei unterschiedlichen Akzentsetzungen wurde versucht, Übereinstimmung zu erzielen.

35 Eine nähere Auseinandersetzung mit tatsächlich und angeblich problematischen Gütekriterien qualitativer Forschung findet sich z. B. bei Aschenbach, Billmann-Mahecha und Zitterbarth, 1985, S. 33 - 37.

36 Ausführlichere Darstellungen der Einrichtungen liegen vor, z. B. in Klein, Kreie, Kron und Reiser, 1987, S. 22 - 29.

37 Zur Struktur und Dynamik jeder der sechs Gruppen vgl. Klein, Kreie, Kron und Reiser, 1987, S. 224 - 280.

38 Ich übernehme hier die gängige Bezeichnung aus dem Kindergartenbereich, obgleich es mir etwas merkwürdig erscheint, daß zwar die Betreuer, nicht aber die Kinder als 'Bezugspersonen' betrachtet werden.

39 Brügelmann (1982, vgl. S. 609) sieht die Fallstudie als Möglichkeit, mit ihr Theorien kritisch zu überprüfen - dies ist *eine* der Funktionen, die eine Fallstudie ausfüllen kann. Die methodische Problematik wird z. B. dort umfassend dargestellt, ebenso die möglichen fruchtbaren Anregungen und Leistungen, die von einer Falldarstellung ausgehen können.

40 Nach Bullens (1982, vgl. S. 427) beziehen sich *Begriffe* auf Objekte, auf deren Eigenschaften und die zwischen ihnen bestehende Beziehung. Sie haben nicht nur diesen kognitiven Inhalt, sondern sind auch affektiv und normativ besetzt (vgl. ebd., S. 430). Sie sind "nicht nur abstraktive und modellartige Abbildungen, sondern auch aktiv konstruierte Antizipationen der Wirklichkeit." (ebd., S. 431)

41 Damit soll nicht unterstellt sein, es gäbe eine gesellschaftsweit von allen Mitgliedern geteilte Vorstellung, was 'behindert' sei, frei von jeder individuellen Verschiedenheit. Ich beziehe mich hier ohne Wertung lediglich darauf, daß Erwachsene in der Regel zumindest auf der kognitiven Ebene um den Unterschied wissen zwischen der konkreten Besonderheit eines als (von wem auch immer) 'behindert' bezeichneten Menschen und der (wie auch immer gerechtfertigten) Allgemeinheit, die in dem Begriff Behinde*rung* zum Ausdruck kommt.

42 Ich gehe hier über meine Beobachtungsbasis hinaus, da die Aussage, was Kinder am ehesten oder häufigsten im Zusammenhang mit Behinderung thematisieren, ganz davon abhängig ist, welche behinderten Kinder in der Gruppe sind.

43 Bei den "Warum"-Fragen der Kinder muß bedacht werden, daß diese nicht in jedem Fall umstandslos als Interesse an der Sache, als Suche nach Gründen verstanden werden können. Piaget und Inhelder ([3]1972) z. B. sehen darin wesentlich eine Form von Übungsspielen, die Kinder vor allem um das dritte Lebensjahr herum entwickeln.

44 Claudia hat von dieser Beziehung, die Nicole während der ganzen Kindergartenzeit aufrechterhielt, offensichtlich profitiert (vgl. Kap. 9.3.1).

45 Vgl. Projekt Gastarbeiterkinder, Elschenbroich und Schweitzer (1982) und Projekt Gastarbeiterkinder (1983).
Hinzuzufügen ist, daß die Situation ausländischer Kinder und ihrer Kindergartengruppe und die darin notwendigen Prozesse der Verständigung dem in meiner Arbeit verhandelten Thema nicht ganz fernstehen. Nach wie vor ist 'Ausländer' ein Stereotyp, dem Ausgrenzung und Absonderung auf dem Fuße folgt, zumindest bei sehr vielen Mitgliedern und Institutionen dieser Gesellschaft.

46 Um Fehlinterpretationen vorzubeugen, möchte ich noch einmal darauf hinweisen, daß das beschriebene Verhalten Ekrems eine besondere Problematik eines ausländischen Kindes aufzeigt - und *nicht die* Verhaltensweisen *der* ausländischen Kinder.

47 Über Gruppenprozesse bei Kindern im Vorschulalter liegen relativ wenige Forschungsergebnisse vor, erst recht aus dem deutschsprachigen Raum (Nickel und Ungelenk, 1978; Schmidt-Denter, Ungelenk und Nickel 1979; Nickel und Schmidt-Denter 1980). Sowohl in der anglo-amerikanischen wie europäischen Forschung liegt der eindeutige Schwerpunkt bei dem Bemühen, auf empirischem Wege das Sozialverhalten der Kinder und ihre wechselseitige Beeinflussung zu erfassen und den Einfluß von Faktoren wie Gruppengröße, -zusammensetzung, -führung und -umwelt korrelationsstatistisch festzuhalten. Gute und aktuelle Zusammenfassungen dieser Ergebnisse speziell bezüglich Kindern im Kindergartenalter werden von Parmentier (1980) und Nickel (1985) vorgelegt. Die für meine Arbeit wichtigen Erkenntnisse dieser Forschungsrichtung sind in Kap. 8 aufgehoben. Sie in Einzelheiten aufzunehmen, erscheint mir nicht sinnvoll, da nicht Gruppenprozesse an sich Thema sind, sondern ihre Rolle in der individuellen psychischen Verarbeitung von Behinderungen anderer Kinder. (Schmidt-Denter, Ungelenk und Nickel (1979) stellen z. B. einen hochsignifikanten Zusammenhang zwischen kleinen Gruppen und einem als aktiv/kooperativ bezeichneten Verhalten fest. Ist dies schon allein aufgrund der besonderen Zusammensetzung einer integrativen Kindergruppe nicht einfach übertragbar, so läßt sich erst recht kein Rückschluß auf die psychischen Verarbeitungsstrategien ziehen, die ein Kind in dieser Gruppe oder im Zusammenhang mit 'kooperativem Verhalten' entwickelt).
Auf anderer Ebene liegen psychoanalytische Überlegungen zu Gruppenbeziehungen und -prozessen bei jüngeren Kindern. Ausführungen dazu - soweit vorhanden - sind hauptsächlich den Spieltheorien zu entnehmen (vgl. z. B. Zulliger, ^{5}1967; Peller, ^{4}1978). Von ihrem Grundgedanken her beziehen sie sich auf die Annahme S. Freuds, daß das Kind im Spiel seine Unterlegenheit gegenüber dem Erwachsenen in Umkehrung der Abhängigkeitsverhältnisse kompensiert (vgl. S. Freud, 1972). Über den Weg der Identifikation übernimmt es im Spiel Rollen, die ihm subjektiv erlauben, Herr der Situation zu sein, auch dort, wo verschiedene Kinder in gemeinsamem Spiel anscheinend untergeordnete Rollen übernehmen (vgl. Peller, ^{4}1978). Die Gruppe der Kinder, die zusammen spielen, ist in diesem Sinne der Rahmen, in dem die einzelnen ihre eigenen Bedürfnisse ausagieren, aber wie im Rollenspiel sich dabei als bedeutungsvolle Bezugspunkte aufeinander stützen und gegenseitig brauchen.
Im kognitionstheoretischen Ansatz Piagets werden Gruppenprozesse bei jüngeren Kindern ebenfalls hauptsächlich in den Ausführungen zum Spielverhalten dieser Kinder berührt. Piaget (1969b) faßt die Entwicklungen hier als den Weg des Kindes von seiner egozentrischen Spielpraxis mit mystischer Regelachtung (Heteronomie) zu einer Auffassung, in der die Spielregeln als veränderbare und (neu) zu vereinbarende erkannt werden und gegenseitige Übereinstimmung erzielt werden kann (Autonomie).
Piagets Theorie wie o. g. psychoanalytische Darstellungen betreffen zwar spezifische Gruppenprozesse, beschreiben diese jedoch kaum in ihrer Funktion als Einflußgröße. Sie geben die Bedeutung psychischer Vorgänge und ihren Niederschlag in den Gruppenprozessen

selbst wieder. Insofern sind es Überlegungen, die in die Analyse entsprechender Interaktionen einzugehen haben (vgl. Kap. 7) und weniger in die Beschreibung wirksamer Umweltkomponenten (Kap. 8).

48 Dies gilt nicht nur für die sechs untersuchten Kindergartengruppen, sondern ist bundesweite Integrationspraxis.

49 Zur (psychischen) Situation der Erzieher/innen in einer integrativen Gruppe und dem Umgang damit vgl. Reiser (1984b); Klein, Kreie, Kron und Reiser (1987, S. 303 - 312). Zur Situation der Erzieher/innen in der Betreuung sog. 'schwieriger' Kinder vgl. Gerspach (1986).

Literaturverzeichnis

Aab, J., T. Pfeifer, H. Reiser und H. G. Rockemer: *Sonderschule zwischen Ideologie und Wirklichkeit. Für eine Revision der Sonderpädagogik*, München, 1974.

Adler, A.: *Menschenkenntnis*, Leipzig, ^{4}1931.

Aebli, H.: *Zur Einführung. Einführung in: Piaget, J.: Das Weltbild des Kindes*, Stuttgart, 1978, S. 8 - 12.

Apel, K.O.: *Szientistik, Hermeneutik, Ideologiekritik*, in: Hermeneutik und Ideologiekritik. Mit Beiträgen von K. O. Apel, C. v. Bormann, R. Bubner, H. G. Gadamer, H. J. Giegel und J. Habermas, Frankfurt/M., 1971, S. 7 - 44.

Aschenbach, G., E. Billmann-Mahecha und W. Zitterbarth: *Kulturwissenschaftliche Aspekte qualitativer psychologischer Forschung*, in: G. Jüttemann (Hg.): Qualitative Forschung in der Psychologie. Weinheim, Basel, 1985, S. 25 - 44.

Bach, H.: *Grundbegriffe der Behindertenpädagogik*, in: U. Bleidick (Hg.): Theorie der Behindertenpädagogik. Handbuch der Sonderpädagogik, Bd. 1, Berlin, 1985, S. 3 - 24.

Barsch, R. H.: *The Parent of the Handicapped Child*, Springfield 1968.

Barton, A. H. und P. F. Lazarsfeld: *Einige Funktionen von qualitativer Analyse in der Sozialforschung*, in: C. Hopf und E. Weingarten (Hg.): Qualitative Sozialforschung, Stuttgart, 1979, S. 41 - 89.

Becker, H. S. und B. Geer: *Teilnehmende Beobachtung: Die Analyse qualitativer Forschungsergebnisse*, in: C. Hopf und E. Weingarten (Hg.): Qualitative Sozialforschung, Stuttgart, 1979, S. 139 - 170.

Berggreen, S. H.: *A study of the mental health of the near relatives of twenty multihandicapped children*, in: Acta paediat. scand. Suppl. 215, 1971; zit. nach: F. Rußbild, Münster, 1985.

Bierhoff, H. W.: *Sozialpsychologie*, Stuttgart, Berlin, Köln, Mainz, 1984.

Billings, H. K.: *An exploratory study of the attitudes of noncrippled children toward crippled children in three selected elementary schools*. Journal of Experimental Education, 31, 1963, S. 381 - 387.

Bleidick, U.: *Pädagogische Theorien der Behinderung und ihre Verknüpfung*, in: Zeitschrift für Heilpädagogik, 28, 1977, S. 207 - 229.

———: *Anthropologische Aspekte der Erziehung von Behinderten*. Kurs 4012 der Fernuniversität - Gesamthochschule in Hagen, Hagen, 1984.

———: *Einleitung*, in: U. Bleidick (Hg.): Theorie der Behindertenpädagogik. Handbuch der Sonderpädagogik, Bd. 1, Berlin, 1985a, S. V - X.

———: *Historische Theorien: Heilpädagogik, Sonderpädagogik, Pädagogik der Behinderten*, in: U. Bleidick (Hg.): Theorie der Behindertenpädagogik. Handbuch der Sonderpädagogik, Bd. 1, Berlin, 1985b, S. 253 - 272.

Bracken, H. v.: *Vorurteile gegen behinderte Kinder, ihre Familien und Schulen*, Berlin, [2]1981.

Brügelmann, H.: *Fallstudien in der Pädagogik*, in: Zeitschrift für Pädagogik, 28, 1982, S. 609 - 623.

Bullens, H.: *Zur Entwicklung des begrifflichen Denkens*, in: R. Oerter und L. Montada u. a.: Entwicklungspsychologie, München, Wien, Baltimore, 1982, S. 425 - 474.

Bundessozialhilfegesetz (BSHG) vom 30. Juni 1961 (BGBl. I, S. 815, ber. S. 1875) in der Fassung der Bekanntmachung vom 24. Mai 1983 (BGBl. I S. 613), geänd. durch Art. 26 des Haushaltbegleitgesetzes 1984 vom 22. Dezember 1983 (BGBl. I S. 1532 ber. 1984 S. 107) und durch das vierte Änderungsgesetz vom 21. Juni 1985 (BGBl. I S. 1081).

Busemann, A.: *Die Geschwisterschar als Milieu des Kindes*, in: Zeitschrift für Völkerpsychologie und Soziologie, 6, 1930, S. 398 - 414.

Chevigny, H. und S. Braverman: *The adjustment of the blind*, New York, 1950.

Cloerkes, G.: *Die Problematik widersprüchlicher Normen in der sozialen Reaktion auf Behinderte*, in: Vierteljahresschrift für Heilpädagogik und ihre Nachbargebiete, 53, 1984, S. 25 - 40.

———: *Einstellung und Verhalten gegenüber Behinderten*, Berlin, [3]1985.

Dechène, H. C.: *Geschwisterkonstellation und psychische Fehlentwicklung*, München, 1967.

Deppe-Wolfinger, H.: *Tutti uguali - tutti diversi*, in: Demokratische Erziehung, 11, H. 2, 1985a, S. 16 - 19.

----------: *Die gemeinsame Erziehung von behinderten und nichtbehinderten Kindern. Überlegungen zur bildungsökonomischen und bildungspolitischen Funktion integrativer Schulversuche*, in: Behindertenpädagogik, 24, 1985b, S. 392 - 406.

Der Senator für Schulwesen, Jugend und Sport, Berlin: *Abschlußbericht der wissenschaftlichen Begleitung des Modellversuchs Kindertagesstätte Adalbertstraße 23 B*, Berlin-Kreuzberg, 1982 (unveröffentlich).

Deutscher Bildungsrat. Empfehlungen der Bildungskommission: *Zur pädagogischen Förderung behinderter und von Behinderung bedrohter Kinder und Jugendlicher*, Bonn, 1973.

Deutscher Caritasverband: *Behinderte Kinder - eine Aufgabe für Sonderkindergarten und Regelkindergarten*, Unser Standpunkt, Nr. 19, 1984.

Deutsches Jugendinstitut, Projekt 'Integration von Kindern mit besonderen Problemen': *Gemeinsam leben*. Periodicum, 2, München, 1980.

———: *Ein Kindergarten für behinderte und nichtbehinderte Kinder* (Bearbeitet von A. Hössl, D. Lehmhaus-Wachtler, J. Lipski und S. Pelzer), München, 1984.

———: *Abschlußbericht*, München, 1985a.

———: *Abschlußbericht: Materialien I: Formen gemeinsamer Erziehung behinderter und nichtbehinderter Kinder im Elementarbereich*, München, 1985b.

———: *Abschlußbericht: Materialien II: Pädagogische Aspekte integrativer Erziehung*, München, 1985c.

———: *Abschlußbericht: Materialien III: Regionale Versorgungssysteme*, München, 1985d.

Devereux, G.: *Angst und Methode in den Verhaltenswissenschaften*, Frankfurt, Berlin, Wien, 1976.

Diakonisches Werk Bremen e. V. (Hg.): *Erziehung behinderter und nichtbehinderter Kinder im Kindertagesheim: ein Zwischenbericht von Georg Feuser*, Bremen, 1984.

Dilthey, W.: *Die Geistige Welt. Einleitung in die Philosophie des Lebens. Gesammelte Schriften, Bd. V*, Stuttgart, Göttingen, 2 1957 (darin: Die Entstehung der Hermeneutik (1900), S. 317 - 338).

Dittrich, G.: *Zum Stand der Integration behinderter Kinder in Einrichtungen des Elementarbereichs*, in: Blätter der Wohlfahrtspflege, 133, 1986, S. 140 - 142.

Eberwein, H.: *Zum Stand der Integrationsentwicklung und -forschung in der Bundesrepublik Deutschland*, in: Zeitschrift für Heilpädagogik, 35, 1984, S. 677 - 691.

Ehrlich, H. J.: *Das Vorurteil: eine sozialpsychologische Bestandsaufnahme der amerikanischen Vorurteilsforschung*, München, Basel, 1979.

Ettl, T.: *Wer nicht hören will muß fühlen - Zum Problem des Agierens in Kindertagesstätten*, in: A. Leber u. a.: Reproduktion der frühen Erfahrung, Frankfurt/M., 1983, S. 35 - 55.

Evangelische Französisch-reformierte Gemeinde Frankfurt (Hg.): *Erfahrungen bei Einrichtung und Führung eines Integrativen Kindergartens. Lernziel Integration, Bd. 1*, Bonn, 1982.

———: *Wissenschaftliche Begleitung des Geschehens in einem Integrativen Kindergarten. Zwischenbericht. Lernziel Integration, Bd. 2*, Bonn, 1983.

———: *Wissenschaftliche Begleitung der Geschehens in einem Integrativen Kindergarten. Endbericht. Lernziel Integration, Bd. 3.*, Bonn, 1984.

Faßnacht, G.: *Systematische Verhaltensbeobachtung*, München, Basel, 1979.

Ferenczi, S.: *Bausteine zur Psychoanalyse*, Bern, Stuttgart, 1964.

Festinger, L.: *Theorie der kognitiven Dissonanz*. Hg. v. M. Irle und V. Möntmann, Bern, Stuttgart, 1978.

Feuser, G.: *Integration in Kindertagesheimen - Entwicklungsstand und weitere Perspektiven*, in: G. Feuser und I. Wehrmann: Informationen zur Gemeinsamen Erziehung und Bildung behinderter und nichtbehinderter Kinder (Integration) in Kindergarten, Kindertagesheim und Schule. Hg. vom Diakonischen Werk Bremen e. V., Bremen, 1985, S. 148 - 157.

———: *Unverzichtbare Elemente einer Pädagogik und Schule für alle*, in: GEW Bezirksverband Lüneburg (Hg.): Beiträge zur Gestaltung einer anderen Schule für alle Kinder (Arbeitsheft 24). Soltau, 1986, S. 26 - 47.

Feuser, G. und I. Wehrmann: *Informationen zur Gemeinsamen Erziehung und Bildung behinderter und nichtbehinderter Kinder (Integration) in Kindergarten, Kindertagesheim und Schule.* Hg. vom Diakonischen Werk Bremen e. V., Bremen, 1985.

Fischer, G.: *Die Beziehung des Kindes zur gegenständlichen und personalen Welt*, in: Praxis der Kinderpsychologie und Kinderpsychiatrie, 35, H 1, 1986, S. 2 - 8.

Freud, S.: *Die Traumdeutung. Über den Traum. Gesammelte Werke, Bd. II/III*, Frankfurt/M., ^{5}1973.

———: *Jenseits des Lustprinzips. Gesammelte Werke, Bd. XIII*, S. 3 - 69, Frankfurt/M., ^{7}1972.

Gadamer, H.-G.: *Wahrheit und Methode*, Tübingen, ^{4}1975.

Gerspach, M.: *Kritische Heilpädagogik*, Frankfurt/M., 1981.

———: *Über das Tabu der Verletzlichkeit - Zur Betroffenheit bei der Arbeit mit schwierigen Kindern*, in: Behindertenpädagogik, 25, 1986, S. 410 - 423.

———: *Vom klassischen zum psychoanalytischen Paradigma in der Heilpädagik*, in: H. Reiser und H.-G. Trescher (Hg.): Wer braucht Erziehung? Impulse der Psychoanalytischen Pädagogik. Festschrift für Aloys Leber. Mainz, 1987, S. 146 - 160.

Giddens, A.: *Interpretative Soziologie. Eine kritische Einführung*, Frankfurt/M., New York, 1984.

Goffman, E.: *Stigma. Über die Techniken beschädigter Identität*, Frankfurt/M., 1975.

Goodman, H., J. Gottlieb und R. Harrison: *Social acceptance of EMRs integrated into a nongraded elementary school*, in: American Journal of Mental Deficiency, 76, 1972, S. 412 - 417.

Gottlieb, J.: *Attitudes of Norwegian children toward the retarded in relation to sex and situational context*, in: American Journal of Mental Deficiency, 75, 1971, S. 635 - 639.

Grossmann, F. K.: *Brothers and sisters of Retarded Children*, New York (Syracuse) 1972.

Gruschka, A.: *Von Spranger zu Oevermann*, in: Zeitschrift für Pädagogik, 31, 1985, S. 77 - 95.

Gutezeit, G., J. Marake und J. Wagner: *Zum Einfluß des Körperidealbildes auf die Selbsteinschätzung des realen Körperbildes im Kindes- und Jugendalter*, in: Praxis der Kinderpsychologie und Kinderpsychiatrie, 35, H 1, 1986, S. 207 - 214.

Habermas, J.: *Zur Logik der Sozialwissenschaft*, Frankfurt/M., ^{3}1973a.

———: *Erkenntnis und Interesse*, Frankfurt/M., 1973b.

———: *Theorie des kommunikativen Handelns, Bd. 1: Handlungsrationalität und gesellschaftliche Rationalität*, Frankfurt/M., ^{3}1985.

Hackenberg, W.: *Die psycho-soziale Situation von Geschwistern behinderter Kinder*, Heidelberg, 1983.

———: *Zur psycho-sozialen Situation von Geschwistern behinderter Kinder*, in: Bundesvereinigung Lebenshilfe e. V. (Hg.): Geschwister geistig Behinderter, Marburg, 1985, S. 4 - 22.

Häfner, D.: *Frankenberg hat einen 'Integrativen Kindergarten'*, in: Zeitung des Integrativen Kindergartens Frankenberg, H 1, 1983, S. 2 - 3.

Haug-Zapp, E.: *Von der Fallbesprechung zum 'Szenischen Verstehen'*, in: Theorie und Praxis der Sozialpädagogik, 93, 1985, S. 326 - 329.

Heese, G. und S. Solarová: *Behinderung im erziehungswissenschaftlichen Sinne II*, in: Zeitschrift für Heilpädagogik, 36, 1985, S. 757 - 763.

Heider, F.: *Psychologie der interpersonalen Beziehungen*, Stuttgart, 1977.

Hellbrügge, T.: *Unser Montessori-Modell. Erfahrungen mit einem neuen Kindergarten und einer neuen Schule*, München, 1977.

Hessisches Fortbildungswerk für soziale Fachkräfte: *Behinderte und nichtbehinderte Kinder im Kindergarten gemeinsam fördern. Arbeitstagung 5/1983* (unveröffentlichtes Protokoll), Wiesbaden, 1983.

Hössl, A.: *Integration behinderter Kinder in Schweden*, München, 1982.

Hohmeier, J.: *Bemerkungen zum gegenwärtigen Stand wissenschaftlicher Begriffe von Behinderung*, in: Heinze, R. G. und P. Runde (Hg.): Lebensbedingungen Behinderter im Sozialstaat, Opladen, 1982, S. 7 - 23.

Holt, K. S.: *The Care of Chronic Sick. The Problem in the Young*, in: Proc. roy. Soc. Med., 65, 1972, S. 204 - 206; zit. nach F. Rußbild, Münster, 1985.

Homans, G. C.: *Theorie der sozialen Gruppe*, Köln, Opladen, ^{3}1968.

Hopf, C.: *Soziologie und qualitative Sozialforschung*, in: C. Hopf und E. Weingarten (Hg.): Qualitative Sozialforschung, Stuttgart, 1979, S. 11 - 37.

Hüffner, U. und T. Mayr: *Modellversuch 'Gemeinsame Förderung behinderter und nichtbehinderter Kinder im Elementarbereich', Institut für Frühpädagogik des Bayrischen Staatsministeriums für Unterricht und Kultur*, in: Praxis der Kinderpsychologie und Kinderpsychiatrie, 34, H. 3, 1985, S. 101 - 109.

Hundertmarck, G. (Hg.): *Leben lernen in Gemeinschaft. Behinderte Kinder im Kindergarten*, Freiburg, 1981.

Innerhofer, P.: *Verhaltensbeobachtung und Verhaltensanalyse*. Kurs 4001 der Fernuniversität - Gesamthochschule in Hagen, Hagen 1984.

Jansen, G.: *Die Einstellung der Gesellschaft zu Körperbehinderten. Eine psychologische Analyse zwischenmenschlicher Beziehungen aufgrund empirischer Untersuchungen*, Neuburgweier, 1972.

Jantzen, W.: *Sozialisation und Behinderung. Studien zu sozialwissenschaftlichen Grundfragen der Behindertenpädagogik*, Gießen, 1974.

———: *Theorien zur Heilpädagogik*, in: Das Argument, Sonderband Nr. 80, 1973, S. 152 - 169.

———: *Zur begrifflichen Fassung von Behinderung aus der Sicht des historischen und dialektischen Materialismus*, in: Zeitschrift für Heilpädagogik, 27, 1976, S. 428 - 436.

———: *Sozialgeschichte des Behindertenbetreuungswesens*, München, 1983.

———: *Materialistische Theorie der Behindertenpädagogik*, in: U. Bleidick (Hg.): Theorie der Behindertenpädagogik, Handbuch der Sonderpädagogik, Bd. 1, Berlin, 1985, S. 322 - 342.

Jetter, K.: *Idee, Möglichkeit und Wirklichkeit der gesellschaftlichen Integration Behinderter aus der Sicht der Kooperativen Pädagogik*, in: AG Integration Würzburg (Hg.): Wege zur Integration, Würzburg, 1986.

Jugendamt der Landeshauptstadt Düsseldorf, Förderungszentrum für körperbehinderte Kinder: *Gedanken zur integrativen Erziehung körperbehinderter Kinder* (M. A. Zimmers), Düsseldorf, 1979, o. S.

Jugendministerkonferenz: *Integration behinderter und nichtbehinderter Kinder in Kindertagesstätten.* Beschluß der Konferenz der Jugendminister und -senatoren der Länder vom 18. September 1985, Wiesbaden, 1985.

Kasztantowicz, U. (Hg.): *Wege aus der Isolation. Konzepte und Analysen der Integration Behinderter in Dänemark, Norwegen, Italien und Frankreich*, Heidelberg, 1982.

Kew. S.: *Handicap and Family Crisis*, London, 1975.

Kinderhaus Friedenau e. V.: *Behinderte und nichtbehinderte Kinder spielen und lernen gemeinsam*, Kinderhaus Friedenau, I, Berlin, 1978.

———: *Integrative Erziehung von Kindern mit und ohne Behinderung.* Internationales Jahr der Behinderten, Dokumentation 6, Integration, Berlin, 1981.

Kindertagesstätte der Spastikerhilfe Bremen e. V.: *Erste Erfahrungen nach 6 Monaten gemeinsamen Spielens und gemeinsamen Lernens*, Bremen, o. J.

———: *Integration*, Bremen, o. J.

Kleber, E. W.: *Integration behinderter Kinder und Jugendlicher in die allgemeinen Schulen in den USA 1980 - Integration per Gesetz*, in: Zeitschrift für Heilpädagogik, 33, 1982, S. 204 - 216.

Klee, E.: *Behindert. Über die Enteignung von Körper und Bewußtsein*, Frankfurt/M., 1980.

Klein, G., G. Kreie, M. Kron und H. Reiser: *Integrative Prozesse in Kindergartengruppen. Über die gemeinsame Erziehung von behinderten und nichtbehinderten Kindern*, München, 1987.

Klein, G., G. Kreie, M. Kron, H. Reiser und H. Ziller: *Miteinander leben. Behinderte und nichtbehinderte Kinder im Kindergarten*, in: Der Hessische Sozialminister (Hg.): Der Hessische Sozialminister informiert, Reihe Kindergarten, H. 6, Wiesbaden, 1986.

Kniel, A. und C. Kniel: *Behinderte Kinder in Regelkindergärten. Eine Untersuchung in Kassel*, München, 1984.

Kohlberg, L.: *Eine Neuinterpretation der Zusammenhänge zwischen der Moralentwicklung in der Kindheit und im Erwachsenenalter*, in: R. Döbert, J. Habermas und G. Nunner-Winkler (Hg.): Entwicklung des Ichs, Königstein/T., [2]1980, S. 225 - 252.

Kreie, G.: *Integrative Kooperation. Über die Zusammenarbeit von Sonderschullehrer und Grundschullehrer*, Weinheim, Basel, 1985.

Kuhn, T. S.: *Die Struktur wissenschaftlicher Revolutionen*, Frankfurt, 1967.

Leber, A.: *Heilpädagogik - was soll sie heilen?* In: F. Schneeberger (Hg): Erziehungserschwernisse, Luzern, 1979, S. 59 - 77.

———: *Frühe Erfahrung und späteres Leben*, in: A. Leber u. a.: Reproduktion der frühen Erfahrung, Frankfurt/M., 1983a, S. 11 - 28.

———: *Rückzug oder Rache - Überlegungen zu unterschiedlichen milieuabhängigen Folgen früher Kränkung und Wut*, in: A. Leber u. a.: Reproduktion der frühen Erfahrung, Frankfurt/M., 1983b, S. 118 - 129.

Leyendecker, C.: *Körpererfahrung und Behinderung. Ein Diskurs zur Frage der Identitätsfindung Körperbehinderter*, in: Sonderpädagogik, 15, 1985, S. 11 - 15.

Lipski, J.: *Stichwort Behinderte (Integration)*, in: J. Zimmer (Hg.): Erziehung in früher Kindheit. Enzyklopädie Erziehungswissenschaft, Bd. 6, Stuttgart, 1985, S. 261 - 270.

Lorenzer, A.: *Zur Begründung einer materialistischen Sozialisationstheorie*, Frankfurt/M., 1972.

———: *Sprachzerstörung und Rekonstruktion*, Frankfurt/M., 1973.

———: *Die Wahrheit der psychoanalytischen Erkenntnis*, Frankfurt/M., 1974.

———: *Sprachspiel und Interaktionsformen*, Frankfurt/M., 1977.

———: *Das Konzil der Buchhalter*, Frankfurt/M., 1981.

———: *Sprache, Lebenspraxis und szenisches Verstehen in der psychoanalytischen Therapie*, in: Psyche, 37, H 2, 1983, S. 97 - 115.

———: *Die Analyse der subjektiven Struktur von Lebensläufen und das gesellschaftlich Objektive*, in: D. Baacke und T. Schulze (Hg.): Aus Geschichten lernen, München, [2]1984, S. 129 - 145.

Lotz, W.: "*Integration*" *- die neue deutsche Welle*, in: Behindertenpädagogik, 22, 1983, S. 362 - 365.

Meijer, A.: *Psychological Problems of Myelodysplastic Children*, in: Scand. J. Rehab. Med., 3, 1971, S. 113 - 116, zit. nach F. Rußbild, Münster, 1985.

Meng, H.: *Zur Sozialpsychologie der Körperbeschädigten. Ein Beitrag zum Problem der praktischen Psychohygiene*, in: Schweizer Archiv für Neurologie und Psychiatrie, 40, 1938, S. 328 - 344.

Miedaner, L.: *Leben wie andere: Behinderte Kinder in Dänemark*, München, 1982.

Milani-Comparetti, A.: *Integration - Wunsch und Wirklichkeit*, in: A. Buch, B. Heinecke u. a.: An den Rand gedrängt, Hamburg, 1980, S. 137 - 145.

———: *Grundlagen und Ziele der Integration.* Unveröffentlichter Vortrag an der J. W. Goethe-Universität, Frankfurt am 15.5.1985 (demnächst veröffentlicht).

Ministerium für Soziales, Gesundheit und Umwelt, Rheinland-Pfalz: *Behinderte im Kindergarten. Entwicklung und Förderung behinderter Kinder im Kindergarten und nichtbehinderter Kinder im Sonderkindergarten*, 1. Zwischenbericht, Mainz, 1984.

———: *Behinderte im Kindergarten. Entwicklung und Förderung behinderter Kinder im Kindergarten und nichtbehinderter Kinder im Sonderkindergarten*, 2. Zwischenbericht, Mainz, 1986.

Mollenhauer, K.: *Korrekturen am Bildungsbegriff?* In: Zeitschrift für Pädagogik, 33, 1987, S. 1 - 20.

Morgenstern, M.: *Maternal Attitudes and Reactions of Normal Siblings in Families with a Cerebral Palsied Member*, New York (Diss. N. Y. University), 1964, zit. nach F. Rußbild, Münster, 1985.

Mühling, U. und T. Schenk: *Untersuchungen zur Frage der Familienbeziehungen gliedmaßengeschädigter Kinder*, in: Bundesministerium für Gesundheitswesen (Hg.): Intelligenz und Verhaltensforschung bei körperbehinderten Kindern, Bad Godesberg, 1967, S. 42 - 52.

Münzing, J.: *Soziale Verhaltensweisen von körperbehinderten und unbehinderten Kindern*, in: W. Thimm (Hg.): Soziologie der Behinderten. Materialien, Neuburgweier, 1972, S. 169 - 188.

Muuss, R. E.: *Jean Piagets Theorie der kognitiven Entwicklung in der Adoleszenz*, in: R. Döbert, J. Habermas und G. Nunner-Winkler (Hg.): Entwicklung des Ichs, Königstein/T., [2]1980, S. 90 - 108.

Nickel, H. (Hg.): *Sozialisation im Vorschulalter. Trends und Ergebnisse institutioneller Erziehung*, Weinheim, 1985.

Nickel H. und U. Schmidt: *Vom Kleinkind zum Schulkind*, Basel [2]1980.

Nickel, H. und U. Schmidt-Denter: *Sozialverhalten von Vorschulkindern. Konflikt, Kooperation und Spiel in institutionellen Gruppen*, München, Basel, 1980.

Nickel, H. und B. Ungelenk: *Empirische Untersuchungen zum Erzieherverhalten und Sozialverhalten von Kindern verschiedener vorschulischer Einrichtungen und Entwurf eines Konzepts für angemessene erzieherische Verhaltensformen*, Düsseldorf, 1978.

Pädagogischer Ausschuß der Bundesvereinigung Lebenshilfe für geistig Behinderte e. V.: *Leben und Lernen geistig behinderter und nichtbehinderter Kinder und Jugendlicher - Utopie oder Aufgabe*, in: Bundesvereinigung Lebenshilfe für geistig Behinderte e. V. (Hg.): Gemeinsames Leben und Lernen geistig behinderter und nichtbehinderter Kinder und Jugendlicher im Schulalter, Teil 2, Marburg, 1986.

Parmentier, M.: *Gruppenerziehung und Gruppenprozesse bei Kindern im Vorschulalter*, in: C. Rittelmeyer, D. Baacke, M. Parmentier und J. Fritz: Erziehung und Gruppe. Grundfragen der Erziehungswissenschaft, Bd. 8, München, 1980.

Paulus, P.: *Zur Erfahrung des eigenen Körpers*, Weinheim, Basel, 1982.

Peller, L.: *Modelle des Kinderspiels*, in: A. Flitner (Hg.): Das Kinderspiel, München, [4]1978, S. 93 - 107.

Piaget, J.: *Das Erwachen der Intelligenz beim Kinde. Mit einer Einführung von Hans Aebli*, Stuttgart, 1969a.

———: *Nachahmung, Spiel und Traum. Die Entwicklung der Symbolfunktion beim Kinde. Mit einer Einführung von Hans Aebli*, Stuttgart, 1969b.

———: *Sprechen und Denken des Kindes*, Düsseldorf, 1972a.

———: *Urteil und Denkprozeß des Kindes*, Düsseldorf, 1972b.

———: *Der Aufbau der Wirklichkeit beim Kinde. Mit einer Einführung von Hans Aebli*, Stuttgart, 1974a.

———: *Die Bildung des Zeitbegriffs beim Kinde*, Olten, 1974b.

———: *Die Äquilibration der kognitiven Strukturen*, Stuttgart, 1976.

———: *Das Weltbild des Kindes. Mit einer Einführung von Hans Aebli*, Stuttgart, 1978.

———: *Das moralische Urteil beim Kinde. Mit einer Einführung von Hans Aebli*, Stuttgart, [2]1983.

Piaget, J. und B. Inhelder: *Psychologie der frühen Kindheit*, in: D. Katz und R. Katz (Hg.): Kleines Handbuch der Psychologie, Basel, Stuttgart, [3]1972, S. 275 - 314.

Projekt Gastarbeiterkinder; D. Elschenbroich und O. Schweitzer (Hg.): *Die Heimat des Nachbarn: Herkunftsländer: Italien, Jugoslawien, Griechenland, Türkei.* Projekt Gastarbeiterkinder, Bd. 1, Gelnhausen, Berlin, 1982.

Projekt Gastarbeiterkinder: *Kindergarten, ausländische Kinder und ihre Familien.* Projekt Gastarbeiterkinder, Bd. 2, Gelnhausen, 1983.

Pulaski, M. A.: *Piaget. Eine Einführung in seine Theorien und sein Werk*, Frankfurt/M., 1978.

Radigk; W.: *Integration Behinderter in den USA*, in: Zeitschrift für Heilpädagogik, 33, 1982, S. 662 - 667.

Reiser, H.: *Ergebnisse der wissenschaftlichen Begleitung*, in: Evangelische Französisch-reformierte Gemeinde Frankfurt (Hg.): Wissenschaftliche Begleitung des Geschehens in einem Integrativen Kindergarten. Endbericht. Lernziel Integration, Bd. 3, Bonn, 1984a, S. 11 - 21.

———: *Behinderte und nichtbehinderte Kinder in Kindergartengruppen. Pädagogische Voraussetzungen*, in: Theorie und Praxis der Sozialpädagogik, H 2, 1984b, S. 102 - 106.

Roser, L. O.: *Schule ohne Aussonderung in Italien*, in: H. Deppe-Wolfinger (Hg.): Behindert und abgeschoben: zum Verhältnis von Behinderung und Gesellschaft, Weinheim, Basel, 1983, S. 155 - 161.

Roth, W.: *Der neue Terminus: Alltagstheorien*, in: Sonderpädagogik, 17, 1987, S. 39 - 40.

Rußbild, F.: *Die psychische Situation von Geschwistern körperbehinderter Kinder*, Münster (Diss.), 1985.

Saurbier, H.: *Rechtliche und finanzielle Grundlagen der Integration behinderter Kinder im Kindergarten*, München, 1982.

Schilder, P.: *Das Körperschema. Ein Beitrag zur Lehre vom Bewußtsein des eigenen Körpers*, Berlin, 1923.

Schmidt-Denter, U., B. Ungelenk und H. Nickel: *Formen des Sozialverhaltens von Kindern aus Elterninitiativgruppen und Kindergärten*, in: Psychologie in Erziehung und Unterricht, 26, 1979, S. 1 - 12.

Schneider, H.: *Die Theorie Piagets: ein Paradigma für die Psychoanalyse*, Bern, Stuttgart, Wien, 1981.

Schöler, J.: *Schule ohne Aussonderung in Italien*, Berlin, 1983.

———: *Die Arbeit von Milani-Comparetti und ihre Bedeutung für die Nicht-Aussonderung behinderter Kinder in Italien und der Bundesrepublik Deutschland*, in: Behindertenpädagogik, 26, 1987, S. 2 - 16.

Schwerbehindertengesetz (SchwbG) vom 16. Juni 1953 (BGBl. I S. 389) in der Fassung der Bekanntmachung vom 26. August 1986 (BGBl. I S. 1421, ber. S. 1550).

Seidler, G. H.: *Psycho-soziale Aspekte des Umgangs mit der Diagnose und den intra-familiären Coping-Mechanismen bei Spina bifida- und Hydrozephaluskindern*, in: Praxis der Kinderpsychologie und Kinderpsychiatrie, 30, H 2., 1981, S. 39 - 47.

Selg, H. und W. Bauer: *Forschungsmethoden der Psychologie*, Stuttgart, ^{2}1973.

Selman, R. L. und D. F. Byrne: *Stufen der Rollenübernahme in der mittleren Kindheit - eine entwicklungslogische Analyse*, in: R. Döbert, J. Habermas und G. Nunner-Winkler (Hg.): Entwicklung des Ichs, Königstein/T., ^{2}1980, S. 109 - 114.

Szuhay, J.: *The development of attitudes toward disabled.* Diss. State U. of Iowa, 1961, zit. nach Cloerkes, G., Berlin, ^{3}1985.

Trescher, H. G.: *Versuch über die historische Formgebung des Subjekts. Sozialisation und beschädigte Subjektivität*, Frankfurt/M. (Diss.), 1978.

———: *Theorie und Praxis der Psychoanalytischen Pädagogik*, Frankfurt/M., New York, 1985.

Turiel, E.: *Entwicklungsprozesse des moralischen Bewußtseins des Kindes*, in: R. Döbert, J. Habermas und G. Nunner-Winkler (Hg.): Entwicklung des Ichs, Königstein/T., ^{2}1980, S. 115 - 149.

Turnbull, A. P. und J. Blacher-Dixon: *Preschool Mainstreaming: An empirical and conceptual view*, in: Strain, P. S. und M. M. Kerr: Mainstreaming of children in schools. Research and programmatic issues, New York, 1981, S. 71 - 100, zit. nach A. Kniel und C. Kniel, München, 1984.

Vernooij, M.: *Verhaltensstörung und Behinderung*, in: Zeitschrift für Heilpädagogik, 37, 1986, S. 233 - 236.

Wahl, K., M. S. Honig und L. Gravenhorst: *Wissenschaftlichkeit und Interesse. Zur Herstellung subjektivitätsorientierter Sozialforschung*, Frankfurt/M., 1982.

Weinberg, N.: *Preschool children's perceptions of orthopedic disability*, in: Rehabilitation Counseling Bulletin, 21, 1978, S. 183 - 189.

Zelditch, M. J.: *Methodologische Probleme in der Feldforschung*, in: C. Hopf und E. Weingarten (Hg.): Qualitative Sozialforschung, Stuttgart, 1979, S. 119 - 137.

Zulliger, H.: *Heilende Kräfte im kindlichen Spiel*, Stuttgart, ^{5}1967.